"十四五"职业教育国家规划教材

智慧商业创新型人才培养系列教材

U0747356

网络营销

定位、推广与策划

微课版

人民邮电出版社

北 京

图书在版编目（CIP）数据

网络营销：定位、推广与策划：微课版 / 杨韵主编. -- 北京：人民邮电出版社，2021.2（2024.2重印）
智慧商业创新型人才培养系列教材
ISBN 978-7-115-53586-3

Ⅰ. ①网… Ⅱ. ①杨… Ⅲ. ①网络营销—教材 Ⅳ. ①F713.365.2

中国版本图书馆CIP数据核字（2020）第043324号

内 容 提 要

本书以培养网络营销领域相关岗位技能型人才为宗旨，以培养学生的网络营销推广和策划能力为核心，以帮助学生实现"今天学会技能，明天对口就业，将来可持续发展"为最终目标，详细介绍了网络营销从市场定位、网络推广到营销策划的全过程。

本书以工作过程为导向，采用项目教学的方式组织内容。主要内容包括十个项目、三十四个任务。每个项目由项目简介、学习目标、引导案例、三至五个任务以及项目小结、课后练习组成。通过任务驱动式学习，学生不仅能够掌握网络营销的基础知识，熟练使用各种网络营销工具进行网络推广，还可以综合运用互联网思维进行创新性的营销策划，基本达到众多中小企业对实操型网络营销岗位人才的技能要求。

本书可作为高职院校电子商务、市场营销、工商管理等商科类专业的教学用书，也可供从事电子商务、网络营销、新媒体运营等相关工作的职场人士参考、学习、培训使用。

♦ 主　编　杨　韵

　　责任编辑　刘　尉

　　责任印制　王　郁　焦志炜

♦ 人民邮电出版社出版发行　　北京市丰台区成寿寺路 11 号

　　邮编　100164　电子邮件　315@ptpress.com.cn

　　网址　https://www.ptpress.com.cn

　　北京天宇星印刷厂印刷

♦ 开本：787×1092　1/16

　　印张：15　　　　　　　　　　2021 年 2 月第 1 版

　　字数：274 千字　　　　　　　2024 年 2 月北京第 7 次印刷

定价：49.80 元

读者服务热线：(010)81055256　印装质量热线：(010)81055316
反盗版热线：(010)81055315
广告经营许可证：京东市监广登字 20170147 号

如今，互联网、云计算、大数据等新型技术与模式正深刻改变着人们的思维、生产和学习方式。在此背景下，新制造、新零售、新金融、新管理模式频现，对传统的商科教育提出了新的挑战。商科教育的人才培养标准、教学理念、教学模式、课程体系的持续优化和创新已经成为不可抗拒的时代潮流。在新商科背景下，我们需要探索培养更适合时代发展需求的电子商务实用型技能人才。

网络营销是电子商务实用型技能人才必备的专业技能，也是高职院校电子商务、市场营销等专业的核心课程。本书将党的二十大精神与电子商务行业实际工作相结合，以培养网络营销定位、推广和策划能力为核心，按照网络营销工作流程及岗位要求，以企业真实的工作项目为主线，围绕网络营销的市场定位、各种推广工具的运用以及营销策划方案的制定，详细介绍了网络营销的核心工作过程。

本书以工作过程为导向，采用项目式任务驱动的教学方法组织内容，每个项目都来源于企业的典型案例。全书包括十个项目、三十四个任务。每个项目由项目简介、学习目标、引导案例、三至五个任务以及项目小结、课后练习组成。同时，每个任务都有具体的任务分析单，包含任务情境、任务分解、完成方式等内容。每个项目结束后会有项目小结，帮助学生梳理整个项目的学习内容；同时本书配有适量的课后练习，帮助学生巩固知识。正文中还穿插了二维码，学生可以通过扫一扫的方式获得微课学习资源，便于从课前到课后、从理论到实践全方位立体化地学习网络营销的知识和技能。

通过十个项目的系统学习，学生不仅能够掌握网络营销的理论知识和实用技能，也能够掌握网络营销综合策划和文案写作能力，达到众多中小企业对实操型网络营销岗位人才的技能要求。

本书的参考学时为 64～90 学时，建议采用理论实践一体化教学模式。各项目的参考学时见以下的学时分配表。

课程介绍

学时分配表

项目	课程内容	学时
项目一	认知网络营销	4
项目二	定位网络市场	8～12
项目三	网络广告营销	8～12

FOREWORD

续表

项目	课程内容	学时
项目四	软文营销	8～12
项目五	微博营销	6～8
项目六	微信营销	8～12
项目七	网络活动推广和事件营销	6～8
项目八	搜索引擎营销	6～8
项目九	网络营销方案策划与实施	6～8
项目十	网络营销效果评估与优化	4～6
学时总计		64～90

　　本书主编杨韵副教授从 2006 年开始一直从事网络营销课程的教学，发表了十几篇"网络营销"教研教改论文，并担任顺德多家企业的网络营销顾问，积累了丰富的网络营销理论和实践经验。在编写过程中，本书还得到了高凤容、马小红、王璐、卢永昌、陈俊宁、周蓉等老师的大力支持和帮助，编者在此深表感谢。

　　由于时间仓促，编者水平和经验有限，书中难免有欠妥和疏漏之处，恳请读者批评指正。

编者
2023 年 6 月

目录 —— CONTENTS

CONTENTS

目录 —— CONTENTS

CONTENTS

目录 —— CONTENTS

CONTENTS

目录 —— CONTENTS

CONTENTS

01 项目一
认知网络营销

项目简介

随着互联网和移动网络的飞速发展，网络营销已成为企业营销体系中不可缺少的重要部分。企业推广品牌、提升知名度、实现网上销售等都必须借助网络营销的手段。网络营销以消费者为中心，让消费者有更大的选择空间，满足消费者的个性化需求。本项目由认知网络营销岗位、认知网络营销基础和制定网络营销战略三部分组成。通过本项目学习，学生可以了解网络营销岗位及相关技能要求、薪酬待遇等，激发学习积极性，掌握网络营销基础理论和战略规划，为日后的网络营销课程学习和将来从事网络营销相关岗位工作打下扎实的基础。

学习目标

知识目标：

1. 熟知网络营销岗位及网络营销职业规划。
2. 掌握网络营销的含义、基本职能及常见方法。
3. 了解网络营销战略的目标和网络营销战略分析的内容。
4. 熟悉网络营销战略的模式、规划与实施。

技能目标：

1. 能够实时收集并更新网络营销发展动态。
2. 能够根据自身特点和网络营销岗位要求规划自己的职业发展。
3. 能够制定企业的网络营销战略。

素质目标：

1. 树立网络营销岗位的职业规划意识。
2. 具备网络营销战略规划意识。

引导案例

亚马逊深知用户想买什么，借此提供大量的广告服务

长期以来，广告商始终会通过亚马逊的广告网络开展一些有针对性的广告活动。许多广告商甚至通过直接与亚马逊的员工合作来做到这一点，这些员工将代表他们下订单。这一选择历来侧重于大品牌，因为他们需要最低限度的广告承诺。

随着时间的推移，亚马逊已经允许更多广告商和他们的代理使用自助服务系统，在亚马逊的网站上和网站外，以及在不同的支出水平上，开展他们自己的目标广告活动。

自助服务系统的用户可以从数百个自动化用户群中进行选择。亚马逊的定位能力取决于实施购物行为的人，例如"国际市场购物狂"和在过去一个月购买"痤疮治疗服务"的人；或者家庭人口统计数据，例如"4～6岁儿童"；还有一些是基于人们在亚马逊上的消费行为，例如，有人在亚马逊上播放健身和锻炼视频。

美国威斯康星州里斯维尔（Reeseville）的 Just the Cheese 生产香脆的干酪条，这种干酪条已经成为一种低碳水化合物的流行小吃。通过算法分析 Just the Cheese 的搜索广告在亚马逊网站上的表现，广告公司 Quartile 注意到，那些搜索 Keto 小吃和菜花比萨饼皮（两者都是低碳水化合物饮食）的人也买了很多干酪条。

因此，Quartile 在网络上投放了针对购买这两个特定产品类别的亚马逊用户的展示广告。在三个月的时间里，亚马逊在网站上展示了 600 多万次广告，这导致了近 2.2 万次点击，产生了 4000 多个订单。

Quartile 表示，20%的转化率（点击广告的人中有 1/5 会选择购买）"令人惊讶"。这就是构建目标用户的强大黏度。

与其他广告网络一样，亚马逊使用 Cookie 和其他技术工具来跟踪从其网站到其他网站的用户。他们让公司知道，最近买了减肥书籍的人正在美国有线电视新闻网（Cable News Network，CNN）上阅读新闻，公司可以考虑在该网站上登一则蛋白质棒的广告。亚马逊不会告诉广告商那个用户是谁，但它确实代表该品牌以该用户为目标提供广告服务。

（案例来源：艾瑞网）

案例思考：

1. 亚马逊为什么能够做到对用户的需求了如指掌？

2. 通过案例分析，网络营销与传统营销的差别体现在哪些方面？

任务一　认知网络营销岗位

任务导入

任务分析单 1-1

任务情境	一家经营休闲零食类快消品的公司要招聘网络营销人员，通过互联网推广其品牌与产品。作为应届毕业生，你想去应聘这个岗位，请结合岗位需求和自身能力与特长，设计一份求职简历
任务分解	（1）通过前程无忧、智联招聘等平台了解相关岗位描述的内容 （2）结合岗位职责与任职要求匹配适合自己能力与特长的具体岗位 （3）列举自己符合该岗位应聘要求的条件和资历 （4）设计自己的求职简历
完成方式	个人独立完成求职简历设计

（一）网络营销职业发展现状

近年来，随着全球信息技术的普及，电子商务和移动商务在我国飞速发展，在"互联网+"时代，百度搜索、腾讯社交、淘宝购物等已经成为人们工作、生活不可分割的一部分。互联网正在颠覆以往的生活，人们的学习、社交和购物不再局限于学校、聚会和商场，场景不断被优化，生活方式不断被改变。互联网已经全面融入人们的生活中，成为不可或缺的一部分。对企业来说，这是一场营销变革，即营销观念的变革、营销管理的变革。把互联网当作一种媒体，必将为企业营销带来更多意想不到的传播奇迹；如果把互联网当作一种营销手段，它所引发的变革将影响企业的组织、运作等多个环节；同时，网络营销也将给企业、网络公司以及广告公司带来充满"钱"景的机遇和挑战。

百度创始人李彦宏曾说："所有的公司都在用互联网，都在利用网络营销，你可以不懂营销，但必须要懂网络营销。"越来越多的中小企业已经感受到了网络营销的魅力，注重线上的营销投入，对网络营销岗位的需求呈爆发性增长态势，网络营销岗位成为时下热门的岗位之一。资料表明，2017 年 70.2% 的企业有明确的网络营销人才需求，25.3% 的企业有潜在的人才需求。由此可见，网络营销职业大有可为，薪酬待遇也非常优厚。

（二）网络营销岗位简介

　　网络营销是一门交叉型学科，涉及网络广告、搜索引擎营销、营销型网站规划与运营、页面装修美化、品牌推广、文案策划等内容。近年来，随着互联网的普及和发展，各行各业纷纷设立网络营销或者网络运营部门，但由于不同行业互联网的运用水平参差不齐，各地区发展不均衡，企业的网络营销岗位名称差别较大。总结目前主流招聘平台以及代表性企业的岗位描述信息，我们可以将网络营销岗位划分为新媒体运营、SEO/SEM 运营、网络广告、网络推广四大类岗位，而普遍的职业发展方向和晋升通道为网络营销专员、网络营销主管（经理）、网络营销总监。网络营销相关岗位及组织架构如图1-1所示。

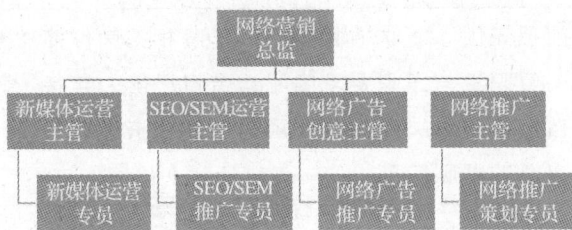

图 1-1

1. 新媒体运营岗位

　　新媒体运营岗位主要是指从事基于新媒体平台，如微信、微博、今日头条、抖音等的内容策划、生产、编辑、发布，以及运营推广等相关工作的岗位，表 1-1 和表 1-2 分别介绍了新媒体运营专员和新媒体运营主管的岗位职责和任职要求。

表 1-1

岗位职责	任职要求
（1）负责今日头条、一点资讯、百度百家号、抖音等渠道的日常内容生产、编辑和运营推广，熟悉各个渠道的发文规则，并选择渠道以进行及时的分发 （2）收集、研究网络热点话题，结合新媒体特性，对渠道内容进行实时调整和更新，提高账号在垂直领域的影响力 （3）维护推广渠道，维护与广告渠道商的良好关系 （4）定期分析自媒体运营数据，研究用户的使用习惯和品牌推广效果，进行汇总 （5）配合其他部门，完成相关文章的撰写	（1）一年以上相关工作经验，有新媒体相关运营经验者优先 （2）有社交媒体经验、有一定创意能力者优先考虑 （3）思维活跃，具备良好的理解及执行能力，具有良好的团队合作精神 （4）有责任心，具备一定的承压能力，能够适应互联网公司的快节奏

表 1-2

岗位职责	任职要求
（1）针对公司产品进行广告软文、文案的撰写，进行同行竞品分析，研究微信内容结构及话题热点，调研目标用户群体喜好，在此基础上定位用户需求及喜好，增加用户量 （2）制作内容在微信公众号、微博、熊掌号、今日头条等各平台同步推送 （3）收集数据进行分析，根据数据做出及时回馈，并且调整运营策略 （4）负责微信公众号的运营架构搭建，内容、活动策划，内容的编辑、制作、发布及管理，与用户互动，加强用户运营，保证用户黏度	（1）大专及以上学历，广告、媒体管理等相关专业毕业 （2）1年以上新媒体运营经验 （3）喜欢剖析热点事件，具有互联网创新思维的能力 （4）具有良好的文案能力、运营能力和数据分析能力 （5）具备良好的运用 Photoshop 与 Office 办公软件的能力 （6）具备优秀的协调和组织能力，较强的判断与决策能力、逻辑推理和分析能力

2. SEO/SEM 运营岗位

SEO/SEM（搜索引擎优化、搜索引擎营销）运营岗位是指从事国内外主流搜索引擎（百度、Google、搜狗等）的网站优化、网站流量数据监测和关键词优化管理等相关工作的岗位，表 1-3 和表 1-4 分别介绍了 SEO/SEM 推广专员和 SEO/SEM 运营主管的岗位职责和任职要求。

表 1-3

岗位职责	任职要求
（1）负责网站在搜索引擎上的排名以及网站流量的提升 （2）熟悉移动互联网的优化方法，熟练使用各类 SEO 工具 （3）熟悉论坛、博客、百度问答等营销方法，负责制定营销策略 （4）拥有成功的 SEO 经验和 SEO 互联网资源，能够制定 SEO 策略，并推动实施 （5）跟踪分析引入的流量以及相关关键词的排名，形成阶梯性数据报告并提出后续优化方案 （6）具有良好的写作功底，指导编辑写作高质量的文章	（1）对用户体验有深刻的认识和独到的见解 （2）半年以上 SEO 操作经验 （3）熟悉百度、Google、搜狗等主流搜索引擎的排名规则 （4）对关键词排名难易程度有正确认识，对 SEO 工作进度有良好的把控能力 （5）计算机相关专业，大专及以上学历 （6）良好的沟通能力及团队协作能力，学习能力强

表 1-4

岗位职责	任职要求
（1）负责网站SEO，制定全面的搜索引擎优化策略，对SEO效果负责，负责网站流量数据监测和数据统计，对网站进行持续分析和改进	（1）计算机相关专业，3～5年SEO推广经验，1～2年团队管理经验
（2）负责网站关键词优化、页面结构调整和外链建设，提高网站流量和转化率	（2）擅长网站关键词内部优化及外部推广，熟练运用网络营销及推广方法，掌握各搜索引擎的排名规律
（3）负责研究行业竞争对手及其他网站相关做法，并提出合理的网站优化建议	（3）熟练利用网络SEO的各种推广平台
（4）负责利用优化手段在论坛、分类信息、专业门户、博客、播客、微博、视频网站等第三方网站进行推广，增加网站流量和知名度	（4）有相关行业网站关键词推广工作经验者优先

3．网络广告岗位

网络广告岗位是指从事基于互联网广告平台的广告创意策划、文案撰写、富媒体广告创意设计、广告投放和效果监测等相关工作的岗位，表1-5和表1-6分别介绍了网络广告推广专员和网络广告创意主管的岗位职责和任职要求。

表 1-5

岗位职责	任职要求
（1）负责互联网广告页面策划、广告文案策略的制定及执行	（1）文笔好，汉语言文学、新闻传播、广告学、市场营销、计算机、电子商务等相关专业
（2）了解百度、广点通、今日头条、智汇推等营销推广渠道	（2）对互联网行业有浓厚的兴趣，并希望从事互联网相关工作
（3）分析不同用户人群的特点和偏好，调整广告策略，找到优质的创意	（3）性格开朗，善于沟通，有一定的广告创意策划能力者优先
（4）研究竞争对手及其他网站的营销策略，提出调整方案，不断优化创意，提高投资回报率（ROI）	（4）有良好的团队协作、沟通和分析能力，做事积极主动，有强烈的责任心，有敬业精神，吃苦耐劳，细致认真
	（5）优秀应届毕业生也可考虑

4．网络推广岗位

网络推广岗位是指从事基于互联网品牌营销宣传策划、行业市场资讯整理和市场调研、推广活动方案策划、线上线下渠道资源整合等相关工作的岗位，表1-7和表1-8分别介绍了网络推广策划专员和网络推广主管的岗位职责和任职要求。

表 1-6

岗位职责	任职要求
（1）负责手机端与 PC 端的网络广告（包括信息流图片、Banner 图、微博营销图与视频广告）的创意设计与制作	（1）大专及以上学历，美术、网页设计等相关专业优先
（2）对用户素材进行优化和风格定义，能在最短时间找出吸引用户点击的方案	（2）3 年以上丰富的创意广告设计工作经验，对网络广告制作有较深入的理解
（3）全面、深刻理解用户要求，并与用户经理进行深入沟通，了解用户心理，善于捕捉用户偏好	（3）精通 Photoshop、AI、AE 等设计软件与动画软件，懂网页设计者优先
（4）能对团队创意工作进行指导，根据需求快速生成多个优秀广告创意方案	（4）具有优秀的创意思维及较强的创新能力，能独立快速完成高品质的设计
（5）能够根据投放数据，不断调整广告素材，对提高点击率及转化率有自己的心得	（5）富于创新，思维活跃，想法标新立异
（6）手机端与 PC 端的落地页设计制作等	（6）有丰富的设计理论知识，对流行趋势有敏锐的洞察力
	（7）有良好的沟通能力和团队协作精神，能承受一定的工作压力
	（8）待人诚恳、责任心强，具有良好的团体合作意识

表 1-7

岗位职责	任职要求
（1）根据品牌营销战略，策划活动方案，开拓线上线下渠道，合理分配资源	
（2）整理文字，设计文案，针对客户的不同需求，撰写出与之对应的不同风格、不同形式的企划宣传文案	
（3）参与收集和整理行业市场资讯，对新媒体运作有一定了解，能够独立撰写推广文章	（1）专科及以上学历，广告、营销、传播、公关、设计等相关专业
（4）撰写调研方案、市场调查报告等，协助上级完成营销战略及方案的制定	（2）"嗅"觉敏锐，思路清晰，文笔流畅、时尚、幽默，具备良好的沟通能力，有一定的推广手段和策划能力
（5）策划整合推广活动，负责活动的统筹及监督执行，并对效果进行评估	
（6）负责活动数据统计，检查方案的落实情况，总结活动效果，撰写分析报告	
（7）熟悉网站编辑的操作流程，熟练应用基本的网页编辑软件	

表 1-8

岗位职责	任职要求
（1）组织研究、拟定公司市场开发和推广规划 （2）拟定市场推广策划的各种规定、制度和内部相关架构设置 （3）建立和完善市场分析、预测、发展和规划体系 （4）熟知公司的战略规划以及各种产品，能根据规划做出相应的产品推广策略和规划，组织策划相应的宣传文字 （5）为产品推广的各阶段提供作为内部和外部交流使用的各种基础指导性的产品介绍文案 （6）策划产品线上线下的推广活动，制定详细的活动方案，领导下属执行方案并完成活动 （7）组织编制产品/品牌推广的预算方案，组织、整合相关资源，推动方案的实施并监督实施效果，提高公司产品/品牌的知名度和美誉度 （8）有效整合内、外部渠道资源，策划相应的市场推广活动，不断拓展新用户；积极配合渠道客户、其他合作伙伴进行活动策划、推广	（1）本科及以上学历，中文、广告、市场、新闻等相关专业 （2）3 年以上品牌管理与活动策划推广经验，文字编辑能力强 （3）熟悉各类网络推广渠道如论坛、社区、QQ 群等的推广方法和技巧 （4）拥有丰富的品牌策划、年度整合传播、活动策划、文案策划等从业经验 （5）有强烈的进取精神、良好的沟通协作能力及团队合作精神，富有活力和激情，善于团队管理、目标管理、绩效管理 （6）有极强的全局把控能力、优秀的管理能力和领导力，有团队管理成功经验者优先 （7）对互联网媒体有一定了解，有一定的互动营销、网络事件策划、品牌推广工作经验

5. 网络营销总监岗位

网络营销总监岗位是企业非常重要的高层管理岗位，主要是指从事公司整体发展战略和产品定位，并参与制定网站整体的站内和站外优化策略，对网站的流量、客户量、业务量等运营指标负责，指导带领整个网络营销团队等相关工作的岗位，表 1-9 介绍了网络营销总监的岗位职责和任职要求。

（三）网络营销职业规划

根据目前的网络营销岗位分析，我们可以看到网络营销人员的岗位层级大致可以分为专员（助理）、主管（经理）和总监三个级别。公司性质和规模不同，相应的层级划分也不尽相同，一般 500 人以上的企业都会划分这三个层级，规模相对较小的企业可能只有两个层级，甚至有些业务较少的或者处于起步阶段的网络营销公司，只设网络营销专员岗位。

网络营销新生代职业发展的 SWOT 分析

表 1-9

岗位职责	任职要求
（1）根据公司整体发展战略和产品定位，参与制定网站整体的站内和站外优化策略 （2）分析网站及各频道的关键词解决方案，监测网站关键词，研究竞争对手及其他网站相关做法，并提出合理的网站优化建议 （3）分析 SEO 的数据和效果，撰写可执行的外部优化和运营策略方案 （4）对网站的流量、客户量、业务量等运营指标负责，提高网站业绩 （5）负责运营计划的执行与日常管理，统计、分析各类网站数据，提出改进方案，带领团队进行网站的运营 （6）负责提升网站搜索引擎收录、关键词排名、自然搜索流量；能根据搜索引擎算法的变化不断调整优化策略 （7）对网站联盟广告投放与优化有一定经验，能独立组织实施论坛推广、博客营销，指导编辑写作高质量的文章	（1）大专及以上学历，4 年以上网络推广/B2C 电商网站推广/大型网站优化等工作经验，2 年以上带领团队经验 （2）精通各类网络的推广方式并有丰富的实际操作经验，熟悉搜索引擎的排名机制，精通 SEO、SEM 推广方法 （3）熟悉网站间的流量合作，具有互联网对外合作、资源互换、项目洽谈等经验，具有丰富的互联网资源 （4）具备缜密的数据分析能力，能够熟练使用各种工具软件进行数据分析 （5）具备良好的沟通及团队合作精神、较强的责任心；有创业和团队合作精神，吃苦耐劳，积极进取，细致认真，稳重踏实 （6）精通 Google、百度等搜索引擎相关知识，熟悉 Alexa 排名机制和优化原则，指导团队成员工作 （7）熟悉 ComScore、Omniture、WebTrends、Google Analytics 等中的至少一种网站分析工具，有较强的数据分析能力

岗位层级的晋升会带来两方面的变化，一方面，人们对网络营销的专业知识和能力要求有所提升；另一方面，网络营销的工作内容从简单的操作执行工作到网络营销的运营策划，最终到整合线上线下资源进行整体营销项目运作及团队管理。

任务二　认知网络营销基础

任务导入

任务分析单 1-2

任务情境	一家经营休闲零食类快消品的公司要招聘网络营销人员，通过互联网推广其品牌产品，你作为应届毕业生投简历应聘这个岗位，获得了面试的机会。在面试中，企业要求你简单陈述对网络营销工作的设想，包括选择合适的网络营销工具和方法

任务分解	（1）结合自己对互联网发展以及网络营销的理解，陈述企业开展网络营销的重要意义 （2）结合休闲零食类产品的行业特点，查找 2～3 个同行企业开展网络营销的成功案例 （3）结合案例，建议该企业开展网络营销应重点采用的 2～3 种方法，并陈述理由和观点
完成方式	分组完成，由小组派代表口头汇报陈述

（一）网络营销的含义

营销是指企业发现或挖掘准消费者需求，从整体氛围营造及自身产品形态营造的角度推广和销售产品，深挖产品的内涵，使其切合准消费者的需求，让消费者了解该产品，进而购买该产品的过程。

网络营销（On-line Marketing 或 E-Marketing）是企业整体营销战略的组成部分，是建立在互联网基础上，借助互联网特性实现一定营销目标的营销手段。网络营销的含义有广义和狭义之分。广义的网络营销是指"企业利用一切网络手段进行的营销活动"。狭义的网络营销是指"以互联网为主要营销手段，为达到一定营销目标而开展的营销活动"。

理解网络营销的含义，要注意区分以下概念。

（1）网络营销不等于电子商务。网络营销是电子商务的基础，网络营销是以互联网为主要手段的营销活动，主要研究交易前的各种宣传推广以及交易后的售后服务及二次推广；而电子商务的核心是电子化交易，强调交易方式和交易各个环节的电子化。

（2）网络营销不是网上销售。网络营销是为实现产品销售目的而进行的营销活动。网络营销不仅有助于网上销售，还有助于线下销售，因此网络营销本身并不等于网上销售。

（3）网络营销不同于网络广告。网络广告是进行网络营销活动的一种推广手段。

（二）网络营销的基本职能

网络营销的基本职能归纳为八个方面：网络品牌、网站推广、信息发布、销售促进、销售渠道、网络调研、客户关系、客户服务，如图 1-2 所示。网络营销的职能不仅表明了网络营销的作用和网络营销工作的主要内容，同时也说明了网络营销可以实现的效果。对网络营销职能的认识有助于全面理解网络营销的价值和网络营销的内容体系，因此网络营销的职能是网络营销的理论基础之一。

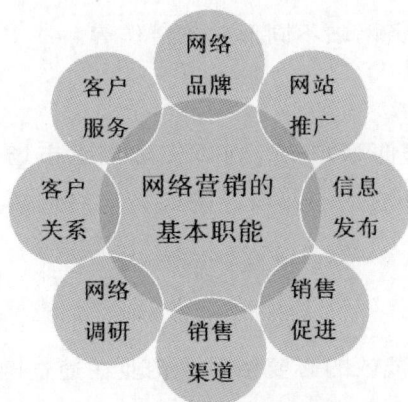

三分钟读懂网络
营销的八大职能

图 1-2

1．网络品牌

网络营销的重要任务之一就是在互联网上建立并推广企业的品牌，知名企业的线下品牌可以在网上得以延伸，一般企业则可以通过互联网快速树立品牌形象，提升企业的整体形象。网络品牌建设是指以企业网站建设为基础，通过一系列的推广措施，使用户和公众对企业形成充分的认知，并认可企业及其产品。在一定程度上说，网络品牌的价值甚至高于通过网络获得的直接收益。

2．网站推广

相对于网络营销的其他职能，网站推广显得更为迫切和重要，是网络营销最基本的职能之一。网站所有职能的发挥都要以一定的访问量为基础，所以网站推广是网络营销的核心工作。

3．信息发布

网站是一种信息载体，通过网站发布信息是网络营销的主要方法之一。同时，信息发布也是网络营销的基本职能，无论选择哪种网络营销方式，结果都是将一定的信息传递给目标人群，包括用户/潜在用户、媒体、合作伙伴、竞争者等。

4．销售促进

营销的基本目的是为增加销售提供帮助，网络营销也不例外，大部分网络营销方法都与直接或间接的促进销售有关，但促进销售并不限于促进网上销售，事实上，网络营销在很多情况下对于促进线下销售也十分有价值。

5．销售渠道

一个具备网上交易功能的企业网站本身就是一个网上交易场所，网上销售是企业销售渠道在网上的延伸；网上销售渠道建设也不限于网站本身，还包括建立在综合电子商务平台上的网上商店及与其他电子商务网站不同形式的合作等。

6. 网络调研

企业通过在线调查表或者电子邮件等方式，可以完成网上市场调研。相对于传统市场调研，网络调研具有高效率、低成本的特点，因此，网络调研是网络营销的基本职能之一。

7. 客户关系

良好的客户关系是网络营销取得成效的必要条件，企业在通过网站的交互性、客户参与等方式开展客户服务的同时，也增进了与客户的关系。

8. 客户服务

互联网提供了更加方便的在线客户服务手段，从形式最简单的 FAQ（常见问题解答），到邮件列表，以及 BBS、聊天室、在线客服等各种即时通信服务。客户服务质量对于网络营销效果具有重要影响。

开展网络营销的意义在于充分发挥各种职能，让网上经营的整体效益最大化。因此，仅仅由于某些方面效果欠佳就否认网络营销的作用是不合适的。网络营销的职能是通过各种网络营销方法来实现的，网络营销的各个职能之间并非相互独立的，同一个职能可能需要多种网络营销方法的共同作用，而同一种网络营销方法也可能适用于多个网络营销职能。

（三）网络营销的常见方法

网络营销职能的实现需要通过一种或多种网络营销手段，常用的网络营销方法包括搜索引擎营销、即时通信营销、病毒式营销、论坛营销等。下面列举了十种常见的网络营销方法。

1. 搜索引擎营销

搜索引擎营销是目前主流的网络推广营销手段之一，尤其是基于搜索结果的搜索引擎推广更受人们欢迎。很多搜索引擎推广都是免费的，因此搜索引擎营销受到众多中小型企业及个人的重视，搜索引擎营销方法也成为网络营销方法体系的主要组成部分。搜索引擎营销主要方法包括竞价排名、分类目录、搜索引擎推广、付费搜索引擎广告、关键词广告、搜索引擎优化（搜索引擎自然排名）、热门词、地址栏搜索、网站链接策略等。企业可以把搜索引擎与自己所建立的网站或网页（如博客、微博等）相关联，以增加访问量，提高知名度和关注度。

2. 即时通信营销

即时通信营销又叫 IM 营销，是通过即时通信工具帮助企业推广产品和品牌的营销手段。常用的即时通信营销主要有两种方式。第一种是使用国内常见的网络在线交流工具（如 QQ、微信、微博、阿里旺旺等），企业在进行品牌策划时一般会使用即时通信工具，这样潜在用户如果对产品或者服务感兴趣，自然会主动通过在线交流工具与服务人员取得联系。第二种是企业在推出新产品时可以通过即时通信工具，发布一些产品信息、促销信息或者品牌理念信息等。

3. 病毒式营销

病毒式营销是一种常用的网络营销方法，常用于网站推广、品牌推广等。病毒式营销利用用户口碑传播的原理，这种口碑传播在互联网上更为方便，可以像病毒一样迅速蔓延，因此病毒式营销是一种高效的信息传播方式。由于这种传播是用户自发进行的，企业几乎不需要支付费用，就能与用户产生共鸣。

4. 论坛营销

论坛营销也称为 BBS 营销，虽然近几年论坛没有以前火了，但是行业类的论坛流量并不弱。企业可以利用论坛这种网络交流平台，通过文字、图片、视频等方式传播品牌、产品和服务信息，从而让目标用户更加深刻地了解品牌、产品和服务，最终达到宣传企业、提高品牌认知度的效果。在进行论坛营销时，企业还可以利用论坛的人气，通过专业的策划、撰写、发放、答疑、监测、汇报等流程，在论坛空间利用论坛强大的聚众能力实施高效传播，包括各种置顶帖、普通帖、连环帖、论战帖、多图帖、视频帖等方式；还可以以论坛为平台举办各类踩楼、灌水、帖图、视频、征文等活动，强化用户与品牌之间的互动，达到促进品牌传播和产品销售的目的。

5. 自媒体营销

移动互联网时代的到来，使越来越多的个体通过微信、微博、论坛等平台，开展推广自己的品牌、产品及服务的营销活动。例如，自媒体经营者运用案例、知识、兴趣和生活体验等传播关于品牌的理念和产品信息。自媒体营销通常对专业化内容进行知识分享，争夺话语权，建立个人品牌，树立自己"意见领袖"的身份，进而影响用户的思维和购买行为。

6. 事件营销

事件营销一直是营销人员非常喜欢的营销模式之一，也是成本很低的营销模式之一。营销人员需要精心策划、实施可以让公众直接参与并享受乐趣的事件，并通过这样的事件达到吸引或转移公众注意力，改善、增进与公众的关系，塑造企业的良好形象的目的。很多品牌在全国开展的客户节、寻找有缘人等活动都属于成功的网络事件营销典型案例。

7. 口碑营销

口碑营销是颠覆大多数营销、威力巨大、非常有效的营销模式之一。口碑营销传播的速度最快，它利用互联网互动和便利的特点，通过营销人员以文字、图片、视频等口碑信息与目标用户之间进行互动沟通，使两者对企业的品牌、产品、服务等相关信息进行讨论，从而加深目标用户对企业品牌、产品和服务的印象，最终达到网络营销的目的。

8. 视频营销

视频营销是指企业的营销人员将各种视频短片发布到互联网上，宣传企业的品牌、产品以及服务信息的营销手段。同时，营销人员也可以与视频网站签订合约进行广告的投入，形式类似于电视短片，它既具有电视短片的种种特征，例如感染力强、形式内容多样、创意性强、生动活泼等，又具有互联网营销的优势，例如互动性强、主动传播性好、传播速度快、成本低廉等。

9. 图片营销

图片营销就是营销人员把设计好的有创意的图片，在各大论坛、空间、博客和即时通信等工具上进行传播，或者使图片通过搜索引擎的自动抓取并取得搜索引擎的排名，进而宣传企业的品牌、产品、服务信息等来达到网络营销的目的。这种图文并茂的营销图片，说服力强、形象生动，容易被用户接受。

10. 软文营销

软文营销的"软"是指绵里藏针，让人容易接受，"文"是指文章。软文营销即通过各大知名新闻网站、垂直网站平台、论坛、新媒体等传播一些具有专业性、新闻性和宣传性的文章，包括新闻通稿、深度报道、经验攻略等，把企业的品牌、人物、产品、服务、活动项目等相关信息以新闻报道、案例分析、经验分享等方式，及时、全面、有效地向社会公众广泛传播的新型营销方式。

随着互联网和移动互联的发展，网络营销正在走上网络整合营销的道路，这是流量渠道碎片化发展的必然结果。要做好网络营销，企业必须熟悉各种营销手段和方法，包括 PC 端和移动端的，将这些营销渠道整合、协同，发展成为一个联合线上线下的营销体系，才能发挥最佳的营销效果。

任务三　制定网络营销战略

任务导入

任务分析单 1-3

任务情境	一家经营休闲零食类快消品的公司要招聘网络营销人员，通过互联网推广其品牌产品，你作为应届毕业生投简历应聘这个岗位，顺利通过了初步面试。在最后的面试中，部门主管让你谈谈对公司网络营销战略的建议，包括战略目标、战略模式和战略实施等
任务分解	（1）通过阅读课文、查找相关资料等方式了解企业的网络营销战略目标包括哪些内容，并结合自己对休闲零食类快消品行业的理解，提出 1～2 个战略目标 （2）通过阅读课文、查找相关资料等方式了解企业的网络营销战略模式包括哪些内容，并结合自己对休闲零食类快消品行业的理解，建议采取哪种战略模式 （3）通过阅读课文、查找相关资料等方式了解企业网络营销战略的实施步骤，并结合自己对休闲零食类快消品行业的理解，建议企业该如何实施战略
完成方式	分组完成，由小组派代表口头汇报陈述

　　网络营销战略是企业市场营销战略的一个子系统，是指企业在现代网络营销理论和观念的指导下，为实现其营销目标，通过对不断变化的网络市场环境中的营销资源的界定，对配置企业的市场资源、调整与协调企业开展网络市场活动的总体设想和规划。网络直复营销理论、网络关系营销理论、网络软营销理论和网络整合营销理论为网络营销战略规划和管理提供了理论指导。《孙子兵法·谋攻篇》提出了五胜，即"知可以战与不可以战者胜""识众寡之用者胜""上下同欲者胜""以虞待不虞者胜""将能而君不御者胜"。它道出了战略的特点，概括起来就是网络营销战略具有注重取舍、聚焦效能、强调重大、关注长远的特点。

（一）网络营销战略的目标

　　随着互联网的发展，从有形市场转向网络市场使企业的目标市场、用户关系、企业组织竞争形态及营销手段等都发生了变化，企业既面临新的挑战，也面临无限的市场机会。企业必须制定相应的网络营销战略，提供比竞争者更有价值、更有效率的产品和服务，扩大市场营销规模，实现企业的战略目标。网络营销战略目标就是企业确定开展网络营销后达到的预期目标。一般网络营销战略应考虑以下几种类型的目标。

揭秘网络营销
战略内涵

15

1．销售型网络营销目标

销售型网络营销目标是指为企业拓宽网络销售渠道，借助网络的交互性、直接性、实时性和全球性为用户提供方便快捷的网上销售点，具体可以设定在线收入贡献指标（Online Revenue Contribution）或 SMART（Specific，Measurable，Actionable，Relevant，Time-related）目标。

2．服务型网络营销目标

服务型网络营销目标主要是指为用户提供网上服务。用户通过网上服务人员可以远距离进行售前、售中和售后服务咨询。

3．品牌型网络营销目标

品牌型网络营销目标是指在网上建立企业的品牌形象，加强与用户的直接联系和沟通，增加用户的品牌忠诚度，为企业的后续发展打下基础。

4．提升型网络营销目标

提升型网络营销目标主要是指利用网络营销代替传统营销的手段，全面降低营销费用，提高营销效率，促进营销管理和提高企业竞争力。

5．混合型网络营销目标

混合型网络营销目标力图同时达到上述目标中的若干种。例如亚马逊通过设立网上书店作为其主要销售业务站点，同时创立世界著名的网站品牌，并利用新型营销方式提升企业竞争力。这种营销目标既是销售型，又是品牌型，同时也属于提升型。

（二）网络营销战略分析的内容

传统的营销战略分析的内容可以归纳为三个部分：一是用户的需要，二是企业的目标与资源情况，三是竞争对手的情况。结合网络营销的特点，网络营销战略分析的内容主要包括以下几个方面。

1．用户关系的再造

在网络环境下，企业规模大、实力雄厚，从某种意义上已不再是企业成功的关键因素，所有企业都站在同样的起跑线上，通过网络走向市场。用户较之以往也有了更多的主动性，面对成千上万的网站有了更广泛的选择。网络营销能否成功，关键是如何跨越地域、文化、空间，再造用户关系，发掘用户、吸引用户、留住用户，了解用户的愿望以及利用个性化服务维持与用户的关系，即企业如何建立自己的用户网络、如何巩固自己的用户网络。例如，提供免费信息服务是吸引用户非常直接和有效的手段之一；又如组建网络社区，以爱好和兴趣为主题组建网络用户中心，可以吸引大批兴趣爱好相同的网友聚集起来交流信息和发表意见。网络社区既便于企业一对一地进行交流和沟通，也方便企业为用户提供信息。

2. 定制化营销

在网络环境下，巩固用户关系、扩大网上销售的重要战略手段是通过定制化营销提高用户满意度。定制化营销是指利用网络优势，一对一地向用户提供独特化、个性化的产品或服务，最大限度地满足用户需求。

3. 建立网上营销伙伴关系

由于网络的开放性，网络时代的市场竞争是透明的，企业较容易掌握同业与竞争对手的营销信息。企业获取竞争优势的关键在于适时获取、分析、运用来自网上的信息，运用网络组成合作联盟，并以网络合作伙伴所形成的资源规模创造竞争优势。建立网络联盟或网上伙伴关系主要两种方式。其一是结成内容共享的伙伴关系，内容共享的伙伴关系能增加企业网页的可见度，能向更多的访问者展示企业的网页内容。例如在网上销售运动自行车的企业与销售运动服装的企业结成伙伴，在他们卖出运动服装或自行车的同时提供自行车或运动服装，提高产品信息的曝光度。其二是交互链接和搜索引擎，相关网站间的交互链接有助于吸引在网上浏览的用户，便于他们按照链接浏览下去，提高企业网站的访问量。网络环是一种更为结构化的交互链形式，在环上一组相关的伙伴网站连在一起，并建立链接关系，访问者可以通过一条不间断的"链"看到一整套相关网站，获取更为充实的信息。向搜索引擎提交企业的网站是寻求伙伴关系的重要选择，搜索引擎目录是高权重的分类目录，是获得伙伴关系的好途径。

（三）网络营销战略的模式

企业要引入网络营销，首先要清楚网络营销通过何种机制达到何种目的，然后可根据自己的特点及目标用户的需求特性，选择一种合适的网络营销模式。下面介绍几种有效的网络营销战略的模式。

1. 留住用户、增加销售的网络营销模式

现代营销学认为，保留一个老用户相当于争取五个新用户。而网络双向互动、信息量大且成本低、联系方便等特点决定了它是一种优于其他媒体的用户服务工具。通过网络营销，企业可以达到更好地服务于用户的目的，增强与用户的关系，建立用户忠诚度，永远留住用户。满意而忠诚的用户总是乐意购买企业的产品，这样就提高了企业的销售量。

2. 提供有用信息、刺激消费的网络营销模式

这是指向用户提供有用的信息以达到刺激消费，从而提高销售量的网络营销模式。

本模式尤其适用于零售企业，它可以通过网络向用户连续提供有用的信息，包括新产品信息、产品新用途等；还可以根据情况适时地变化，保持网站的新鲜感和吸引力。这些有价值的信息能刺激用户的消费欲望，从而使其增加购买量。

3. 简化销售渠道、减少管理费用的网络营销模式

使用网络进行销售对企业最直接的效益来源于它的直复营销功能，即通过简化销售渠道、降低销售成本，最终达到减少管理费用的目的。本模式适用于将网络用作直复营销工具的企业。利用网络实施直复营销，对用户而言，必须购买方便，使用户减少购物时间、精力和体力上的支出与消耗；对企业而言，应达到简化销售渠道、降低销售成本、减少管理费用的目的。书籍、鲜花和礼品等网上商店是这种模式的应用。

4. 让用户参与、提高用户忠诚度的网络营销模式

这种模式是设计新颖的娱乐项目，通过网络吸引用户参与，提高用户的忠诚度，促使其重复购买。例如，报纸和杂志出版商通过它们的网页促进用户的参与，它们的网页使用户能根据自己的兴趣形成一些有共同话题的网络社区，同时也提供了比传统的"给编辑的信"的参与程度更高的交流机会。这样做的结果是有效地提高了用户的忠诚度。

5. 提高品牌知名度以获取更高利润的网络营销模式

将品牌作为管理重点的企业可通过网页的设计来增强整个企业的品牌形象，Cocacola、Nike、Levi Strauss 等著名的品牌都已将网络作为提升品牌形象的工具。企业可以通过网页的设计突出品牌宣传，树立整体的企业品牌形象，建立用户忠诚度，实现市场渗透，最终达到提高市场占有率的目的。

6. 数据库营销

网络是建立强大、精确的营销数据库的理想工具，它具有即时、互动的特性，企业通过网络可以对营销数据库实现动态的修改和添加。即时追踪市场状况的营销数据库是企业管理层做出动态的理性决策的基础。传统营销学中的一些仅停留在理论上的策略，通过网络营销数据库可以实现，如对目标市场的准确细分、对商品价格的及时调整、精准营销等。

（四）网络营销战略的规划与实施

1. 网络营销战略的规划

网络营销作为信息技术的产物，具有很强的竞争优势，但企业实施网络营销必须考虑企业的目标、企业的规模、用户的数量及其购买频率、产品的类型、产品的周期及其竞争地位等，还要考虑自己能否提供技术支持、决策时技术的发展状况和应用情况等。

网络营销战略的制定要经历三个阶段。一是确定目标优势，分析实施网络营销能否促进企业的市场增长，通过改进实施策略实现收入增长和降低营销成本。二是分析计算收益，要考虑战略性需求和未来收益。三是综合评价网络营销战略，主要考虑以下三个方面：一是成本效益问题，成本能否低于预期收益；二是能否带来新的市场机会；三是企业的组织、文化和管理能否适应实施网络营销战略后的改变。

企业在确立网络营销战略后，要组织战略的规划和执行。网络营销不是一种简单的新营销方法，它通过采取新技术改造和改进目前的营销渠道及方法，涉及企业的组织、文化和管理等各个方面。如果无法进行有效的规划和执行，该战略可能只是一种附加的营销方法，不能体现出战略的竞争优势，只会增加企业的营销成本和管理复杂性。网络营销战略规划分为以下几个阶段。

（1）目标规划。在确定使用某一战略的同时，识别与之相联系的营销渠道和组织，提出改进的目标和方法。

（2）技术规划。网络营销很重要的一点是要有强大的技术、资金等投入，对人员培训应进行统筹安排。

（3）组织规划。实施网络营销，企业的组织结构需要进行调整以配合该战略的实施，如增加技术支持部门和数据采集处理部门，同时调整原有的销售部门等。

（4）管理规划。组织结构变化后必须进行管理的变化，企业的管理必须适应网络营销的需要，如销售人员在销售产品的同时，还应记录用户的购买情况等。

2. 网络营销战略的实施

网络营销战略的实施是一个系统的工程，首先应加强对规划执行情况的评估，判定是否充分发挥了此战略的竞争优势和有无改进的余地；其次是对执行规划时的问题应及时识别和处理；最后是对技术的评估和采用，采用新技术可能改变原有的组织和管理规划，因此对技术进行控制也是实施网络营销战略的一个显著特点。

网络营销的实施不是某一个技术方面的问题或某一个网站建设的问题，它还需要对整个营销战略方面、营销部门管理和规划方面，以及营销策略制定和实施方面等进行综合调整。

项目小结

网络营销是企业整体营销战略的重要组成部分，其目的是借助互联网推广企业的品牌，实现企业的营销战略目标。本项目主要由认知网络营销岗位、认知网络营销基础和制定网络营销战略三个学习任务组成。其中，认知网络营销岗位总结了目前主流招聘平台以及代表性企业的岗位描述信息，分别介绍了新媒体运营、SEO/

SEM 运营、网络广告、网络推广四大类岗位，网络营销专员、网络营销主管（经理）、网络营销总监三级晋升通道的基本情况；认知网络营销基础主要介绍了网络营销的八大职能以及常见的十种网络营销方法；制定网络营销战略主要介绍了战略的目标、内容、模式及战略的规划与实施等内容。

课后练习

（一）不定项选择题

1. （　　　）是企业整体营销战略的一个组成部分。
   A. 网络推广　　B. 网络营销　　　　C. 网上销售　　　　D. 网上广告

2. 网络营销主张以（　　）为中心。
   A. 竞争对手　　B. 商家　　　　　C. 消费者　　　　　D. 厂家

3. （　　　）是指采用互联网手段进行宣传推广的活动。
   A. 网络营销　　B. 网上销售　　　C. 网络推广　　　　D. 网络广告

4. 下面属于网络营销的主要职能的有（　　　）。
   A. 客户关系　　B. 客户服务　　　C. 网络调研　　　　D. 网络品牌

5. （　　）为网络营销战略规划和管理提供了理论指导。
   A. 网络直复营销理论　　　　　　　B. 网络关系营销理论
   C. 网络软营销理论　　　　　　　　D. 网络整合营销理论

（二）简答题

1. 网络营销与电子商务是什么关系？

2. 网络营销有哪八大职能？各个职能之间又有什么关系？

3. 网络营销战略分析的主要内容是什么？

4. 网络营销战略的制定要经历哪三个阶段？

5. 当前有哪些有效的网络营销战略模式？

02 项目二
定位网络市场

项目简介

互联网没有地域限制，全球网民都可以是你的用户；同时，你通过网站或者网店，全天（24 小时）都可以将产品卖向全世界。与此同时，全球范围内的同行卖家也都成了你的直接竞争对手。要让自己的产品在众多的竞争产品中脱颖而出，有一系列问题需要解答：网络市场状况如何，竞争对手是谁，如何选择目标用户，网络用户的购买习惯如何，如何吸引用户眼球。解答这些问题，归根结底是要开展网络市场调研，解决网络产品的定位问题，然后才能为网络营销的开展奠定基础。本项目由调研目标市场、分析竞争对手、研究消费模式、选择目标市场和提炼独特卖点五个学习任务组成。通过本项目的学习，学生可以逐步了解网络市场调研的一般流程和基本方法，掌握网络产品定位的方法，为日后开展网络营销活动和从事网络营销工作奠定基础。

学习目标

知识目标：

1. 熟知网络市场调研的一般流程和常用方法。
2. 掌握网络市场调研的常用工具、手段和主要平台。
3. 掌握对网络市场竞争对手进行调研的方法和步骤。
4. 了解网络用户消费模式的内涵及研究途径。
5. 熟知选择目标市场的原则和提炼产品独特卖点的内涵。

技能目标：

1. 能够合理利用网络渠道及在线工具，对特定的目标市场展开调研，并形成合理的调研结论。

2. 能够通过多种途径发现竞争对手，并通过网络调研对他们的优缺点做出恰当评价。

3. 通过网络市场调研，准确清晰地描述网络用户的行为特征，并形成具有实用价值的"网络目标用户快照"。

4. 能够根据网络市场的特点和企业的规模与实力选择合适的利基市场。

5. 能够根据网络产品的市场定位提炼产品的独特卖点。

素质目标：

1. 树立基于互联网的创新创业意识。

2. 具备分析思辨、判断决策的能力。

3. 具备信息搜集处理的能力。

4. 具备口头和书面表达沟通的能力。

引导案例

小米手机的定位策略

小米创业初期恰逢中国智能手机市场换机潮，市场出现巨大空白，这也是雷军经常说的"风口"。小米把市场目标定位于年轻、新潮的科技玩家，中等收入但追求品牌的人群，其中高校大学生是小米品牌的主力消费人群。

小米瞄准的消费人群习惯于通过网络获取信息，喜欢网络购物，易接受新鲜事物，同时对手机价格较为敏感。小米制定出针对这个市场的精准策略，成功吸引了这一庞大的消费群体。以小米首发产品为例，高通骁龙芯片、双核1.5GHz 主频、Adreno220 图形处理器、1GB 内存、夏普四英寸大屏、800万像素摄像头，这样高配置的产品售价才 1990 元，小米手机一经推出立即引发市场轰动。小米通过大众产品高品质定位策略，直接满足目标市场群体的消费需求，一举取得第一次市场战役的胜利。小米消费群体具备这样的特点：对科技有强烈的好奇心，是电子产品的高频消费者。小米以手机产品为桥梁，向这个群体销售大量周边产品。实际上，这个群体购买产品的总体费用并不低，这为后来小米的生态链战略打下了深厚的用户基础。

近年来，国产智能手机的市场竞争日趋激烈，5G 时代几大手机品牌的竞争序幕已经拉开。2019 年华为发布 MateX 高端手机，vivo 也发布了新一代2019APEX 概念机，OPPO 推出 10 倍数混合光学变焦技术的高端摄影手机，而小米则推出小米 9。在营销品牌推广和公关方面，一直注重性价比的小米投入了巨大资源，终于开始做品牌了！其实，小米科技公司历经 9 年发展，在创造市场辉煌的同时，也打造了全球知名品牌"小米"。同时，小米针对不同需求层次的用户也进行了矩阵式的多品牌战略定位，采取不同的营销策略和渠道销售方式，具体如下表所示。

小米品牌	用户	配置	渠道	策略
MIX	定位为市场中高端消费人群	机身设计富有美感，采取陶瓷机身；滑盖全面屏；整体为中高端配置	线上渠道	采用故宫的 IP，获取了较高的关注度；宣传重点偏向年轻化，并且采用和本品牌其他产品相近的渠道
小米	定位学生族、IT 用户等在手机支出不高、追求性价比且消费较多电子产品的人群	小米 1、2 重配置，性价比高；小米 3 是小米第一款双 U 机型；小米 5 出现陶瓷机身；小米 9 重外观和性能	线上渠道为主，未来通过小米之家线下拓展	用户推广+企业 IP，线上饥饿营销，社会化营销
红米	定位看重物美价廉的高性价比的低收入人群	整体配置属于高性价比水平	线上渠道为主	线上饥饿营销，社会化营销，雷军 IP 的支持宣传
美图	定位一、二线城市的年轻女性	自拍功能+AI 修复，部分手机壳采用牛皮材质，并推出联名款	线上渠道	节日跟风宣传，社交媒体营销，演员代言
POCO	面向海外市场的中高端用户	高于红米的配置水平，高配置的性价比	线上渠道，未来在海外市场将开拓线下渠道	饥饿营销，YouTube 等社交媒体推广
黑鲨	面向年青一代热爱游戏的玩家	为中高端手机配置，CPU 散热功能强，独特的机身设计	线上渠道	用户参与产品设计，与相关游戏活动联动，社交媒体营销

（案例来源：《销售与市场》2019 年 4 月）

23

案例思考：

1. 小米为什么要做这么多子品牌？

2. 通过小米的案例分析，品牌定位的依据是什么？

任务一　调研目标市场

任务导入

任务分析单 2-1

任务情境	作为电子商务专业的学生，你想要开一家潮流服饰网店实践所学的电商知识，但经过前期的准备，你发现服装网购市场很复杂，需要进一步调研网络目标市场，找到合适的细分市场，形成精准的定位
任务分解	（1）通过淘宝、京东、唯品会等主流电商平台了解服装市场的格局 （2）通过百度指数了解服装行业的关键词热度 （3）通过微信、小红书、抖音等社会化媒体了解服装行业的流行趋势 （4）撰写调研报告
完成方式	分组选择一个服饰的细分类目（如童装、中老年服饰、商务男装、韩流女装等），进行市场调研并撰写调研报告，在课堂上汇报

互联网不仅是信息资源的海洋，更是产品和服务的聚集地。包罗万象、浩瀚无边的网络市场，造就了数以亿计的网络用户。如果没有精准的市场定位，没有新颖独到的网络创意，就不可能有成功的网络营销。网络市场的合理定位，只能源于对网络市场的深入调研。网络市场调研，就是要回答网络市场竞争态势如何、市场容量大小、是否有价值、是否值得企业去做等一系列问题，并给出初步结论。

人们要在网上销售的，不外乎产品或服务。网络用户的规模很庞大，任何产品或服务都不可能满足所有网络用户的偏好和需求。对于一些初次创业者或小微企业而言，瞄准某些利基市场，成功的可能性更大。因此，在网络市场调研中，首先要对目标市场进行初步分析，从而确定调研目标，并通过网络市场的调研，解答以下关键问题。

（1）目标用户在哪里？

（2）他们现在从哪里购买企业的产品？

（3）网络市场规模有多大？

企业的产品究竟要卖给谁？习惯上，人们希望将产品卖给所有的人，男女老少，全部囊括。这当然是理想化的状况，却仅仅只是商家的一厢情愿。现代商务活动的实践一再证明，任何人想要在任何时候、讨好所有的人，结果往往是适得其反、事倍功半。

网络市场的定位，首先要解决"产品卖给谁"的问题。网络产品定位的关键就是如何做到精准定位。"一厘米的宽度，一千米的深度"，这是关于"精准定位"的形象描述。只有定位精准，才能利用有限的资源，打造产品的特色和优势；只有高度聚焦，才有可能准备足够的"火药"和"炮弹",让营销不仅"吸引眼球",更能"征服大脑"。

在服装市场上,企业要准确回答"网店服装卖给谁"的问题,首先应根据自身特点,从宏观到微观、从抽象到具体,对网络消费群体进行深度细分,然后才能形成精准的定位。

下面以服装市场为例,探讨网络目标市场调研及定位的基本方法。

(一)电子商务平台调研

网络市场调研,可以从天猫、京东、唯品会等各类主流电子商务平台及服装类行业企业网站入手,以便掌握市场格局、了解竞争态势。

下面以天猫为例,调查网购市场上服装类商品常见的分类方法,以便进一步锁定消费群体,发现主要竞争对手。在天猫首页的商品分类中,我们可以看到女装、男装等的分类以及相关的细分类目。虽然男装、女装同属服装大类,但是以天猫为代表的电子商务平台却根据用户的特点和购买关联性,分别将其分成"女装/内衣""男装/运动户外"等大类,每个大类再根据不同的关键词进行类目细分,如图2-1、图2-2所示。我们可以在各大电商平台网络细分市场调研的基础上,根据自己的资源、喜好等进行必要的分析判断,逐渐形成自己网店的初步定位。例如,A同学喜欢户外运动,他可能想开一家专门为大学生服务的个性户外运动服饰网店,他定位的店铺主营产品会是个性化设计感十足且兼具性价比的"冲锋衣""防晒服""登山鞋"等。

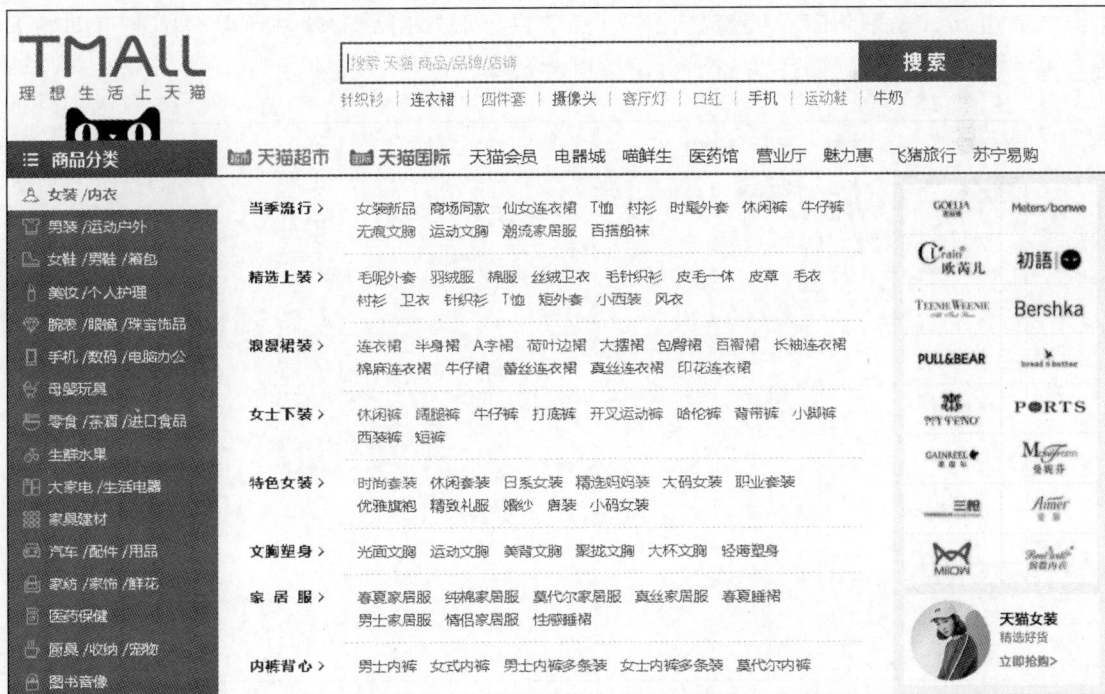

图 2-1

图 2-2

（二）搜索引擎市场调研

在搜索引擎上，与产品最相关的主关键词被搜索的次数越多，说明产品的市场需求越大，用户关注度越高。这是最直观的网络市场调研方法。国内常用的关键词工具主要是"百度指数"。访问百度指数页面，搜索"冲锋衣""防晒衣"的百度指数，从近半年的趋势研究可见（见图 2-3），随着气温的变化，"冲锋衣"和"防晒衣"的搜索和关注指数交替变化，冬季冲锋衣销量高，夏季防晒衣销量高，所以经营户外服饰用品的网站可以分别在不同的季节主推不同的产品，以便让店铺销量保持良好势头。

巧用百度指数
做数据分析

26

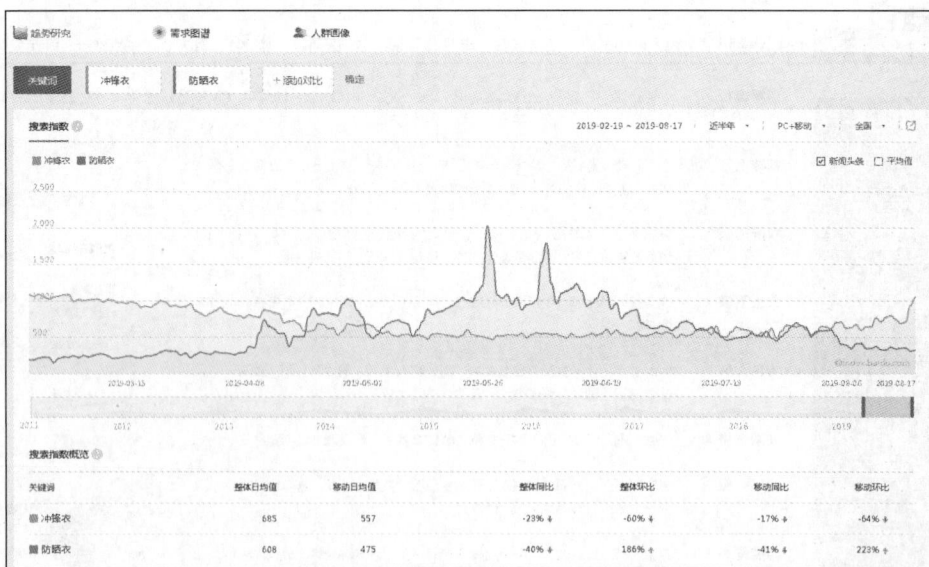

图 2-3

在百度指数上还可以了解产品的用户画像，图 2-4 分别从年龄分布、性别分布、兴趣分布三个方面反映了目标客户的人群属性，我们可以看到女性用户更喜欢防晒衣，而男性用户更喜欢冲锋衣。

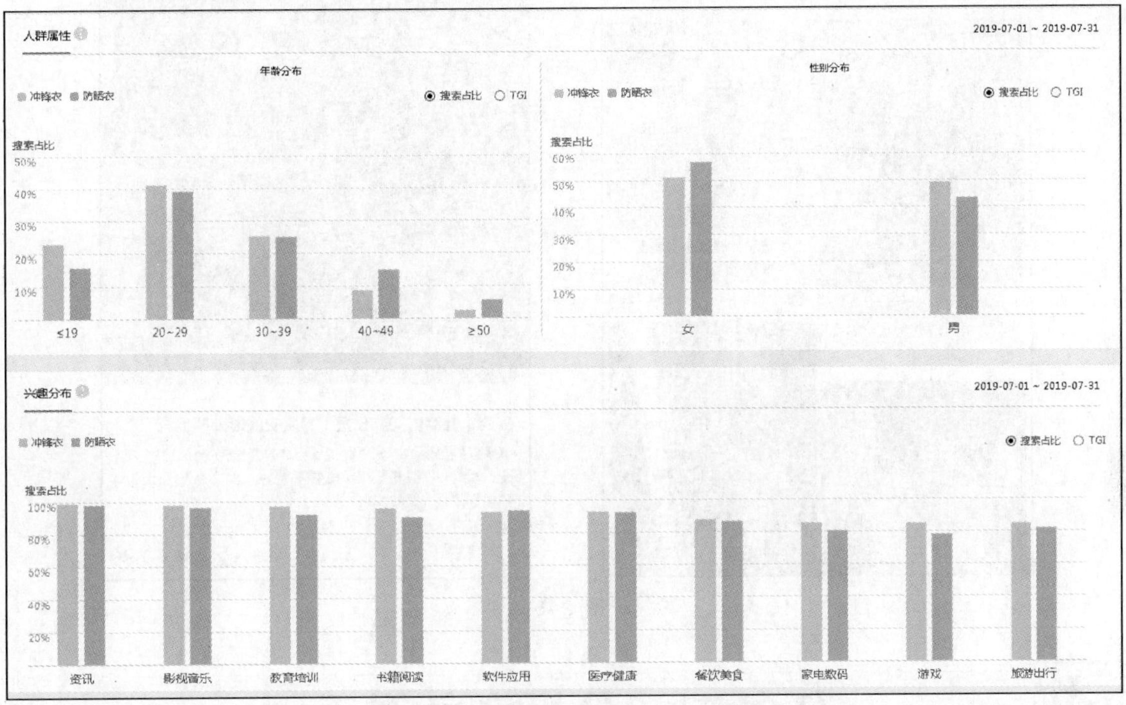

图 2-4

（三）网络社交平台调研

在一些专业化的论坛和网络社交平台上，例如抖音、小红书等，搜索相关关键词，可以了解真实的用户都在讨论什么，对产品有何评价，有什么问题需要解决，竞争对手的产品声誉如何。同时，企业的网络营销推广人员也可以通过发帖、跟帖，参与话题讨论，了解用户对产品的意见、有什么改进的方法、需要注意的事项，通过这种方式可以获得宝贵的第一手市场反馈信息。例如，在小红书上搜索"冲锋衣"（见图 2-5），就可以看到近期最热的帖子是"Top 姐时髦笔记"的一篇关于 2019 年夏季热播剧《亲爱的热爱的》里面男主角的同款黑色冲锋衣。由此我们可以判断近期这类黑色拉链式冲锋衣是兼具时尚潮流和户外运动功能于一身的热门单品，做户外运动服饰网店的商家可以关注这个热点，带动店铺销售。

图 2-5

任务二　分析竞争对手

任务导入

任务分析单 2-2

任务情境	经过前期的调研，你打算开一家服饰网店，定位于某一细分类目（如童装、中老年服饰、商务男装、韩流女装等），接下来你需要通过调研了解竞争对手，从而制定更好的营销策略
任务分解	（1）通过百度等搜索引擎发现 2～4 个主要竞争对手 （2）访问这些竞争对手的网店和官网，了解竞争对手的基本情况 （3）分析每个竞争对手的优势和劣势 （4）撰写调研报告
完成方式	分组调研并撰写调研报告，在课堂上汇报

　　利用网络对竞争对手进行调查，可以采用间接或直接两种方式，发现并了解竞争对手。间接方式主要是指通过搜索引擎、电子商务平台、行业网站，搜索相关资讯来发现

主要的竞争对手。直接方式就是直接访问竞争对手网站，并对网站流量变化及运营情况进行分析。

（一）发现竞争对手

要发现谁是企业的主要竞争对手，一般还要从搜索引擎入手。以"冲锋衣"为例，在百度等搜索引擎上进行搜索时，会发现数以千万计的返回结果，如图 2-6 所示。图 2-6 右下方的方框内显示了"冲锋衣"的热门搜索品牌。一般来说，这就是以"冲锋衣"为代表的户外服饰领域的热门品牌，也是你要开的户外服饰网店的主要竞争对手。在这些返回的结果中，一般人们只关注前几页，特别是第一页，因为主要的竞争对手大都集中在这里。将产品关键词和排名靠前的主要竞争对手公司名称合在一起搜索，可以了解这些竞争对手有哪些新闻报道和社交平台在谈论他们、用户有什么评价。

图 2-6

如果发现竞争对手有大量报道来自新闻网站和门户网站，则对方可能是一个强劲的对手。要与之抗衡，只靠网络营销也许还不够，还必须开展整体的宣传攻势。如果发现竞争对手发表了大量软文，则意味着对手有专业的网络营销人员在运营。当然，有些竞争对手通过网络搜索也无法被发现，这时就需要依靠自己的人脉关系了解竞争对手，如传统行业。

同时，我们可以登录以天猫网为代表的电商平台，输入"冲锋衣"，也可以从返回的结果中了解电商平台热销的户外服饰品牌。销售这些品牌产品的网店同样可以视为你要开的户外服饰网店的主要竞争对手，如图 2-7 所示。

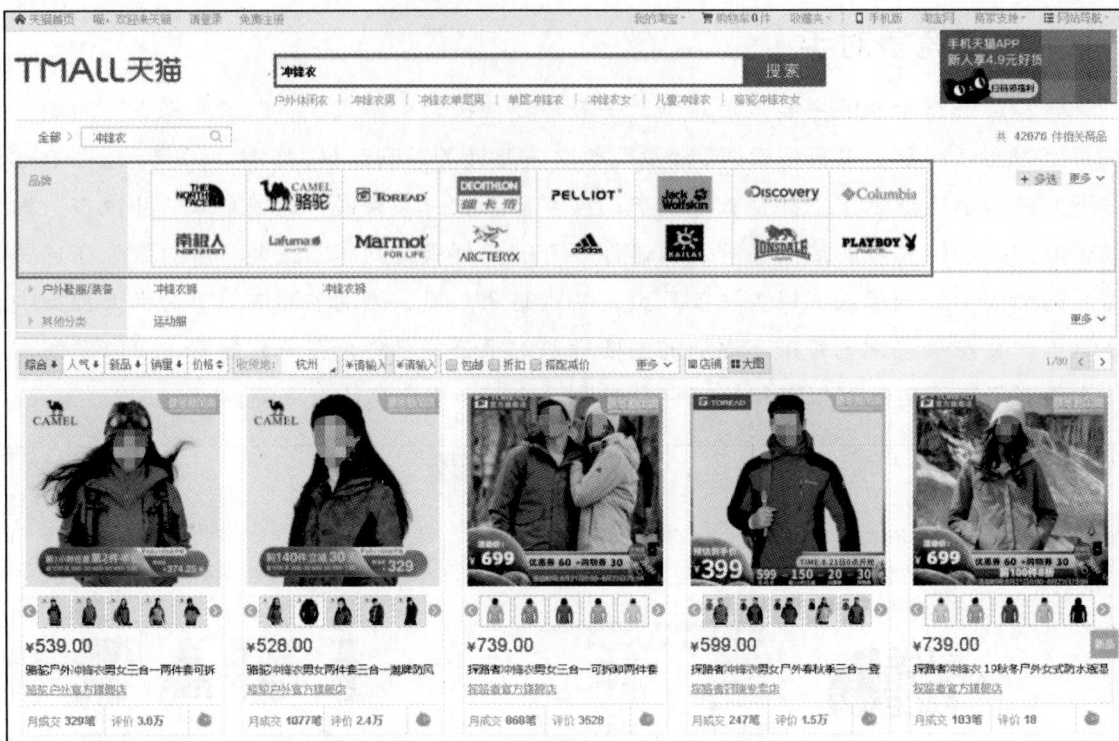

图 2-7

（二）研究竞争对手

明确主要的竞争对手之后，就可以直接访问竞争对手的企业网站、官方旗舰店等，搜集第一手材料。另外，还可以利用常见的数据分析工具，分析竞争对手网站和网店的主要指标，并做出判断。

1. 访问并分析竞争对手官网

要开展电子商务，企业往往会构建自己品牌的网络平台，作为网上营销推广的大本营。直接访问竞争对手的网站，不仅可以了解他们的业务模式、经营特点，还可以站在网络营销的角度，了解他们的网站设计水平、界面的友好性、功能的易用性。观察他们进行网络营销推广的操作痕迹，也能直观地看出对手的竞争实力。我们以"骆驼户外服饰"品牌的官网为例，调查竞争对手网站的基本情况。查询网站以下指标，以了解网站运营的一些基本情况。

（1）网站首页 PR 值。PR 值——网页级别，是用来表现网页等级的一个标准，级别分别是 0~10。网站首页 PR 值可用于评测一个网页的"重要性"，一般而言，网站首页

PR 值为 2～3，说明网站实力一般；达到 4～5，说明网站重要性和权威性不错；达到 6～7，说明这是一个非常强劲的竞争对手。如果发现对手网站的 PR 值是 8，那么你已经没有必要进入这个市场了。登录"站长之家"网站，利用"站长工具"就可以查询到骆驼户外官网的 PR 值为 4，如图 2-8 所示。

图 2-8

（2）网站年龄。登录域名注册信息查询服务网站，如"站长之家"，利用其"Whois 查询"工具，就可以查询竞争对手网站的注册信息，查看域名注册日期及相关信息，了解竞争对手网站的发展演变过程。一般情况下，网站域名的注册时间越长，累积的信任、流量、用户也越多，搜索引擎的排名、外部链接的数量等指标会越好，要超越它的难度也就越大，企业需要付出更多的努力才有可能胜出。利用"Whois 查询"可以知道，"骆驼户外"的官方网站于 2005 年创建，注册时间较早，发展比较成熟，如图 2-9 所示。

图 2-9

（3）网站 Alexa 排名。Alexa 排名是指网站的世界排名，主要分为综合排名和分类排名。目前，行业人士大多把它当作比较权威的网站访问量评价指标。竞争对手网站的流量是非常重要的信息，可以利用 Alexa 排名工具对其进行大体估算。登录"站长之家"，利用"Alexa 排名查询"工具可以查询到"骆驼户外"官方网站的 Alexa 排名，如图 2-10 所示。

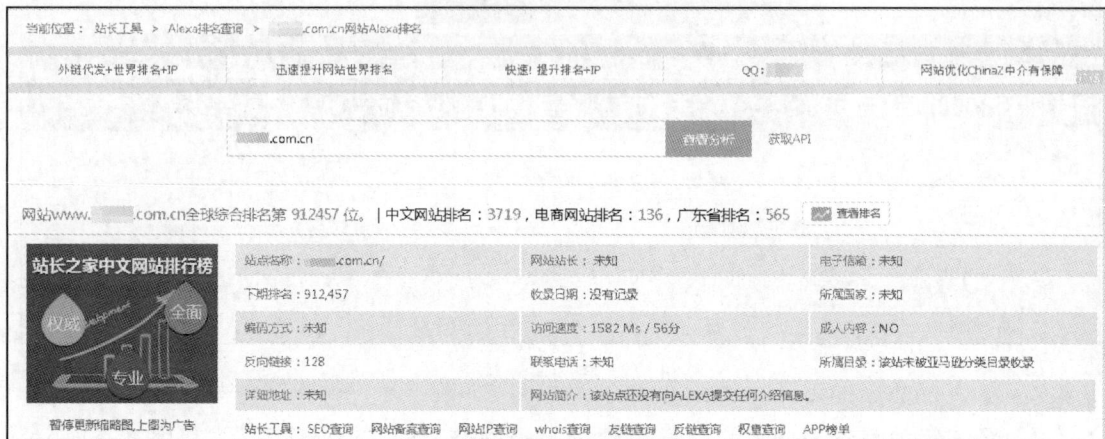

图 2-10

（4）百度百科。查询百度百科，了解这些百科类网站是否有竞争对手的链接。由于百科的权威性和影响力，这些链接既可以带来直接的点击量，也会在一定程度上影响人们的判断和评价。很多人把这些百科链接当作重要的参考资料，通过竞争对手的这些资料列表，可以大致判断竞争对手的实力和网络营销的成效。登录百度百科，搜索"骆驼户外"，就可以找到这个品牌的百度百科词条解释，如图 2-11 所示。

图 2-11

2. 访问并分析竞争对手官方旗舰店

登录天猫、京东、当当网、唯品会等电商平台，搜索"骆驼户外"，就可以访问该品牌的官方旗舰店，我们可以通过分析该品牌在第三方电商平台上官方旗舰店的运营情况，了解竞争对手。由图 2-12 可知，骆驼品牌的冲锋衣在 2018 年天猫"双十一"销量第一，骆驼户外开店时长为 9 年，店铺动态评分（包括描述相符、服务态度、物流服务）都是 4.8 分，均高于行业水平。在该店铺的所有产品中，综合排名最高的产品是一款三合一男女款冲锋衣，售价为 499 元，总销量超过 27 万件，如图 2-13 所示。

图 2-12

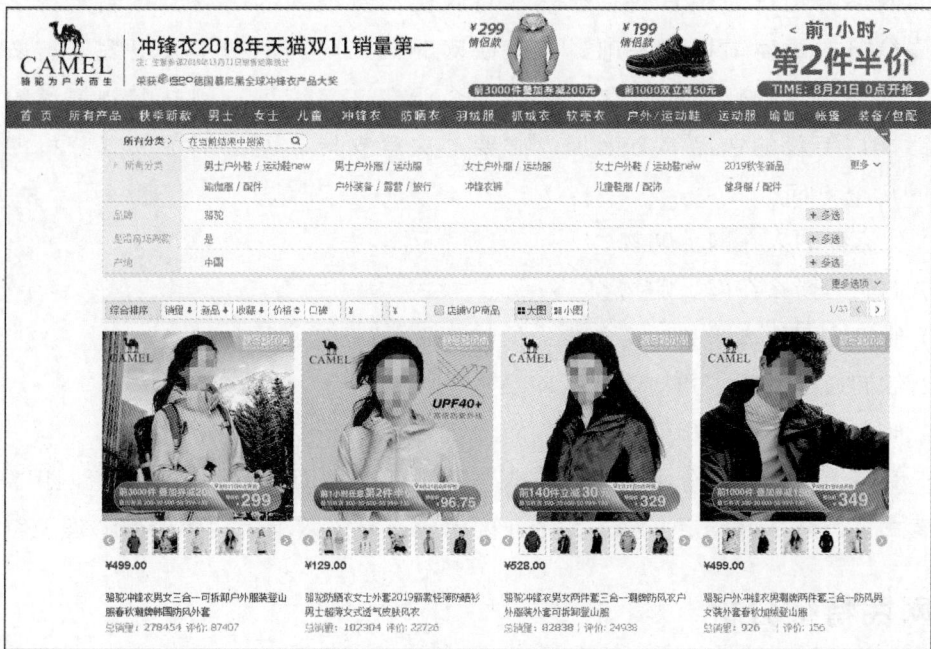

图 2-13

任务三　研究消费模式

任务导入

任务情境	你打算开一家定位于某一细分类目（如童装、中老年服饰、商务男装、韩流女装等）的服饰网店，经过前期竞争对手分析，接下来需要通过调研了解目标用户，研究他们的消费模式，从而制定更好的营销策略
任务分解	（1）通过百度指数输入相关类目关键词，了解用户快照信息 （2）通过阿里指数找到适当的细分类目，了解用户基本信息 （3）设计调查问卷，了解至少 50 个潜在目标用户的信息 （4）总结目标用户快照
完成方式	分组调研并撰写调研报告，在课堂上汇报

　　了解了网络目标市场的基本情况，找到竞争对手并熟悉其优缺点后，还必须研究网民消费模式。网民消费模式是指网络消费群体所采用的购物方法和购物形式。例如某一特定结构的网民群体，由于具有共同的消费心理和行为特点，会表现出相对一致的网络购物行为和方式。显然，对网民消费模式的研究，是制定行之有效的网络推广策略的重要前提和基础。在互联网时代，网民消费模式更为丰富多彩，只有掌握了网络用户的特点和规律，才能为企业在产品策划、网站购物渠道的优化、网络营销推广手段的选择等方面提供必要的决策支持。网民消费模式分析的主要内容有以下几个方面。

　　（1）什么样的人在网上购物？

　　（2）他们为什么在网上购物？

　　（3）他们会买什么产品？买多少价位的产品？购买频率如何？

　　（4）他们通过哪些方式找到购物网站？

　　（5）他们的网上浏览和购买等行为有什么特点？

　　对于网民消费模式的分析，可从宏观与微观两个方面入手：一是分析网民整体的网上消费模式；二是分析特定产品，即企业要销售产品的网上用户的消费心理及特点。

（一）网民特征分析

　　中国互联网络信息中心（CNNIC）每隔半年发布一次中国互联网络发展状况统计

报告，根据我国网民的基本情况提供了一系列比较准确的数据。下面我们以 2019 年 1 月发布的第 43 次中国互联网络发展状况统计报告为例，介绍我国网民的一些基本特征。

1. 网民规模

截至 2018 年 12 月，我国网民规模为 8.29 亿人，全年新增网民 5653 万人，互联网普及率达 59.6%，较 2017 年年底提升 3.8 个百分点。截至 2018 年 12 月，我国手机网民规模达 8.17 亿人，全年新增手机网民 6433 万人；网民中使用手机上网的比例由 2017 年年底的 97.5% 提升至 2018 年年底的 98.6%。网络覆盖范围逐步扩大，入网门槛进一步降低。一方面，"网络覆盖工程"加速实施，更多居民用上了互联网。截至 2018 年第三季度季末，全国行政村通光纤比例达到 96%，贫困村通宽带比例超过 94%，已提前实现"宽带网络覆盖 90% 以上贫困村"的发展目标，更多居民用网需求得到保障。另一方面，互联网"提速降费"工作取得实质性进展，更多居民用得起互联网。国内电信运营商落实相关要求，自 2018 年 7 月起，移动互联网跨省"漫游"成为历史，运营商移动流量平均单价降幅均超过 55%，居民信息交流效率得到提升，如图 2-14 所示。

图 2-14

截至 2018 年 12 月，我国农村网民规模为 2.22 亿人，占整体网民的 26.7%，较 2017 年年底增加 1291 万人，年增长率为 6.2%；城镇网民规模为 6.07 亿人，占比达 73.3%，较 2017 年年底增加 4362 万人，年增长率为 7.7%。互联网在城乡地区的普及率同步提升。截至 2018 年 12 月，我国城镇地区互联网普及率为 74.6%，较 2017 年年底提升 3.6 个百分点；农村地区互联网普及率为 38.4%，较 2017 年年底提升 3.0 个百分点。

2．网民结构

（1）性别结构：截至 2018 年 12 月，我国网民男女比例为 52.7∶47.3，与 2017 年同期基本持平。

（2）年龄结构：我国网民以中青年群体为主，并持续向中高龄人群渗透。截至 2018 年 12 月，10～39 岁群体占整体网民的 67.8%，其中 20～29 岁年龄段的网民占比最高，达 26.8%；40～49 岁年龄段的网民占比由 2017 年年底的 13.2% 扩大至 15.6%，50 岁及以上的网民占比由 2017 年年底的 10.4% 提高至 12.5%，如图 2-15 所示。

网民年龄结构

来源：CNNIC 中国互联网络发展状况统计调查　　2018.12

图 2-15

（3）学历结构：我国网民以中等教育水平的群体为主。截至 2018 年 12 月，初中、高中/中专/技校学历的网民占比分别为 38.7% 和 24.5%；大专、大学本科及以上学历的网民占比分别为 8.7% 和 9.9%，如图 2-16 所示。

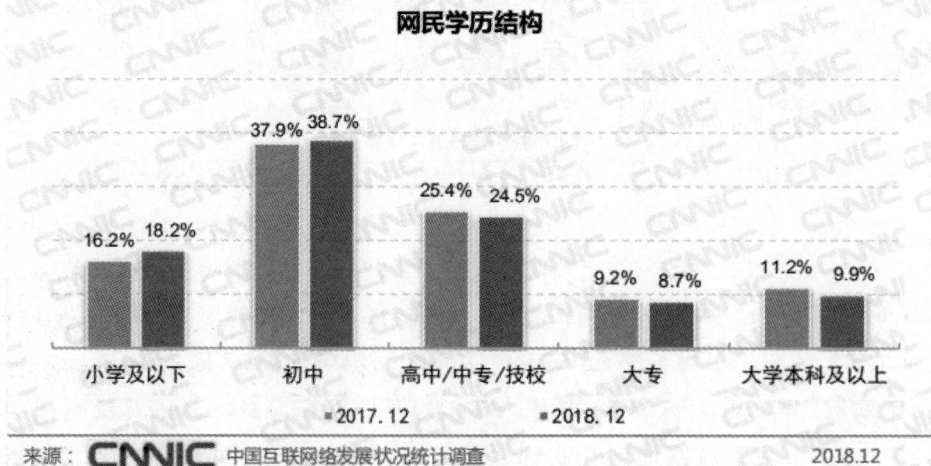

网民学历结构

来源：CNNIC 中国互联网络发展状况统计调查　　2018.12

图 2-16

（4）职业结构：截至 2018 年 12 月，在我国网民中，学生群体最多，占比达 25.4%；其次是个体户/自由职业者，占比为 20.0%；企业/公司的管理人员和一般职员占比共计 12.9%，如图 2-17 所示。

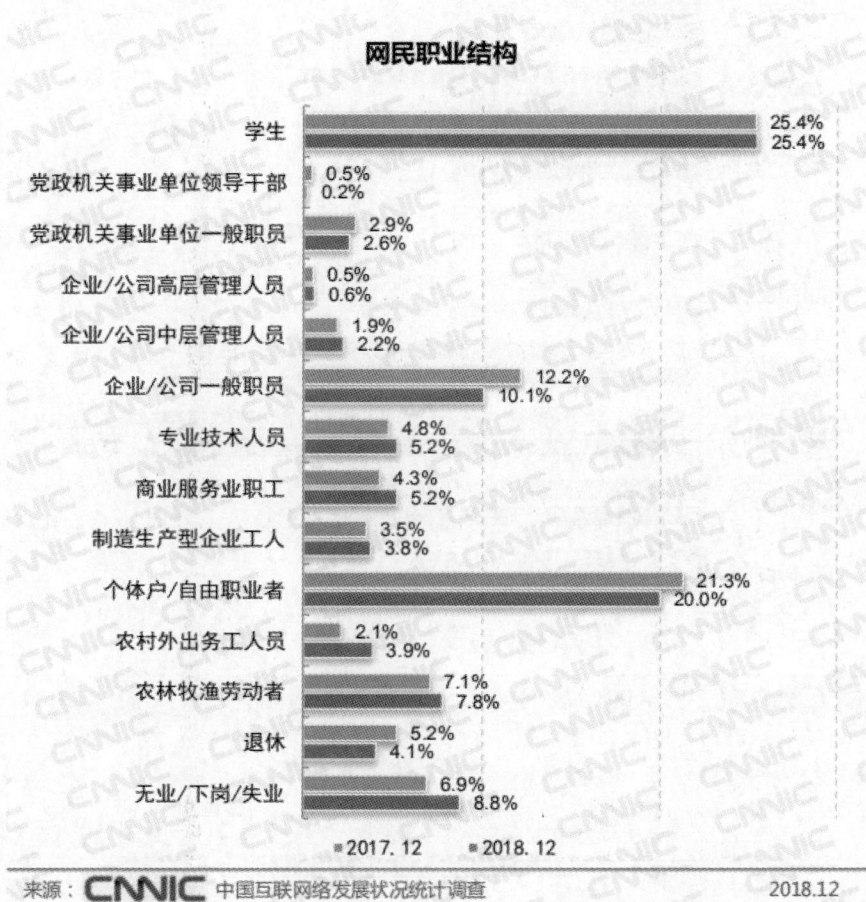

网民职业结构

职业	2017.12	2018.12
学生	25.4%	25.4%
党政机关事业单位领导干部	0.5%	0.2%
党政机关事业单位一般职员	2.9%	2.6%
企业/公司高层管理人员	0.5%	0.6%
企业/公司中层管理人员	1.9%	2.2%
企业/公司一般职员	12.2%	10.1%
专业技术人员	4.8%	5.2%
商业服务业职工	4.3%	5.2%
制造生产型企业工人	3.5%	3.8%
个体户/自由职业者	21.3%	20.0%
农村外出务工人员	2.1%	3.9%
农林牧渔劳动者	7.1%	7.8%
退休	5.2%	4.1%
无业/下岗/失业	6.9%	8.8%

来源：CNNIC 中国互联网络发展状况统计调查　　　2018.12

图 2-17

（5）收入结构：截至 2018 年 12 月，在我国网民中，月收入在 2001～5000 元的群体占比最高，为 36.7%；月收入在 5000 元以上的群体占比为 24.1%，较 2017 年年底提升 3.9 个百分点；有收入但月收入在 1000 元以下的群体占比大幅下降，已由 2017 年年底的 20.5% 下降至 15.8%，如图 2-18 所示。

3．上网行为

（1）上网设备：截至 2018 年 12 月，我国网民使用手机上网的比例达 98.6%，较 2017 年年底提升 1.1 个百分点；网民使用电视上网的比例达 31.1%，较 2017 年年底提升 2.9 个百分点；网民使用台式计算机上网的比例为 48.0%，较 2017 年年底下降 5 个百分点，如图 2-19 所示。

网民个人月收入结构

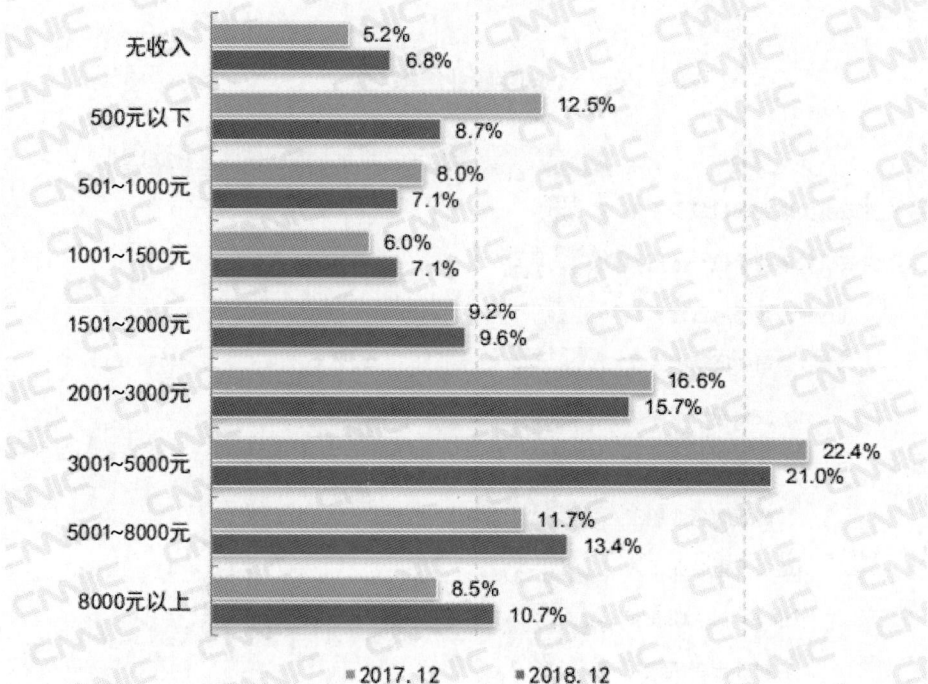

收入区间	2017.12	2018.12
无收入	5.2%	6.8%
500元以下	12.5%	8.7%
501~1000元	8.0%	7.1%
1001~1500元	6.0%	7.1%
1501~2000元	9.2%	9.6%
2001~3000元	16.6%	15.7%
3001~5000元	22.4%	21.0%
5001~8000元	11.7%	13.4%
8000元以上	8.5%	10.7%

来源：CNNIC 中国互联网络发展状况统计调查   2018.12

图 2-18

互联网络接入设备使用情况

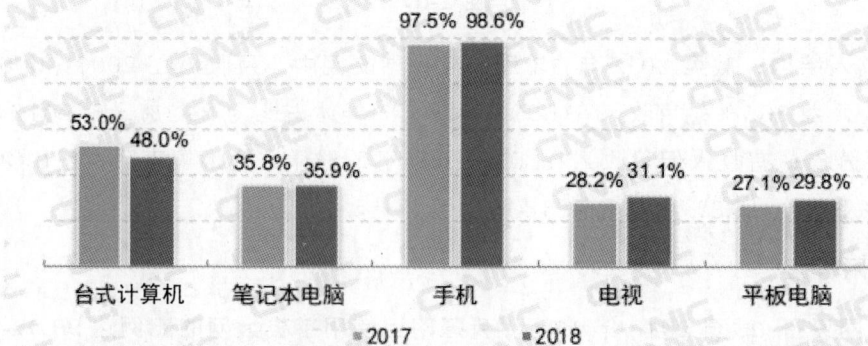

设备	2017	2018
台式计算机	53.0%	48.0%
笔记本电脑	35.8%	35.9%
手机	97.5%	98.6%
电视	28.2%	31.1%
平板电脑	27.1%	29.8%

来源：CNNIC 中国互联网络发展状况统计调查   2018.12

图 2-19

（2）使用场所：截至 2018 年 12 月，我国网民在家里通过计算机接入互联网的比例为 81.1%，较 2017 年年底降低 4.5 个百分点；在网吧上网的比例为 19.0%，与 2017 年年底的比例基本持平；在单位、学校、公共场所上网的比例分别增长了 3.8 个、3.0 个和 2.9 个百分点，分别达到 40.6%、22.1%和 21.6%，如图 2-20 所示。

图 2-20

（3）上网时长：2018 年，我国网民的人均周上网时长为 27.6 小时，较 2017 年年底提高 0.6 个小时。2018 年，移动网民经常使用的各类 App 中，即时通信类 App 使用时长位居首位，占比为 15.6%；网络视频、网络音乐、短视频、网络音频和网络文学类应用使用时长位居第二到第六位，占比依次为 12.8%、8.6%、8.2%、7.9%和 7.8%，如图 2-21 所示。2018 年，移动网民经常使用的六类 App 中，即时通信类 App 用户使用时间分布较为均衡，这与网民作息时间关联度较高；网络直播类 App 在 12 点、20 点和 23 点分别出现三次使用小高峰；社交类 App 用户在 8 点之后使用时间分布较为均衡，在 22 点出现较小使用峰值；网络购物类 App 用户偏好在 12 点及晚间购物；网络新闻类 App 用户阅读新闻资讯的时间分布较为规律，在 12 点和 21 点出现使用峰值；网上外卖类 App 使用时段分布峰值明显，这与网民用餐时间关联度很高，分别在 12 点及 18 点出现使用峰值。

（4）网络购物：截至 2018 年 12 月，我国网络购物用户规模达 6.10 亿人，较 2017 年年底增长 14.4%，占网民整体比例达 73.6%；手机网络购物用户规模达 5.92 亿人，较 2017 年年底增长 17.1%，使用比例达 72.5%，如图 2-22 所示。

各类应用使用时长占比

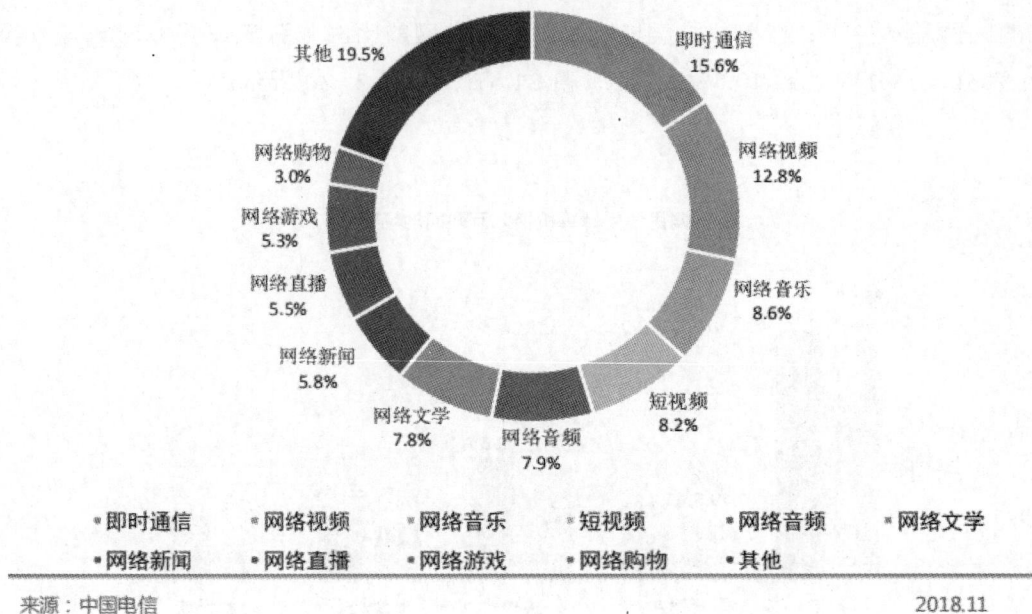

图 2-21

2017.12-2018.12 网络购物/手机网络购物用户规模及使用率

单位：万人

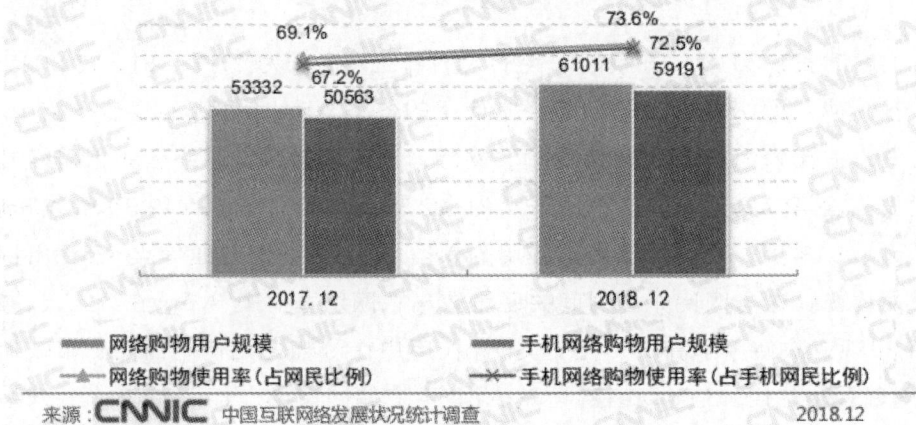

图 2-22

从行业发展来看，在用户高增长红利期后，供需两端"双升级"成为行业新一轮增长的驱动力。在需求端方面，2018 年网络消费继续保持升级态势，消费升级为行业增长提供了强劲动力，也进一步推动市场成熟发展。例如，个性化需求促进了定制化供给，三四线城市用户需求的释放加速推动电商渠道下沉，品质化需求和理性消费进一步推动品质电商的快速发展。在供给端方面，围绕资源、技术和模式的升级进一步加快。例如，各大电商门店加速落地，与传统零售商联盟化趋势加强，其线上线下资源进一步整合；人工智能、大数据、区块链等技术在物流、营销、质量追溯等领域应用日趋深入；电商流量加速分化，拼购模式、小程序电商、内容电商等新模式交易规模呈指数增长。供给端升级加速了资源流动与协同分工，有效提升了供应链效率；同时，丰富的消费场景进一步激发了消费潜力。

（二）目标用户快照

网民整体的行为特征研究，是从宏观角度对网民群体进行的扫描，有助于对网民的整体性、规律性、方向性问题的把握。从微观视角对企业产品的网络用户进行研究，要形成网络用户的典型特征描述，作为企业制定网络营销推广方案的基本依据，包括年龄、收入、教育水平、办公地点、工作性质、地理位置、家庭人口、消费类型（时尚型、理智型、冲动型、透支型）、个性特点、心理偏好等，称为"目标用户快照"。

搜索引擎和电商平台提供的数据工具，例如百度指数和阿里指数，都提供了通过大数据获得的用户基本画像信息，可以作为我们的参考。例如，同时在百度指数和阿里指数中输入"户外服装"，我们可以获得以下的数据，如图 2-23 与图 2-24 所示。

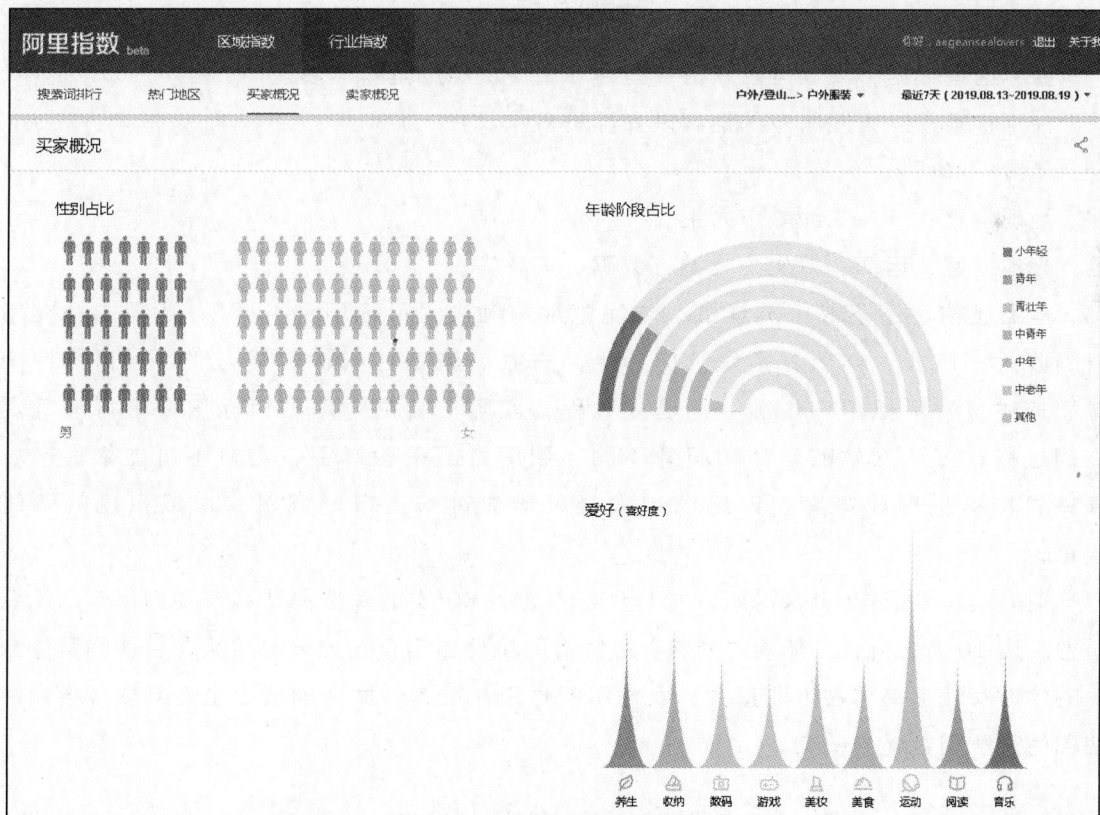

图 2-23

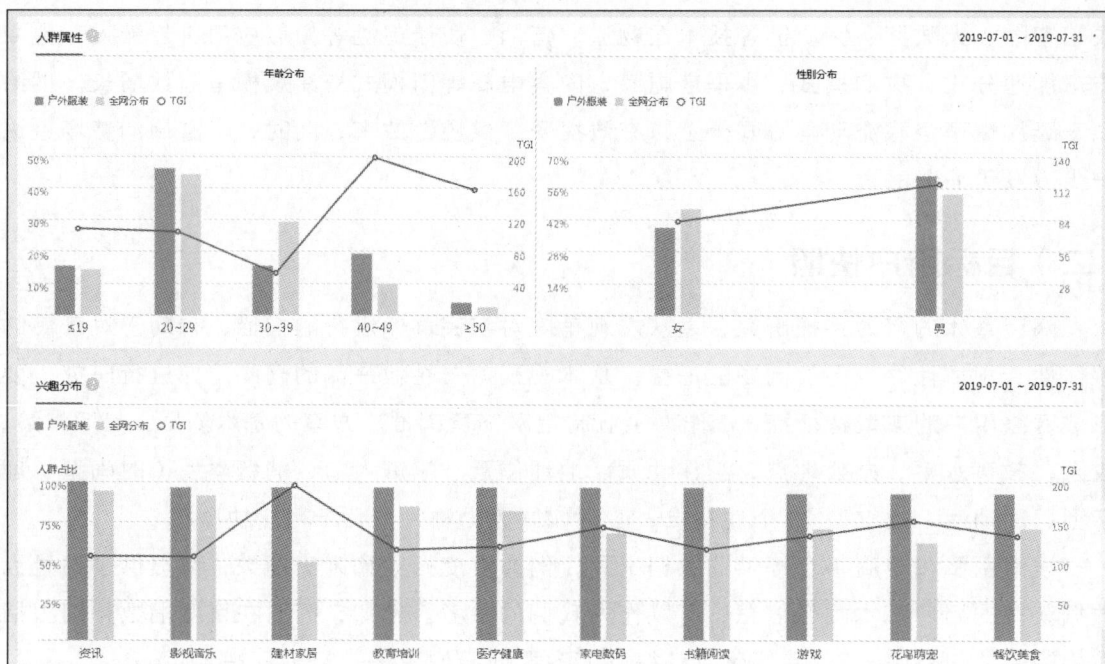

图 2-24

参考这些数据，我们可以获得一些目标用户快照的基本信息。

性别：搜索以男性居多，购买以女性居多。

年龄：20～29 岁。

地理位置：一、二线城市为主。

兴趣爱好：运动、养生、收纳、数码、美妆等。

但上述信息还不够精准详细，要完整地勾勒出"目标用户快照"，还需要补充用户的收入、职业、学历、家庭结构、生活方式、消费特点、购买习惯等。目标用户特征描述及"目标用户快照"的建立过程，实际上就是对网上目标用户进行准确定位的过程。每个网站的产品和服务不同，用户特征千差万别，企业不可能依靠市场调研机构给出现成答案。网络营销人员只能通过网上市场调研，形成自己的调研结论。

根据埃森哲报告统计数据，中国有 4 亿 20～60 岁的女性消费者，她们每年的消费潜力高达 10 万亿元。伴随着"消费"对经济的拉动作用日益显著，活跃在各种消费场景下的中产女性越来越被市场重视，女性消费力正在崛起，女性消费者也无疑成了各大品牌和商家争相追逐的重点。

任务四　选择目标市场

任务导入

任务分析单 2-4

任务情境	你打算开一家定位于某一细分类目（如童装、中老年服饰、商务男装、韩流女装等）的服饰网店，经过前期竞争对手分析和消费者分析，接下来需要谨慎选择目标市场，找到适合生存的利基市场
任务分解	（1）以小组为单位，通过头脑风暴的方式，对所选的细分类目进行进一步细分 （2）选择适当的"小而美"利基市场 （3）在天猫、京东等平台输入相关关键词，了解这个利基市场的竞争状况 （4）确定最后选择介入的利基市场，并说明选择的理由
完成方式	分组调研并撰写调研报告，在课堂上汇报

一般情况下，网络创业者大多是个人或中小型企业，即使你觉得自己的点子很高明、产品很优秀、渠道很特殊，也不要与大公司正面竞争。网络创业通常是从利基市场开始的。

（一）避免与大公司竞争

无论线上还是线下，在资金、品牌、渠道等方面，大公司所具有的绝对优势是任何一个新出现的竞争者所无法比拟的。网络创业者对目标市场的选择，不能不慎重。网络创业不只需要激情与梦想，还必须面对现实与挑战。从渠道、资金、品牌等角度出发，理性评估竞争对手的优势和特色，企业才能避其锋芒，另辟蹊径。

（1）渠道：大公司历史悠久，进货及销售渠道稳固，凭其垄断地位，可以获得更多优惠折扣。相反，市场上新的进入者，尤其是小型竞争者，在各种资源的竞争中往往处于劣势。

（2）资金：大企业有强硬的后台支持，资金充裕，预算庞大，甚至可以忍受长达数年的亏本经营，而小型创业者就难以与之抗衡。

（3）品牌：在同等条件下，大企业品牌是促使用户选择的理由之一。现在的产品市场高度同质化，即使产品之间存在细微的差别，普通消费者也难以识别。知名的大品牌，往往意味着安全、可信和优质，这是人们普遍存在的消费心理。

（二）选择合适的利基市场

只有寻找到合适的利基市场，企业才能清楚地知道营销的目标和对象是谁，他们在哪里，营销人员才明白时间和精力该如何分配，有限的广告预算该花在什么地方。分析评估之后，企业才能有的放矢、不打乱仗。

以服装企业为例，如果打算将产品卖给所有要穿衣服的人，那只能到新浪、搜狐，甚至电视台做广告，要有巨额的预算才行。如果选择利基市场，例如专做年轻大学生的潮流户外服饰，那最好选择年轻人聚集的社交平台或者直播平台，投入有限且效果可控。服装是热门的网络销售产品之一，竞争白热化，但我们仍能寻找到尚未饱和的细分市场。以衬衣为例，这本来已经是一个相对较小的细分市场，但还可以将它进行如下的进一步细化。

（1）专做小男孩衬衣、女士衬衣、中性衬衣。

（2）专做高档衬衣，别人的衬衣卖 68 元，你可以卖 680 元甚至 1680 元。

（3）专卖特殊尺寸衬衣，加肥或袖子加长。

（4）专卖丝绸衬衣。

（5）专卖黑色衬衣。

（6）专卖具有东南亚风格的花衬衣。

（7）专卖防辐射衬衣。

（8）专卖情侣衬衣，一大一小，配上情侣标志等。

寻找和选择利基市场，不仅是为了生存，同时也是为网络营销提供依据。一旦明确了利基市场，就可以有针对性地调整网站内容设计。不同的目标人群具有不同的购物习惯和审美偏好，营销人员在网站上就应当采用不同的文字、标题、图片、颜色等。目前的问题是，企业的网络推广实践，往往因为目标宽泛、漫无边际，致使产品介绍及文字描述空洞无趣、毫无特色。

任务五　提炼独特卖点

任务导入

任务分析单 2-5

任务情境	你打算开一家定位于某一细分类目（如童装、中老年服饰、商务男装、韩流女装等）的服饰网店，经过前期竞争对手分析、用户分析、目标市场选择，接下来需要选择和设计主打产品并提炼独特卖点

任务分解	（1）调研至少三个竞争对手的主打产品，分析其独特卖点 （2）通过小组头脑风暴的方式，至少总结出主打产品的三个独特卖点 （3）结合独特卖点提炼出一句广告语 （4）汇报讨论结果
完成方式	分组调研讨论，在课堂上汇报

独特卖点即企业独特的销售主张，是企业独有的、竞争对手做不到或者无法提供的特别好处或福利，如产品品质、耐用度、美观度、包装等与其他产品不一样的地方。具有唯一性、震撼性的独特卖点，是企业吸引眼球、打动人心的营销利器。

即使找到了一个不错的利基市场，也会有不少竞争者。既然用户并不是非在这里购买不可，那我们必须给他们一个可靠的理由：为什么要选择在我们的网站而不是在其他网站购买？

价格促销是最常用的策略和理由。除非企业有足够的财力，否则低价促销，最终会被竞争对手拖垮。

在产品和服务差别不大的情况下，最重要的就是如何提炼并展现产品的独特卖点，只有这样，才能将你和其他竞争对手区分出来。

创建于 20 世纪 60 年代的达美乐比萨，面对麦当劳、必胜客、肯德基等强劲对手，当时选择了一个从没出现过的口号：30 分钟之内，热腾腾、可口多汁的比萨就会送到您手上，否则免费！比萨这种产品，从食物本身已很难找到独特卖点，而达美乐比萨从配送下手，别出心裁，很快吸引了用户眼球，大受欢迎。

独特卖点的研究，主要有以下两方面内容：独特卖点的提炼与表达。

（一）独特卖点的提炼

独特卖点就是给用户一个特定的理由，为什么要选择你的产品和服务。一旦提炼出了企业的独特卖点，在以后的营销推广活动中，就要以足够强大的声音说出来，并不断强调，以求深入人心、成为共识。

提炼卖点的 FAB 法则

下面是我们耳熟能详的一些企业独特卖点的陈述。

① 我们的产品质量过硬。

② 我们提供完整的解决方案。

③ 我们的产品物美价廉。

④ 我们的理念是用户第一，用户至上。

以上这些销售主张，看似震撼，实则宽泛空洞，缺乏实质内容。企业的口号要做到吸引用户眼球、激励人心，就需要是一个真正与别人不一样的主意。提炼独特卖点时，可以考虑以下几个方面。

（1）市场上的第一个：排名第一，总是能吸引最多的眼光。对于企业的产品和服务来说，可以排第一名的机会有很多：价格最低、最高，市场规模最大，产品开发最早，最早进入国际市场，最受用户欢迎，最受尊敬企业，信用指数第一等，关键是看从哪个角度去挖掘、去提炼。在所有的产品都相似的情况下，任何一个新的产品特性都足以形成独特卖点。

（2）创造和拥有新的产品特性：以前的洗发水功能没有太大区别，海飞丝洗发水最先提出"去头屑洗发水"的概念，至今仍不失为营销经典。

（3）历史传统：有些产品具有深厚的历史文化传统，营销人员应充分加以利用，把它塑造成竞争对手永远无法具备的独特卖点。

（4）市场领先地位：用户因为害怕做出错误选择，所以更乐意选择很多人在使用的产品，具有足够大的市场份额的产品更容易得到他们的青睐。

当然，挖掘产品的独特卖点，还可以有其他的切入点。从理论上讲，不可能有完全一样的产品，一个产品的存在，必然有其特别的理由，这个理由就是它的独特卖点。

（二）独特卖点的表达

针对目标客户，提炼出隽永独到、口口相传、深入人心、无可替代的独特卖点，是网络营销的关键。例如男衬衫就是一个高度同质化的产品，而女士衬衣从款式到面料，千差万别，有人提出了一个"专卖男衬衣，88元体验"的口号，立刻就让自己的产品与众不同起来。

对产品的独特卖点进行表达必须注意以下几个方面。

（1）独特卖点必须针对特定用户提出，不要试图取悦所有大众。

（2）独特卖点必须明确产品能给用户的"特殊利益"。

（3）独特卖点必须明确产品的无可替代性、难以复制性，即产品的"独特性"，让竞争对手无法、也不可能提出。

（4）独特卖点应具有一定的推销力、号召力、影响力和震撼力。

（5）独特卖点应具有广泛的消费适应性，即市场容量值得企业为之提供服务。

总之，在网上销售产品的门槛很低，网络营销不可避免地会遇到竞争对手。要想从竞争中脱颖而出，就要仔细审视自己的产品或企业：有什么是自己独有的？有什么是用户只能从这里得到的？不断地强化这一独特性，把它变成一句简短有力的口号，并把它应用到所有的网络营销实践中。即使自己的产品和服务与别的商家没有本质上的差别，也必须找到一个独特的描述，让用户有一个不一样的观感。追求与众不同、制造不同凡响，这也许正是互联网"特色化生存"的真谛所在。

项目小结

　　在开展网络营销具体工作之前，需要进行充分的网络市场调研和市场定位。本项目由调研目标市场、分析竞争对手、研究消费模式、选择目标市场、提炼独特卖点五个任务组成。通过完成这五个学习任务，学生可以掌握网络调研的基本流程和方法，熟悉百度指数、阿里指数、站长之家等网络数据工具，利用电商平台、搜索引擎、社交媒体等发现竞争对手、了解用户需求、选择合适的利基市场，并根据市场地位提炼并表达产品的独特卖点，精准定位网络市场，为后续开展网络营销活动奠定基础。

课后练习

（一）不定项选择题

1. 网络产品的目标市场调研，主要是要解决（　　　）的问题。

　　A. 目标用户在哪里

　　B. 目标用户现在从哪里购买这些产品

　　C. 网络市场规模有多大

　　D. 网络产品的独特卖点是什么

2. 了解网络市场主要竞争对手的方式有（　　　）。

　　A. 以产品为主要关键词在搜索引擎上调查发现竞争对手

　　B. 通过传统的人脉关系了解竞争对手

　　C. 通过电子商务平台调研了解竞争对手

　　D. 通过行业网站调研了解竞争对手

3. 网民消费模式研究主要研究（　　　）。

　　A. 网民选择网上购物的原因

　　B. 网民喜欢什么样的产品，消费金额是多少，他们的购买频率如何

　　C. 他们通过哪些方式找到购物网站

　　D. 他们的网上浏览和购买行为有什么特点

4. 网络营销目标市场的选择，一般应遵循（　　　）原则。

　　A. 目标市场越大越好

　　B. 目标市场越小越好

　　C. 避免与大公司竞争

　　D. 选择合适的利基市场

5. 下列关于独特卖点的描述，正确的是（　　　）。

A. 某些产品的同质化程度太高，不可能提炼出独特卖点

B. 提炼产品的独特卖点，是为了给消费者提供选择商品的理由

C. "物美价廉，客户至上"，是常见并行之有效的独特卖点表述

D. "市场上的第一个"，是常用的独特卖点提炼和展示的方法

（二）简答题

1. 简述网络市场调研的一般流程和常用方法。

2. 网络目标市场选择的原则和依据是什么？

03 项目三
网络广告营销

项目简介

互联网作为全新的广告媒体，相比传统的报纸、杂志、电视、电台四大媒体，具有覆盖面广、互动性强、精准度高等特点。网络广告是企业实施现代营销媒体战略的重要手段。本项目主要由认知网络广告、创作网络广告、投放网络广告和网络广告效果评估四个任务组成。通过本项目学习，学生可以认识不同类型的网络广告，激发创作网络广告的热情，了解网络广告的投放和计费方式，并掌握网络广告的效果监测等相关知识。

学习目标

知识目标：

1. 认识网络广告并了解网络广告的不同类型和表现形式。

2. 掌握网络广告创意的产生方式和网络广告的制作技巧。

3. 了解网络广告投放的意义、方式及计费方式。

4. 掌握网络广告效果评估的内容及指标。

技能目标：

1. 能够认识和区分不同的网络广告变现形式。

2. 能够进行网络广告策划并制定广告方案。

3. 能够运用 1～2 种集体和个人广告创意方法创作简单的广告。

4. 能够计算广告的投放费用并监测评估广告效果。

素质目标：

1. 培养团队合作能力，能在团队中集思广益，形成对某产品广告的创意思路。

2. 培养对数据的敏感性，能计算广告的投入产出比，从而评估广告的效果。

3. 培养良好的互联网营销能力和综合运用语言文字的表达能力。

引导案例

我爱家乡：明星喊你回家过年——携程新年整合营销案例

案例背景： 携程旅行网（简称携程）是目前国内领先的在线旅游旅行服务公司，向超过 1400 万会员提供酒店、机票、度假、商旅等全方位旅行服务。目前，行业竞争日益激烈，同质化现象严重，携程专注挖掘更多的服务亮点来与其他竞争对手形成明显的差异化，让更多的用户选择自己。

投放额度： 200 万元。

投放时间： 2015 年 12 月 25 日—2016 年 2 月 1 日。

案例简介： 2016 年春节前，携程力邀数位名人齐来助阵，发起了"我爱家乡"的新年主题活动。携程借由此次活动，引发人们对家乡情感的共鸣，让每个人都有为自己家乡发声的机会，让人们重新发现自己家乡的美。借助名人效应推出免费回家的机会，携程希望通过此举在获取新用户的同时，提高品牌知名度和市场占有率。

传播受众： 以 20～39 岁、具有购买能力并关注旅游的人群为主。男女比例为 11∶9。

核心创意： 春节期间回家过年是经久不衰的话题，活动通过《导·火·锁》营销策略开展三个阶段的传播。

第一阶段，借助名人的影响力，并利用搜索引擎、输入法产品向网民传递活动信息，有效吸引网民关注"我爱家乡"的内容。

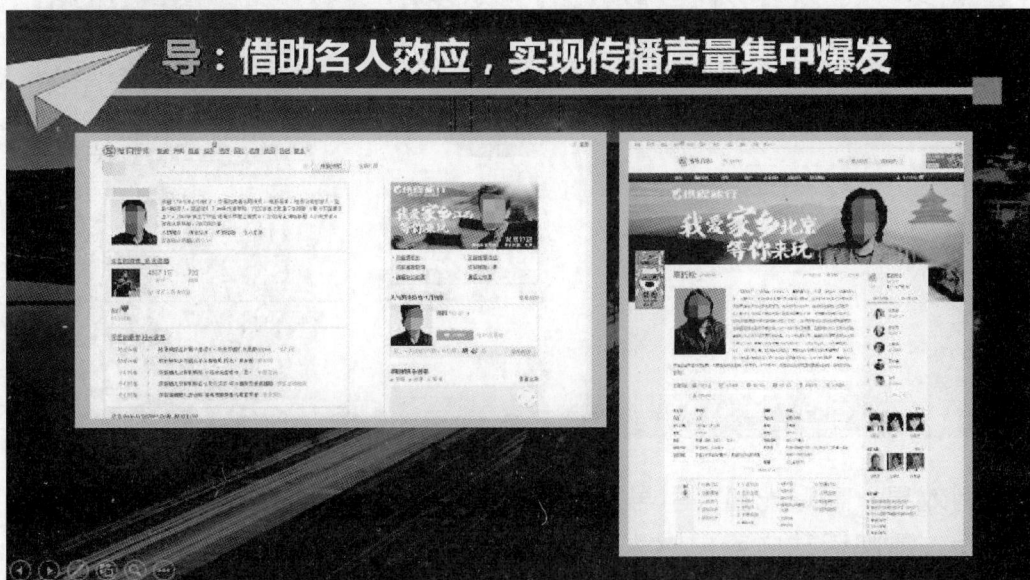

第二阶段，通过问答互动平台发起"名人喊你来点赞"，吸引网民火热关注并参与网民自主发起的"#我为家乡点赞#"话题，热议"谁的家乡最美"。一时间，相关话题在朋友圈及各大互动网站分享传播。

第三阶段，活动进入收口阶段，借助搜索引擎等精准渠道锁定目标，直接使有需求的用户实现转化，实现携程订单量的激增。

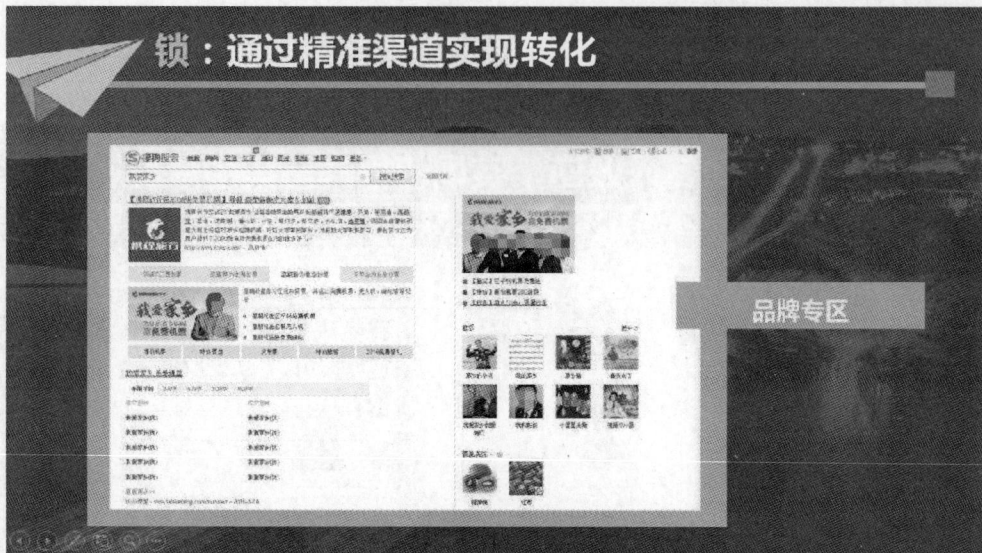

锁：通过精准渠道实现转化

品牌专区

案例效果：高曝光量、引导互动等传播手段，达到了不错的推广效果。在推广期间，品牌活动内容总曝光量达 23 亿次，活动覆盖人群达 2.4 亿人，新增用户数为 600 万人。

案例思考：

1. 携程采用了哪些网络广告形式进行整合营销？
2. 通过案例分析，针对不同的客户群体应该如何选择合适的网络广告形式？

任务一　认知网络广告

任务导入

任务分析单 3-1

任务情境	某快消品公司想通过网络广告的方式宣传其产品，目前，网络广告形式各异，作为公司的网络营销专员，你需要搜集整理常见的网络广告形式，并建议公司选择合适的网络广告形式
任务分解	（1）以小组为单位，根据本书中对网络广告类型的介绍，分别从搜索引擎、门户网站、视频分享平台、社交平台等渠道查找同类产品的网络广告 （2）通过截图或者保存视频的方式分别记录不同网络广告的表现形式 （3）选择 2～3 个感兴趣的网络广告，分析比较其优缺点 （4）结合快消品行业的特点推荐 2～3 种合适的网络广告形式，并说明原因
完成方式	以小组为单位，形成调研分析报告，并分组上台汇报

（一）网络广告的定义与特点

广告是商品经济发展的产物，是一种以推销商品获得盈利为最终目标的商业行为。广告向目标用户展示商品的性质、质量、功用、优点，进而打动和说服用户，影响和改变用户的观念和行为，最终达到推销商品的目的。

网络广告是指广告主以付费方式运用互联网媒体发布、传播广告，对公众进行劝说的一种信息传播活动。网络广告以数字代码为载体，采用多媒体技术设计制作，通过互联网传播，具有交互功能。与传统的四大传播媒体（报纸、杂志、电视、广播）广告及户外广告相比，网络广告拥有自己独特的优势，主要体现在以下几个方面。

1．广泛性和开放性

网络广告可以通过互联网把广告信息 24 小时不间断地传播到世界各地，这是传统媒体无法做到的。另外，报纸、杂志、电视、广播、路牌等传统广告具有很大的强迫性，而网络广告是开放的，网络用户可以根据意愿选择点击或浏览。

2．实时性和可控性

网络广告可以根据用户的需求快速制作并进行投放，而传统广告的制作成本较高，投放周期固定。网络广告可以根据用户需要及时变更和调整广告内容，使变化的广告经营决策及时得到实施和推广，顺应市场需求变化；而在传统媒体上，广告发布后不易更改，如果要更改，则要花费更多的时间及更高的费用。

3．直接性和针对性

通过传统广告，用户只能间接地接触企业所宣传的产品，无法通过广告直接感受产品或服务。而网络广告则不同，只要用户看到了感兴趣的内容，直接单击鼠标，即可进入该企业网站，搜寻到产品或企业的具体信息。另外，网络广告可以投放给某些特定的目标人群，实现精准投放；也可以根据不同用户的特点，灵活地实现时间定向、地域定向、频道定向，实现对用户的清晰归类，在一定程度上保证广告的到达率与有效率。

4．双向性和交互性

传统的广告信息流是单向的，即企业推出什么内容，用户只能被动地接受什么内容。而网络广告突破了这种单向性的局限，实现了供求双方信息流的双向互动。通过网络广告的链接，用户可以从企业的相关站点中得到更多的信息。另外，用户可以通过广告位直接填写并提交在线表单信息，企业可以随时得到用户的反馈信息。同时，网络广告还可以提供进一步的产品查询需求，方便与用户的互动与沟通。

5. 易统计性和可评估性

在传统媒体上做广告，很难准确地知道有多少人接收到广告信息。而网络广告可以详细地统计一个网站各网页被浏览的总次数、每个广告被点击的次数，甚至还可以详细、具体地统计出每个访问者的访问时间和 IP 地址。另外，提供网络广告发布的网站一般能建立用户数据库，包括用户的地域分布、年龄、性别、收入、职业、婚姻状况、爱好等。这些统计资料可以帮助广告主统计与分析市场和用户，根据广告目标用户的特点，有针对性地投放广告，并根据用户特点进行定点投放和跟踪分析，对广告效果做出客观准确的评估。

解读网络广告的规范

（二）网络广告的类型

网络广告是指广告主基于互联网所投放的广告，其主要类型包括品牌图形广告、视频贴片广告、电商广告、搜索引擎广告（也叫搜索广告，含关键词广告和联盟广告）、信息流广告、文字链广告、分类广告、其他形式广告（如导航广告、电子邮件广告）等。

（1）品牌图形广告：主要包括按钮广告、鼠标感应弹出框、浮动标识/流媒体广告、画中画、摩天柱广告、通栏广告、全屏广告、对联广告、视窗广告、导航条广告、焦点图广告、弹出窗口和背投广告等形式。

（2）视频贴片广告：指在网络视频播放前、播放暂停或者播放完后插播的图片、视频、Flash 等广告形式。

（3）电商广告：指商家在第三方电商平台上发布的各种广告，如淘宝的钻石展位和直通车等广告形式。

（4）搜索引擎广告：指广告主根据自己的产品或者服务的内容、特点等，确定相关的关键词，撰写广告内容并自主投放的广告，如关键词广告和联盟广告。联盟广告是指集合中小网络媒体资源组成联盟，通过联盟平台帮助广告主实现广告投放，并进行广告投放数据监测统计，广告主则按照网络广告的实际效果向联盟会员支付广告费用的网络广告投放形式。

（5）信息流广告：主要包括社交、新闻资讯、视频网站、工具类媒体及短视频等多种媒体类型信息流中的广告。这种穿插在信息流中的广告，其用户体验相对较好，广告主可以利用用户标签进行精准投放，因此它在移动互联网时代迎来了爆发式的增长，几乎所有的互联网媒体都推出了信息流广告平台。信息流广告已经成为媒体平台流量变现的主要模式，从传统巨头到新兴力量都加入了信息流广告大战。

（6）文字链广告：指以纯文字作为广告链接，点击即可进入相应广告页面的广告，是一种纯文字的广告形式。

（7）分类广告：指将各类短小的广告信息按照一定方法进行分类，以便用户快速检索，一般集合放置于页面的固定位置。

（8）其他形式广告：主要包括导航广告、电子邮件广告、数字杂志类广告、游戏嵌入广告、IM 即时通信广告、下载软件广告、互动营销类广告等形式。其中，导航广告是一种集合较多网址，并按照一定条件进行分类的网址导航模块，广告主通过购买导航网站上的广告位置来吸引用户点击。

根据艾瑞咨询发布的《2019 年中国网络广告市场年度监测报告》，2018 年，中国网络广告在细分领域市场份额上的变化仍在继续，传统搜索广告份额持续降低；电商广告与 2017 年同期相比有所上升，份额占比为 33.6%（见图 3-1），可以预计电商平台的高流量依然会吸引众多的广告投放；从长远角度来看，随着诸多广告形式向信息流的转化，信息流广告还有很大的增长空间。艾瑞咨询认为：无论哪一种形式的网络广告，目的都是吸引用户浏览点击和留住用户。未来，广告主愿意付费买单的一定是用户喜欢并且认可其体验的广告形式。

扫描二维码看
彩图

2015—2021年中国不同形式网络广告市场份额及预测

图 3-1

55

任务二　创作网络广告

 任务导入

任务分析单 3-2

任务情境	某快消品公司在对各种网络广告形式充分调研的基础上，初步计划由公司的广告策划部策划并制作一则网络广告，你作为公司广告策划部人员要承担这项工作

続表

任务分解	（1）以小组为单位讨论并确定广告所采用的感性诉求创意 （2）确定广告创意的方法和采取的具体形式 （3）根据广告创意原则，以小组为单位产生广告创意 （4）团队合作制作广告并在课堂展示
完成方式	形成网络广告创意策划书，制作完成广告后以小组为单位在课堂上展示汇报

网络广告是信息型广告，网络广告的浏览者是各类信息的寻求者。他们不会单凭某种印象做出网上购买的决定，而习惯于对信息进行理性分析。因此，网络广告应向他们提供足够详尽的具有逻辑性和说服力的信息，只有这样才能促成用户的最终购买决策。

网络广告设计是指根据广告的目标、企业的发展阶段、产品生命周期、竞争者状况分析等信息，确定广告诉求重点，设计网络广告。网络广告会因为不同的创意而产生很大差异。因此，创意因素非常重要，广告只有在引起受众注意后，才有助于提高品牌形象和销售量。确定网络广告创意有三个基本步骤：信息制作、信息评估与选择、信息表达。网络广告创意的确定通常由广告主和广告代理公司共同参与完成。

（一）网络广告的创意

网络广告创意的任务是使企业的品牌、广告形式、诉求内容适合目标受众的要求，它既是决定最后广告表现的关键，也是吸引受众注意、使其浏览广告信息的决定性步骤。

1. 网络广告的创意效应

在当前物质相对富裕的社会里，用户的消费目的不只是为了需要而消费，更多是因为感性而消费。此时的用户便不仅仅满足于量和质，而会寻求更高层次的感性满足。因此，网络广告的创意主要体现在感性诉求上，人的情感是丰富的，也是容易被激发的。广告中的感性诉求便是基于此种缘由，通过挖掘或附加商品情感来激发人们心中相同的情感，使人们对商品产生好感，进而产生购买行为。以下是几种网络广告感性诉求的创意效应。

（1）感知效应：注重品质的冲击力。网络广告所显示的商品经常具有独特的品质和功能，让用户真正感知到这一点是网络广告设计最有效的手段和目的。一般而言，网络广告由于其文件和幅面大小的限制，其表现方式有一定局限性，但如果能找到合适的表现方法，就能取得事半功倍的效果。

（2）兴趣效应：注重情节的吸引力。网络广告可以制作成动画，这样就可以像影视广告一样表现一定的情节。具有情节的广告与众不同，容易吸引浏览者的注意力和好奇心，获得认同感，达到更好的广告效果。

（3）情感效应：注重氛围的感染力。在网络上，富有情感的广告更易激发人们点击的欲望。设计师通过色彩、文字、图像和构图等元素和手段营造出一种氛围，使观看广告的人产生一种情绪，使人们接受并点击广告，从而接受广告所推出的服务或产品。网络广告应设法提升情感效应，善于认识、发挥甚至赋予产品所适合的情感，营造出使浏览者产生共鸣的氛围，使其接受广告。

（4）理解效应：注重事实的说服力。运用理解效应的基本原理就是帮助用户找出他们购买产品的动机，并将产品与此动机直接联系起来。有时用户并不清楚产品会给他们带来什么好处，因此企业可以强调产品某方面功能的重要性。对于横幅广告来说，应注意选材的精练。

（5）记忆效应：注重品牌的亲和力。利用突出的企业形象能够唤起人们对已经认可的事物的再度认可，这也是一种提升广告效果的方法。广告可以在宣传产品时将产品背后的背景一起宣传，即利用企业的威信让用户对产品产生信心。另外，从心理学角度来看，熟悉的事物比陌生的事物更能博得人们的信任，而这正是强调品牌的原因之一。广告在不同媒体上信息传递的统一性战略，就是为了建立这种熟悉感。

（6）文化效应：注重文化的影响力。中国是一个历史悠久的国家，几千年的文化传统塑造了中国人特有的价值观和审美观，因此在网络广告中可添加文化的因素。

（7）机会效应：注重利益的诱惑力。机会效应是指在网络广告中告诉用户：点击这则广告可以获得除产品信息以外的其他好处，而不点击就会失去这些好处。因为点击网络广告需要用户付出时间和经济上的代价，所以给他们一种付出会有收获而不付出就会有所丧失的感觉十分重要，通常表现为"奖""礼"或者"免费"等。

（8）行为效应：注重点击的召唤力。根据康斯托克的心理学模式，对一个行动的特定描述可能导致人们学习此行动，对于个人来说，这种描述越显著，就越具有激发力。因此，网络广告可以通过对特定行为的描述来引导浏览者点击。

2．网络广告的创意原则

现在，网络广告的形式越来越丰富，在网络广告设计中保持独特创意的同时，能够很好地达到广告应有的效果是非常重要的。网络广告创意需要遵循以下原则。

（1）目标性原则。目标性原则是网络广告创意的首要原则，网络广告必须与广告目标和营销目标相吻合，创意的最终目标是促进营销目标的实现。任何广告创意都必须考虑：广告创意要达到什么目的？起到什么效果？

（2）关注性原则。网络广告必须能吸引用户的注意力，美国广告大师大卫·奥格威说："要吸引用户的注意力，同时让他们购买你的产品，非要有很好的创意不可。除非你的广告有很好的创意，不然它就像快被黑暗吞噬的船只。"

（3）简洁性原则。广告创意必须简单明了，只有切中主题，才能使人容易读懂广告创意所传达的信息。

（4）互动性原则。网络广告的创意必须关注目标对象是哪些人，他们的人文特征及心理特征是什么。企业可以运用网络媒体互动性的优势，设计能和用户进行互动的广告，以调动他们的兴趣，使其主动参与到广告活动中。

（5）多样性原则。网络广告的多样性是指网络广告表现出的形式多样的创意，随着Web 4.0时代的到来，网络广告的创意应该更加多样化，这样才能充分利用网络的优势，达到更好的广告效果。

（6）精确性原则。网络广告趋向于进行精准传输，也就是"把合适的信息传达给合适的人"。目标用户的精确定位是网络广告的创意原则之一，这是网络广告发展的未来趋势之一。

3. 网络广告的创意方法

（1）提炼主题。选择一个有吸引力的网络广告主题。

（2）进行有针对性的诉求。在卖点的设计上，应站在浏览者的角度，注意其与广告内容的相关性，从而提高广告的点击率。

（3）品牌要有亲和力。广告不仅要推销产品，同时也是建立品牌形象的一种方式，树立企业的品牌能让用户对产品产生信心和认同。但要注意：过分的品牌宣传会降低用户的好奇心，降低点击率，因此，在广告创意上要注重品牌亲和力的分寸。

（4）营造浓郁的文化氛围。运用传统文化元素进行网络广告的创意设计，既易于用户接受，又能起到很好的效果。

（5）利益诱惑。抓住用户注重自身利益的心理特点，注重该网络广告活动给用户带来的好处，吸引用户参与活动。

（6）其他方法。例如，可使用鲜明的色彩、使用动画、经常更换图片等。

正确的广告创意程序是从商品、市场、目标用户入手，首先确定有没有必要说，再确定对谁说，继而确定说什么，最后确定怎么说。广告创意的核心在于提出理由，继而进行说服以促成行动，而这一理由应具有独创性，是别人未曾使用过的。

（二）网络广告的制作技巧

下面介绍几种主要网络广告形式的制作技巧。

1. 横幅广告

横幅广告的吸引力至关重要，高效的横幅广告必须能够在几秒内抓住浏览者的注意力，否则网上丰富的信息会使浏览者很快转入其他链接。为了增加横幅广告的吸引力，可以采取以下措施。

（1）选好主题，找准卖点。企业网站可能同时提供很多产品和服务内容，因此应选择目标站点最吸引浏览者的内容作为广告创作主题。在卖点的设计上，应该站在浏览者的角度，强调用户体验，提高点击率。例如，网络销售站点可以选择促销折扣最大的商品作为广告宣传对象，而不是泛泛地谈打折。

（2）文字精练，标新立异。横幅广告的文字不宜过多，通常只用一句精练的话表达即可。标新立异的广告词有利于提高横幅广告的吸引力，广告创作人员应在措辞上下功夫，通过提供浏览者感兴趣的利益点来获得更多的点击。

（3）色彩清晰，有视觉冲击力。在制作横幅广告时，最好选择黄色、橙色等较为醒目的颜色，这样能在瞬间抓住浏览者的视线。很多成功的横幅广告，在色彩运用上都下了一番功夫。

（4）善用动画，时常更新，增强吸引力。拥有动画的横幅广告比无动画的单调的横幅广告更具吸引力，因此在制作广告时，可通过加入动画增强吸引力。不过，考虑到用户带宽及页面下载速度，横幅广告中的图片也不应过多，否则会因为过于花哨而使浏览者厌烦。即使是最好的横幅广告，经过一段时间也会失去效力，所以应经常更新，让横幅广告总能拥有新鲜的表现方式，这也是增强其吸引力的一种方式。

2. 企业主页

（1）企业主页设计要能够体现企业风格，与企业形象一致。

（2）企业主页上的标识等，要与企业在其他媒体上刊登的广告保持一致，以便通过不断重复，达到强化企业形象的目的。

（3）设计企业主页时还应注意：色彩搭配要醒目、有美感，企业标识要放在比较明显的位置，以便引起用户注意。

（4）企业主页在版式设计和内容编排上要条理清晰，应当使用户轻松地找到所需要的内容；同时，内容的叙述要清晰、简洁、便于理解。

（5）提高企业主页信息对用户的应答能力，优秀的企业主页应当能够对用户提出的问题做出及时且可信的答复。

以上这些措施，可以增强企业主页的吸引力，增加该网站的浏览人数，并能延长浏览者的浏览时间。

3．电子邮件广告

一般而言，电子邮件广告形式比较单一，多以文字为主要内容。在设计电子邮件广告时，要字斟句酌。首先，文字表述要能引起浏览者的兴趣，尤其是广告标题和开头部分的表述，必须能吸引浏览者的目光，如果电子邮件广告的标题不吸引人，浏览者很可能会将该电子邮件当作垃圾邮件删除，而开头部分会决定浏览者是看下去还是点击别的内容；其次，要留下明确的联系方式，如网址、公司名称和电子邮件地址等；最后，可以在电子邮件广告中添加图片或动画，以增强广告的吸引力，但是，过多的图片或动画会使电子邮件广告占用较多的资源，因此图片与动画不宜过多。

（三）网络广告制作中应注意的问题

网络广告制作中存在的以下问题会对网络广告的效果产生一定程度的影响，应注意尽量避免。

1．设计主题不明确

网络广告的效果主要表现在品牌推广和销售促进方面，并且网络广告的期望反应是用户浏览和点击。如果广告创作人员对此没有明确认识，在有限的广告区域中表现的要素太多，就会显得主题不够明确，用户也难以对广告留下深刻印象。

2．广告信息内容差异的影响

用户对网络广告的不同诉求，会影响其对内容的接受程度，过于直白的产品促销信息并不一定能让用户产生浏览和点击的兴趣，而一些公益性、有奖竞赛和优惠券等相关内容的信息更能引起用户关注。因此，合理利用类似的用户感兴趣的信息才能减少内容差异对网络广告效果的影响。

3．广告设计缺乏吸引力

尽管网络广告的创意难以用统一的标准来衡量，但缺乏吸引力的网络广告具有相似的特征，如颜色和图案没有视觉冲击力、广告文案表达过于直白等，使用户没有兴趣浏览和点击。

4．广告字节数过大

信息量太多的网络广告降低了网页下载速度，这样可能使用户没等到广告完全被下载就点击了浏览器的停止按钮，这样广告甚至没有出现的机会。因此，一般的服务商对于各种规格网络广告的字节数都有一定的标准要求，超过限度的广告将不被接受。

任务三　投放网络广告

任务导入

任务分析单 3-3

任务情境	某快消品公司计划把设计好的网络广告发布出去,公司的广告部门需要根据预算选择合适的投放方式和计费方式
任务分解	（1）以小组为单位讨论网络广告的投放方式，分析其利弊 （2）以小组为单位讨论为广告选择合适的计费方式，并陈述理由 （3）以小组为单位讨论网络广告投放方案
完成方式	形成书面投放方案并汇报

（一）网络广告投放的意义

网络广告投放是网络广告信息发布策略的实施，通过互联网发布平台进行广告投放是网络广告与目标受众直接接触的环节。网络广告投放的主要任务是分析和选择适当的广告投放渠道，把广告信息在适当的时机、适当的场合传递给适当的受众。网络广告投放一般由广告主、网络广告代理或网络广告联盟的专业人员负责，他们分析和提出广告信息投放和发布的计划，广告诉求和广告创意所形成的文本经广告主最后审核同意之后，广告代理人与互联网媒体机构接洽，安排有关的投放与发布事宜，把已经审核同意的文本投放到所选择的互联网终端站点，有时候也一并执行对投放质量的监督。

作为企业营销的投入，网络广告投放的费用是网络广告投入费用的最大部分，网络广告的投放计划必须遵循效率最大化原则，明确广告投放终端的选择，进行创造性的媒体策划，保证以有效的费用投入达成所设定的广告目标。

（二）网络广告投放的方式

目前，网络广告投放的主要方式有以下几种。

1. 利用自己的网站投放

这是常用的发布网络广告的方式之一。在这种情况下，企业可对广告的内容、画面结构、互动方式等各种因素进行全面的策划。实际上，企业网站本身就是广告。但是，网站不能像传统媒体广告那样使所有的页面全都被广告所充斥。从目前网站的运作实践来看，如果一个网站只提供广告，而不能同时提供其他信息，肯定不会有众多的访问者。因此，网站的定位应放在树立企业的整体形象上。企业网站上通常还提供一些非广告信息，如时事新闻、名人轶事以及可供访问者免费下载的软件、游戏等。总之，网站必须能给访问者带来一定的利益，使其成为网站的用户。

2．直接投放

直接投放是目前常用的网络广告投放方式。互联网上的网站成千上万，为达到尽可能好的效果，应当选择合适的网站投放自己的广告。选择投放广告网站的基本原则如下。

（1）选择访问率高的网站投放。互联网上有许多访问流量大的网站，包括搜索引擎网站，如 Google、百度、SOSO、有道等；导航网站，如 Hao123、360 导航等；较有影响的门户网站，如腾讯、新浪、搜狐、网易等。这些网站受众覆盖面广，流量大，可将成千上万的用户吸引过来。

（2）选择有明确用户定位的网站投放。互联网上还有许多专业性的网站，其特点是访问人数较少，覆盖面较窄，但访问这些网站的用户可能正是广告的目标用户。有明确用户定位的专业性网站的目标用户量不一定比搜索引擎、门户网站少。

3．通过网络广告代理商投放

网络广告代理是指在网络广告活动中，广告客户、广告公司（广告代理商）和广告媒体之间明确分工，广告客户委托广告公司实施广告宣传计划，广告媒体通过广告公司承揽广告业务；广告公司处于中间地位，为广告客户和广告媒体提供双向服务，起到主导作用。广告公司代表广告主购买各种媒体的广告时间和空间，确定广告主产品和服务的目标消费者。广告主是广告活动的直接投资者，是广告代理商的收入来源。与网站直接承接网络广告业务相比较，专业网络广告代理商面向的网络媒体众多，类型不一，他们可以对不同类型网站进行横向比较，能更客观地分析判断每个网站的资源，进行科学的媒介选择，从而实现比较理想的广告效果。

4．通过网络广告联盟投放

网络广告联盟投放又称联盟营销，是指集合中小网络媒体资源（又称联盟会员，如中小网站、个人网站、WAP、站点等）组成联盟，通过联盟平台帮助广告主实现广告投放，并进行广告投放数据监测与统计，广告主则按照网络广告的实际效果向联盟会员支付广告费用。

网络广告联盟包括三个要素：广告主、联盟会员和广告联盟平台。广告联盟平台为联盟会员、广告主提供了一个独立的公开、公正、透明的管理运行平台。联盟会员可以免费在广告联盟平台上建立自己的网站，吸引广告主的光临，最大化地将自己网站的访问流量转化成营销成果，进而转变为自己的收入。广告主在广告联盟平台上选择适合自己的网站，按照网络广告的实际效果（如销售额、引导数等）向广告联盟平台支付合理的广告费用，实现低成本的广告宣传。网络广告联盟的形式大大拓宽了广告主投放广告的范围，同时采用按照效果付费的方式，解决了广告主广告支出过高的问题，也解决了广告联盟平台没有资金支持的问题。

5. 网络广告交换

网络广告交换是指网站之间通过相互链接、交换文字或横幅广告扩大宣传效果的方法。拥有自己主页的用户通过相互交换广告或者加入广告交换网的方式实现广告的双向乃至多向相互登载。在进行交换时，广告主应首先在网页中加入其交换对象的 HTML 代码，当有访客浏览广告主的网页时，对方发放的横幅广告（链接或文字）便会被显示。同样的原理，该广告主自己的广告也会出现在对方的网页上，从而达到互换广告的目的。网络广告交换的途径可分为两种。

其一是广告主之间网络广告的直接交换。拥有网站的广告主可以直接通过 E-mail 或以在自己的网站上刊登广告等方式与其他网站取得联系，相互交换 HTML 代码进行广告交换。这种方式互惠互利，节省了大量的开支。

其二是网络广告交换网。它实际上是一个网络广告交换的中介机构。在广告交换网上，凡是拥有自己主页的用户，都可以加入某个交换网络。广告交换网具有免费、提供即时统计、接触面大等优点。

（三）网络广告投放的计费方式

掌握网络广告
计费方式实现
精准营销

1. CPC（Cost Per Click）

CPC 即按点击付费，它是互联网广告最早的计费方式，1994 年出现的第一支广告就采用了这种计费方式。由于广告的点击非常容易作弊，因此 CPC 计费方式产生的后果是媒体大量地生成虚假点击欺骗广告主。同时，由于广告主更熟悉、更接受电视广告的宣传模式，因此出现了 CPD 计费方式，它向电视宣传模式靠齐。如果不考虑作弊，仅从效果角度考量，CPC 计费方式比 CPD 计费方式更加有利。百度竞价以及 Google 竞价均采用 CPC 计费方式。

2. CPD（Cost Per Day）

CPD 即按天付费，它完全参考电视广告的宣传方式，重视展现、品牌曝光的范围（更广的地域或人群）及深度（到达频次），也以电视广告的指标来衡量效果。采用此种计费方式的媒体必须有强大的用户群体做支撑，而且必须具有很高的知名度及美誉度，因此只有少数门户网站采用这种计费方式。

3. CPM（Cost Per Mille）

CPM 即按照千人印象成本收费，它是指广告每显示 1000 次，广告主需支付一定的费用。互联网行业是长尾法则发挥力量的行业，除了少数的大广告主可以接受 CPD 计费方式，大量的中小广告主往往因为价格的原因放弃网上投放，于是产生了 CPM 计费方式。CPM 计费方式与 CPD 计费方式的核心区别在于按量投放，按量计费，广告主只需要为自己采购的播放量付费，此种方式解决了中小广告主的价格困局，因此受到市场的欢迎。CPM 是目前垂直类媒体以及广告网络的重要计费方式。

4. CPA（Cost Per Action）

CPA 即按照每行为成本收费，它是根据每个访问者对网络广告所采取的行为而进行收费的计费方式。它对于用户行为有特别的定义，包括形成一次交易、获得一个注册用户、产生一次下载行为等。

网络游戏、电商、重视长尾流量的网盟的发展，产生了 CPA 计费方式。此方式直指游戏、电商广告主最核心的需求——产生注册及订单。从定义上来讲，"行为"是投放前广告主和媒体协商制定的，因此"行为"可以是注册，可以是下单，也可以是单击某一个特定按钮或提交问卷等多种形式，只要双方认可且可以监测到相应数据即可。

5. CPS（Cost Per Sale）

CPS 即按销量计费，这是基于广告引入用户所产生的成功销售而收取一定比例佣金的商业合作方式，是 CPA 的一种特定形式，在国内常用作电商广告投放时的计费方式，只有在电商获得订单的时候，媒体才会得到推广费用。CPS 有两种收益计算方法：一是按照订单额的比例计算；二是不区分订单额，每个订单有固定价值，订单固定价值乘以订单量即为广告公司的收益。

6. ROI（Return On Investment）

ROI 即投资收益率或投资回报率，现在多用作电商、游戏类用户考核广告效果的标准。其计算方法是由广告产生的收益额决定投放额。ROI 计费方式是 CPS 计费方式的另一种表示方法。例如一个电商的合作 ROI 是 1∶2，其意思指广告主愿意支出其订单额的50% 给媒体。作为约定俗成的做法，当电商网站和联盟合作时，会用 CPS 结算，一般比例在 10% 以下；与门户网站以及有一定品牌价值的媒体合作时，会用 ROI 结算。在这种方式下，广告主的让利比例非常大，同时包括品牌宣传。

7. CPT（Cost Per Time）

CPT 即按时间长度计费，它是一种将某个广告位以独占的方式交给某广告主，并按独占的时间段收取费用的方式。严格来说，这是一种销售方式，而非一种计费方式，因为价格由双方事先约定，无须计算。这种方式主要适用于一些强曝光属性、有一定定制性的广告位。在一般的展示广告中，这种方式在欧美市场不经常采用，但在我国的门户网站广告中，CPT仍然是一种重要的引流模式。CPT这种独占式的售卖虽然会产生一些额外的品牌效果和橱窗效应，但是不利于受众定向，从长期的角度来看，其比例会有下降的趋势。

8. CPK（Cost Per Keyword）

CPK即按搜索引擎广告的关键词进行定价，它是指搜索引擎广告中媒体机构和广告主对每个关键词所确定的销售和购买价格，通常也称关键词成本。

任务四　网络广告效果评估

任务导入

任务分析单 3-4

任务情境	某快消品公司决定按照广告部设计的广告投放方案投放广告，但需要制定合理的广告监控和评估方案，并评估广告的实施效果
任务分解	（1）以小组为单位讨论网络广告的传播效果评估内容 （2）以小组为单位讨论确定效果评估指标 （3）以小组为单位讨论根据预算设定预期目标
完成方式	形成书面的广告监测方案和评估指标，并课堂汇报

众所周知，网络广告除了旗帜广告、按钮广告之外，还有电子邮件广告、赞助式广告等形式，它们在评估方法和技术上并不完全一致，本任务仅对旗帜广告的效果评估问题进行探讨。

（一）网络广告效果评估的意义

网络广告效果包含两方面的含义，其一是网络广告活动的效果，其二是网络广告本身的效果。这里主要探讨网络广告效果第一方面的含义，是指网络广告作品通过网络媒体刊登后所产生的作用和影响，或者说目标用户对广告宣传效果的反应。网络广告效果同传统广告效果一样具有复合性，包括传播效果、经济效果、社会效果。网络广告效果的评估就是利用一定的指标、方法和技术对网络广告效果进行综合衡量和评定的活动。因此，网络广告效果的评估包括传播效果评估、经济效果评估和社会效果评估。

广告一旦投放到网络媒体上，广告主最关心的就是广告所产生的效果，那么自然会对网络广告刊登一段时间后的效果进行评估。这个评估结果是衡量广告活动成功与否的唯一标尺，也是广告主实施广告策略的基本依据。网络广告效果的评估，不仅对企业前期的广告进行客观的评价，而且对企业今后的广告活动起到有效的指导意义。

1. 有利于完善网络广告计划

对网络广告效果进行评估，可以检验原来预定的广告目标是否正确，网络广告形式是否运用得当，广告发布时间和网站的选择是否合适，广告费用的投入是否经济合理等，从而可以提高制订网络广告活动计划的水平，争取更好的广告效益。

2. 有利于提高网络广告水平

了解用户对广告的接受程度，评估广告主题是否突出、广告诉求是否针对用户的心理、广告创意是否起到良好的效果，从而可以改进广告设计，制作出更好的广告作品。

3. 有利于促进网络广告业务的发展

网络广告效果评估能客观地肯定广告所取得的效益，可以增强广告主的信心，使广告主更精心地安排广告预算，而广告公司据此也更容易争取广告客户，从而可以促进广告业务的发展。

（二）网络广告效果评估的内容及指标

广告的根本目的在于促成用户购买产品，但是由于网络广告的作用是一个缓慢的过程，其效果也不仅仅表现为销售效果，因此应把广告的传播效果、经济效果以及社会效果综合起来进行衡量，并按照网络广告活动的过程分阶段进行评估。

评估网络广告效果的三板斧

1. 网络广告传播效果评估的内容及指标

广告对于广告主来说最终目的是促进产品的销售，但是这个广告目的不可能一步实现，势必要经过几个阶段。企业可以利用 AIDA 模式检验网络广告的效果，AIDA 模式可以理解为潜在用户从接触广告开始，一直到完成某种消费行为的几个阶段：A（Attention，注意）、I（Interest，兴趣）、D（Desire，欲望）、A（Action，行动）。AIDA 的每一个阶段都可以作为网络广告传播效果评估的内容，其对应关系如表 3-1 所示。

表 3-1

网络广告 AIDA 评估内容	网络广告的传播效果评估指标
Attention（注意）	广告曝光次数（媒体网站）
Interest（兴趣）	点击次数与点击率（媒体网站）

网络广告 AIDA 评估内容	网络广告的传播效果评估指标
Desire（欲望）	网页阅读次数（广告主网站）
Action（行动）	转化次数与转化率（广告主网站）

（1）广告曝光次数（Advertising Impression）

　　广告曝光次数是指网络广告所在的网页被访问的次数，它通常用计数器来进行统计。假如广告刊登在网页的固定位置，那么在刊登期间获得的曝光次数越高，表示该广告被看到的次数越多，获得的关注就越多。但是，在运用广告曝光次数这一指标时，应注意以下几个问题。首先，广告曝光次数并不等于实际浏览的广告人数。在广告刊登期间，同一个用户可能光顾几次刊登同一则网络广告的同一网站，这样他就可能不止一次看到了这则广告，此时广告曝光次数应该大于实际浏览的人数；还有一种情况，当用户偶尔打开某个刊登网络广告的网页后，也许根本没有看上面的内容就将网页关闭了，此时的广告曝光次数与实际浏览次数并不相等。其次，广告刊登的位置不同，每个广告曝光次数的实际价值也不相同。通常情况下，首页比内页得到的曝光次数多，但这不一定是针对目标受众的曝光；相反，内页的曝光次数虽然较少，但目标受众的针对性更强，实际意义更大。最后，通常情况下，一个网页中很少只刊登一则广告，而是会刊登几则广告。在这种情形下，当用户浏览该网页时，他会将自己的注意力分散到几则广告中，这样对于广告主的广告曝光的实际价值到底有多大无从知晓。总体来说，得到一个广告曝光次数，并不等于受到一个广告受众的关注。

（2）点击次数与点击率（Click& Click Through Rate）

　　用户点击网络广告的次数称为点击次数。点击次数可以客观准确地反映广告效果。而点击次数除以广告曝光次数，就可得到点击率（CTR），这项指标也可以用来评估网络广告的效果，是广告吸引力的一个指标。如果刊登这则广告的网页的曝光次数是 5000次，而网页上广告的点击次数为 500 次，那么点击率是 10%。点击率是网络广告最基本的评价指标，也是反映网络广告最直接、最有说服力的量化指标。因为一旦用户点击了某个网络广告，说明他已经对广告中的产品产生了兴趣，与曝光次数相比，这个指标对广告主的意义更大。随着人们对网络广告的了解，点击率越来越低，因此单纯的点击率不能充分反映网络广告的真正效果。

（3）网页阅读次数（Page View）

　　用户在对广告中的产品产生了一定的兴趣之后进入广告主的网站，在了解产品的详细信息后，他可能产生购买的欲望。当用户点击网络广告之后即进入介绍产品信息的主页或者广告主的网站，该用户对该页面的一次浏览阅读称为一次网页阅读，而所有用户对这一页面的总阅读次数就称为网页阅读次数。这个指标也可以用来衡量网络广告的效果，它从侧面反映了网络广告的吸引力。广告主的网页阅读次数与网络广告的点击次数事实上是存在差异的，这种差异是用户点击了网络广告而没有去浏览相应的网页所造成的。目前由于技术的限制，我们很难精确地对网页阅读次数进行统计，在很多情况下，假定用户打开广告主的网站后进行了浏览，因此网页阅读次数可以用点击次数来估算。

（4）转化次数与转化率（Conversion& Conversion Rate）

"转化"被定义为受网络广告影响而形成的购买、注册或者信息需求。转化次数即由于受网络广告影响所产生的购买、注册或者信息需求行为的次数；而转化次数除以广告曝光次数，即得到转化率。网络广告的转化次数包括两部分，一部分是浏览并且点击网络广告所产生的转化行为的次数，另一部分是仅仅浏览而没有点击网络广告所产生的转化行为的次数。转化次数与转化率可以反映那些浏览而没有点击广告所产生的效果；同时，点击率与转化率不存在明显的线性关系，所以出现转化率高于点击率的情况是正常的。目前转化次数与转化率如何进行监测，在实际操作中还有一定的难度。通常情况下，将受网络广告的影响所产生的购买行为的次数视为转化次数。

例如，有一则某产品的网络调查广告，该广告投放时间为 23 天，广告投入 100 万元，广告的曝光次数为 237843 次，点击量为 59578 次，有效问卷为 10176 张。网络广告宣传产品的价格是 3800 元，在广告播出后，当期销售额增加了约 800 台。具体的广告评估如下。

① 对网络广告传播效果评估内容中的"注意"（Attention）进行评估。评估指标：广告曝光次数（源于媒体网站）。

广告曝光次数=237843（次）

② 对网络广告传播效果评估内容中的"兴趣"（Interest）进行评估。评估指标：点击次数和点击率（源于媒体网站）。

点击次数=59578（次）

点击率=59578/237843≈25%

③ 对网络广告传播效果评估内容中的"欲望"（Desire）进行评估。评估指标：网页阅读次数即广告点击量（源于广告主网站）。

点击量=59578（次）

④ 对网络广告传播效果评估内容中的"行动"（Action）进行评估。评估指标：转化次数和转化率（源于广告主网站）。

转化次数=10176（次）

转化率=10176/237843≈4%

⑤ 对网络广告经济效果的"网络广告收入"进行评估。

网络广告收入=3800×800=3040000（元）

⑥ 对网络广告经济效果的"网络广告成本"进行评估，包括"每次点击成本"和"每次行动成本"。

每次点击成本=1000000/59578≈16.78（元/次）

每次行动成本=1000000/10176≈98.27（元/次）

虽然有一些网络广告非常有创意，在引起用户和媒体的关注、兴趣（广告曝光次数、点击率）以及让用户产生欲望（营销产品的页面阅读次数）方面都做得非常好，但是却无法让用户从心动转化成行动，也就是转化率不高，从评估的角度来看也不能算是一个成功的广告。例如，百雀羚在 2017 年推出的一个开创长图广告先河的《一九三一》，通过一镜到底、民国风、谍战情节、女特工等元素瞬间引爆互联网，如图 3-2 所示。第三方监测平台数据显示，其广告曝光量保守估计超过 3000 万次。百雀羚广告主推的"月光宝盒"产品，在其淘宝旗舰店只有 2311 件预定，总销售额还不足 80 万元。

图 3-2

2. 网络广告经济效果评估的内容及指标

网络广告的最终目的是促成产品的销售，那么广告主最关注的是由于网络广告的影响而得到的收益。收益是广告收入与广告成本之差，因此，网络广告经济效果评估的内容及指标包括以下两个。

（1）网络广告收入（Income）

网络广告收入是指用户受网络广告的影响产生购买而给广告主带来的销售收入。其计算公式为：网络广告收入=$P \times \sum Ni$，其中，P 表示网络广告所宣传的产品价格，N 表示用户 i 在网络广告的影响下购买该产品的数量。这一结果看似简单，但是要得到准确的统计数字还是具有相当大的难度的，主要原因如下。

第一，产品销售因素的复杂性。网络广告只是影响产品销售的一个因素，产品的销售是诸多因素共同作用的结果，其中有产品的质量、价格等因素，还涉及很多难于统计或计算的用户习惯等因素，甚至还要受到其他广告形式的促销作用的影响，因此很难界定有多少销售收入的变化是由网络广告引起的。

第二，网络广告效果的长期性。网络广告对产品销售的影响是长期的，有些网络广告的影响要经过一段时间才能体现出来。如果不考虑网络广告的长期性特点，只通过产品销售的数据来评估网络广告的效果，那么这种评估是不科学、不准确的。

（2）网络广告成本（Cost）

目前有以下几种网络广告的成本计算方式。

① 千人印象成本。千人印象成本是指网络广告产生 1000 个广告印象的成本，通常以广告所在页面的曝光次数为依据。它的计算公式为

$$CPM = 总成本/广告曝光次数 \times 1000$$

② 每点击成本。每点击成本是指每当用户点击一次网络广告，广告主所付出的成本。其计算公式为

$$CPC = 总成本/广告点击次数$$

③ 每行动成本。每行动成本就是广告主为每个行动所付出的成本。其计算公式为

$$CPA = 总成本/转化次数$$

例如，在一定时期内某广告主投入某产品的网络广告的费用是 6000 元，这则网络广告的曝光次数为 60000 次，用户点击次数为 6000 次，转化数为 1200。则有

千人印象成本：$CPM = 6000/60000 \times 1000 = 100$（元）

每点击成本为：$CPC = 6000/6000 = 1$（元）

每行动成本为：$CPA = 6000/1200 = 5$（元）

3. 网络广告社会效果评估的内容及标准

网络广告的社会效果主要是指广告活动所产生的社会文化、教育等方面的作用。无论是广告构思、广告语言，还是广告表现，都要受到社会伦理道德的约束。评估网络广告的社会效果，受一定的社会意识形态下政治观点、法律规范、伦理道德及文化艺术标准的约束。意识形态不同，约束的标准也不同，甚至相反。对网络广告社会效果的评估，很难像对网络广告传播效果和经济效果评估那样用几个指标来衡量，因为网络广告的社会影响涉及整个社会的政治、法律、艺术、道德伦理等上层建筑和社会意识形态，所以网络广告社会效果只能用法律规范标准、伦理道德标准和文化艺术标准来衡量。

（三）网络广告效果评估所需数据的获取方式

网络广告效果评估的一项基础的工作就是获取统计数据，这是评估工作得以进行的

前提。目前，网络广告效果评估主要通过以下三种方式来获取评估数据。

1. 使用访问统计软件来获取评估数据

安装在服务器上的一些专业软件可随时用来监测用户对网络广告的反应情况，并能分析、生成相应报表，广告主可以随时了解在什么时间、有多少人访问过他们的广告页面，有多少人点击过广告图标，或有多少人访问过载有旗帜广告的网站。目前，权威的网络广告监测公司 Double Click 和 Netgraphy 用统计软件来获得广告曝光次数、点击次数以及用户的个人情况的一些数据。美国比较流行的 AdIndex 软件可以跟踪网民对产品品牌印象变化的情况。同时，广告主非常希望网络广告在网站上刊登时具有针对性，这就需要获得每个用户的 IP 地址和消费习惯，Cookie 技术提供了实现这种需求的可能。Cookie 技术可以区别不同地址甚至同一地址不同用户的信息，为广告主提供不同类型的统计报表。这种方式是目前普遍采用的，但是存在作弊的危险。

2. 查看客户反馈量来获取评估数据

网络广告投放后，用户对广告对象有一定的反馈，如果用户反应比较强烈，反馈量大量增加，则说明所投放的广告比较成功；反之，则说明所投放的广告不太成功。例如，可以通过观察表单提交量和电子邮件在广告投放后是否大量增加来判断广告投放效果。

3. 委托第三方机构进行监测来获取评估数据

广告效果评估特别强调公正性，所以最好由第三方机构独立进行。传统媒体广告在这方面已经形成了一套行之有效的审计认证制度，并且也有专门的机构来从事这一工作，如美国的盖洛普公司、中国广视索福瑞媒介研究等。第三方独立于 ISP（互联网服务提供商）或 ICP（互联网内容运营商）之外，因此其操作的客观性增强，减少了作弊的可能，使统计数据的可信度增强。

项目小结

本项目由认知网络广告、创作网络广告、投放网络广告和网络广告效果评估四个学习任务组成。其中，认知网络广告主要包括网络广告的定义、特点和类型；创作网络广告主要包括网络广告的创意、网络广告的制作技巧、网络广告制作中应注意的问题；投放网络广告主要包括网络广告投放的意义、方式和计费方式；网络广告效果评估主要包括网络广告效果评估的意义、内容及指标、网络广告效果评估所需数据的获取方式。

（一）不定项选择题

1. 以下对网络广告的描述，错误的是（　　　）。

　　A．搜索引擎广告包括关键词广告和联盟广告

　　B．淘宝的直通车属于搜索引擎广告

　　C．信息流广告是指穿插在新闻资讯、社交平台内容流中的广告

　　D．电商广告是指商家在第三方电商平台上发布的各种广告

2. 以下不属于网络广告设计依据的是（　　　）。

　　A．广告的目标　　　　　　　　B．竞争者状况分析

　　C．产品生命周期　　　　　　　D．企业经营者的决策

3. 网络广告投放的主要方式有（　　　）。

　　A．利用自己的网站投放　　　　B．选择访问率高的网站投放

　　C．选择有明确受众定位的网站投放　D．通过网络广告代理商投放

　　E．通过网络广告联盟投放

4. 关于网络广告投放的计费方式，陈述错误的是（　　　）。

　　A．按照广告点击付费的方式是互联网广告最早的计费方式

　　B．CPM 是千人印象成本收费，即广告每显示 1000 次，广告主需要支付一定的费用

　　C．CPT 是指按照点击次数收费，即每当用户点击一次广告，广告主需要支付一定的费用

　　D．CPS 是基于广告引入用户所产生的成功销售而收取一定比例佣金的计费方式

5. 网络广告传播效果评估的指标是（　　　）。

　　A．广告曝光次数　　　　　　　B．点击次数与点击率

　　C．网页阅读次数　　　　　　　D．转化次数与转化率

（二）简答题

1. 什么是网络广告？与传统广告比较，其特点体现在哪些方面？

2. 结合最新的网络广告市场发展报告，陈述各种网络广告形式的发展动向。

3. 网络广告创意的原则有哪些？

4. 如何评估网络广告的传播效果？

5. 如何评估网络广告的经济效果？

04 项目四
软文营销

项目简介

　　软文营销是重要的营销推广手段之一，具有低成本、高回报、易制造信任感、表现形式丰富多样等特点。软文的表现形式包括新闻、第三方评论、访谈、案例、经验分享等。企业通过软文营销的方式将其商业策略向特定消费群体进行渗透，借助文字表达和舆论传播，使用户认同某种概念或观点，从而达到品牌宣传和促进产品销量的目的。本项目由认知软文营销、撰写营销软文和推广营销软文三部分组成。通过本项目学习，学生可以了解软文营销的概念、分析软文的写作形式、掌握软文的写作技巧和推广方法。软文是新媒体营销、新闻事件营销等众多营销推广手段的基础，这些方法互相配合，营销效果倍增。

学习目标

知识目标：

1. 了解软文以及软文营销的定义、特点和策略。
2. 掌握营销软文的写作框架和写作技巧。
3. 掌握营销软文的传播推广方法。

技能目标：

1. 能够制定软文营销策略。
2. 能够根据写作框架撰写营销软文。
3. 能够选取适当的互联网传播手段推广营销软文。

素质目标：

1. 提升网络文字表达能力。
2. 具备网络内容传播能力。

引导案例

靠讲故事一炮走红的"卷福"小龙虾

张嘉佳,"80后"著名作家,2013年创作的《从你的全世界路过》红遍全国,上市6个月后销量超过200万册,并入选第五届中国图书势力榜文学类十大好书。他不仅会吃,还诙谐,他专门写过《小龙虾地图》,将吃过的南京龙虾馆逐一点评;他不仅写,还会做,他被称为"微博上最会讲故事的人",在微博上晒自己的独门配方,还曾扬言,总有一天要在南京开最好吃的龙虾店。他的名言是:"不想做厨师的导演不是好作家。"

2015年的一天,张嘉佳联合蒋政文(小满电商创始人,前褚橙营销负责人)一起发起了"卷福小龙虾"的京东线上众筹,项目的名字叫"帮张嘉佳实现小龙虾梦"。张嘉佳、蒋政文写了一系列关于小龙虾的软文,包括《生鲜小龙虾的爱情》《小龙虾地图》《一只小龙虾的世界观》等。

夏天已经到啦!

我有冰镇西瓜,

我还有透心凉的饮料。

我有冰淇淋,

我还有空调。

我有小龙虾,

我还帮你剥好。

你来吃吗?

看着"卷福和他的朋友们"

在荧光里闪烁,突然觉得,人生短暂,有虾就要吃,有梦就要追。

（张嘉佳的微博内容节选）

著名作家的影响力和营销高手的实力，让"卷福小龙虾"不负众望地火了起来。2015 年 6 月，卷福品牌从小满电商中独立出来，蒋政文和张嘉佳合资 100 万元注册了上海晚鲤网络科技有限公司，两个月后拿到了天津真格天峰投资中心数百万元的天使投资。

然而时至 2018 年，靠讲故事营销和情怀众筹一夜爆红的"卷福小龙虾"项目下的 10 家小龙虾店中，有 7 家由于"经营不善"而倒闭，累积接近 2000 万元的众筹款项"打了水漂"。

项目的经营管理不是本书课程涉及的内容，我们关注于这个项目初期的软文营销，其从内容策划到文案撰写，确实能吸引眼球，打动受众，值得我们好好研究。

案例思考：

1. "卷福小龙虾"软文营销的受众人群有什么特征？
2. "卷福小龙虾"软文营销采取了哪些策略？

任务一　认知软文营销

任务导入

任务分析单 4-1

任务情境	一家本地传统老字号企业，希望通过软文营销的方式进行品牌和产品推介，让更多的游客和本土的新生代了解这个老字号的地方特产，进而提升品牌知名度，促进产品销量。作为企业的网络营销专员，你需要了解目前市面上相关的产品是如何进行软文营销的，查找相关案例，制定针对企业产品的软文营销策略
任务分解	（1）分析产品的核心卖点，确定描述产品的 3～4 个关键词（标签） （2）输入关键词，通过百度等搜索 5 篇以上相关产品的推广软文 （3）以小组为单位讨论这些软文的营销策略和效果价值 （4）学习与借鉴后制定本企业产品的软文营销策略
完成方式	根据企业产品的卖点，个人独立选择确定一个软文营销策略，并在小组内汇报

（一）认识软文营销及其价值

软文是指通过特定的概念诉求和理论联系实际的方式，利用心理冲击使用户理解企业设定的概念，从而达到宣传效果的营销模式。实际上，软文就是一种文字广告，多数是由企业内部策划人员或者广告公司文案人员撰写的，即在一篇新闻稿、使用心得、趣味故事等文章中嵌入广告，以此来宣传品牌或产品。

随着软文的发展，软文的类型更加多样化，从最开始的新闻软文到如今的故事软文、微小说、博客、购买心得、论坛软文等。如今，软文已经成为企业最有力的营销方法之一。软文的营销价值主要体现在以下几个方面。

（1）缩减广告成本：传统硬广费用一直居高不下，很多企业难以承受。相对而言，软文有绝对的优势，一篇原创软文的价格比硬广费用要少很多；而且一篇质量优秀的软文常会被读者免费转载，从而扩大了宣传范围，提升了企业和产品的形象及口碑，从而让用户更愿意信任企业和产品。

（2）辅助搜索引擎优化：一篇优秀的软文需要具备两个要点：网址链接和关键词。有了这两个元素，就可以大大提高软文的点击率和曝光率，从而提升企业和产品形象；如果再把承接链接页面做好，就可以直接激发用户的购买欲望。

（3）提高品牌知名度：要想提高品牌的知名度，仅靠传统的硬广是远远不够的，传统硬广费用高昂且效果难以持久；而在网上有针对性地发布软文，传播范围广且时间持久，有利于提高品牌的知名度。

（4）提高网站流量：撰写一篇能抓住用户心理的优秀软文，可以给网站带来直接的流量及转化，不仅可以间接地提高产品的销售量，而且可以提升相关产品的受关注度。

（二）软文营销的五个特点

软文的表现形式丰富多样，可以是新闻、采访、攻略、案例等。一篇优秀的软文，要达到特定的营销目的，应具备以下五个特点。

1. 本质是广告

软文的本质是广告，这是其不可回避的商业性。不管软文营销如何策划和实施，最终一定能够达到相应的效果，否则就是失败的。

2. 伪装形式是文字

"软文"关键点在于一是"软"，二是"文"。也就是说，软文的内容一定是以文字为主的，形式包括新闻资讯、经验心得、技巧分享、观点评论、思想表达等。使用这样的文字，目的是使用户"眼软"，吸引注意力；只有让用户的眼光停留了、徘徊了，才有机会影响他们。特别是语言文字，要照顾到目标用户的阅读能力与理解能力，要浅显易懂、形象生动、贴近生活，让用户读起来产生共鸣。切忌把软文当成散文、诗歌来写，我们经常能见到这样的软文：文笔非常有功底，辞藻修饰非常华丽，行文优美似散文，但问题是我们要写的不是文学作品，也不是写给文学爱好者看的，这种脱离生活的软文只会曲高和寡，没有价值，也就谈不上带动产品销售。尤其是发布在网络上的软文，越大众越好，要多运用网络语言。

3. 写作的宗旨是制造信任

软文的内容不是随心所欲写的，而是带有某种具体目的的，因此不管什么形式的软文，终极目标一定是相同的，那就是通过这些文字，在用户心中制造信任感；通过这些文字打动用户，使用户"心软"。只有用户看完你的文章后，相信你，才会付诸行动。什么形式的文章最容易打动用户，能使用户产生信任感？这类文章能够对用户起到帮助作用，例如，通过文章，用户解决了问题、学到了新知识等。软文内容一定要真实、真诚，经得起推敲，要能够帮助用户解决问题。软文内容应该以干货为主，切忌发布虚假信息。

4. 关键是把产品卖点说透彻

只是让用户相信你还不够，还需要在文章中把产品卖点讲得明明白白、清楚透彻，否则用户搞不清楚状况，我们还是达不到最终目的。这就需要我们深入了解产品的卖点，并将这些卖点通过文字完美地演绎出来，使用户在了解到这些卖点后"脑软"。

这里有个重要的技巧，就是将产品功能形象化。有位广告大师曾经说过："不要卖牛排，要卖滋滋声。"只有赋予产品生动的形象化描述，让用户看完文章后有身临其境的感觉，才会达到出其不意的效果。

5. 着力点是兴趣和利益

用户对什么样的内容最感兴趣？不同的行业、用户群，具体的答案不尽相同，但是本质的规律是一样的，那就是不管什么行业、什么样的用户，一定对与自身喜好和利益相关的内容感兴趣。深入研究用户需求，是每一位营销推广人员都必须做足的功课。

（三）软文营销的六大策略

1. 新闻策略

人都有猎奇心理，也都渴望了解新事物、学习新知识，所以新闻性软文非常容易受到人们的关注。写作时要注意，新闻性软文一定要突出一个"新"字，文章中的内容一定是人们不知道的、不了解的、不熟悉的，如新鲜的观点、新鲜的事物、新鲜的知识、新闻话题等；文章的形式要符合新闻写作规范，发布的媒体及具体的版块也应该是正规新闻栏目，千万不要将新闻性软文发到广告版。

2．概念策略

概念策略与新闻策略相同，都是针对人们的猎奇心理。对于有用的新生事物，人们总会尽最大可能去了解、学习和尝试，而这也是概念策略的精要之处。

例如美妆界大热的"冻干粉"，就主打 EGF（寡肽-1）概念，它其实就是 EGF 表皮生长因子，具有调节细胞生长、促进细胞增殖分化、让新生细胞替换掉衰老死亡细胞的作用。其实所谓的"冻干"技术并不算高科技，食品冻干方面的技术已相当成熟了，我们吃到的苹果干、榴莲干都是冻干技术的成果，因此单纯说"冻干粉"并不会引起用户的注意，但加上一些很专业、高深的术语，例如 EGF、寡肽-1、表皮生长因子等，就会让人感觉是生物基因高科技的产品，如图 4-1 所示。

图 4-1

通过以上例子我们可以总结，在打造概念策略时需要注意：这个概念一定是与目标用户息息相关的，要高度符合用户的需求，能够引起用户强烈的关注与足够的重视，否则不管概念包装得多么漂亮，都是在做无用功。

3．经验策略

经验分享型软文是最容易打动用户和影响用户的软文类型。此类软文的策略主要是利用心理学中的"互惠原理"，软文通过免费与受众分享经验，无偿给予帮助，达到感动用户的目的。

由于此类软文的形式都是个人经验分享，用户在观看时是抱着主动学习的态度阅读的，因此软文中的信息更容易被用户接受和认同；甚至用户在看完软文后，还会主动帮助进行口碑传播。在运用经验策略时需要注意：这些经验不是人人皆知的内容，而是具有很强的实用价值，能够对用户有所帮助的内容。

4．技术策略

一提到"技术"二字，人们的脑海中就会浮现出诸如"专业""高深""高品质""精湛""靠谱"等字眼，所以如果走技术路线，就更容易获得用户认可，特别是一些创新型技术，还会受到媒体的热捧，例如机器人，如果哪家公司能够在该领域取得突破性的进展，媒体就会争相报道。

在汽车销售行业，人们特别喜欢使用技术策略。不同的汽车销售商会经常发布一些技术型软文来测评不同品牌汽车的技术先进性与优越性，例如分析汽车发动机的动力、汽车的配置内饰等。技术策略的关键是通过技术层面的内容去打动用户，因此其中提到的技术，在描述时不要过于高深，不要用一些难懂的专业术语，而要用一些浅显易懂的语言和例子，让用户明白其大概的原理，了解其能够为自己带来实质的利益。

5．话题策略

话题是最容易在用户中引起口碑效应的策略，这是因为只有足够热的话题，用户才会自发地谈论与传播。想获得足够热的话题，比较好的方式有两种：一是围绕社会热点制造话题；二是针对用户的喜好与需求引发争议。我们在制造话题时，要注意话题的可控性，特别是制造争议话题，不能引发用户对产品的负面情绪，一定要对产品形象做正面宣传。

6．权威策略

对于权威的内容，人们总会情不自禁地信服与顺从。所以，树立权威是软文营销的一种策略。例如大公司生产的产品，我们会不假思索地肯定其品质；对于大商场销售的产品，我们也从不怀疑它可能是假货。

我们可以围绕企业背景打造权威，好的企业背景有助于快速建立权威性。例如爱奇艺上线之初，便获得了高度关注，原因是它由百度公司投资创办。如果我们的企业没有这样的好背景，那么可以通过一些后天的方式弥补，如通过各种合作形式。

除了企业背景，还可以围绕产品打造权威性。例如产品的技术特别先进、品质特别好，都可以奠定其权威地位。

除了企业和产品，还可以通过名人打造权威性。例如创新工场，虽然是一家新公司，但由于它是由谷歌公司前全球副总裁兼大中华区总裁李开复先生创建的，所以没有人敢轻视它。当然，不是每个企业都有这么强的人物，而且强人也是从"菜鸟"进化出来的。所以我们可以自己打造强人，例如将企业总裁打造成领军人物，就是最常用的一种方法。

任务二　撰写营销软文

🔖 任务导入

任务分析单 4-2

任务情境	一家本地传统老字号企业，希望通过软文营销的方式进行品牌和产品推介，让更多的游客和本土的新生代了解这个老字号的地方特产，进而提升品牌知名度，促进产品销量。作为企业的网络营销专员，你在做了前期的调研工作后，已经制定好针对企业产品的软文营销策略，请根据之前制定的策略，搜集图文素材，撰写一篇原创的营销软文
任务分解	（1）根据营销策略进行内容设计（结合时下热点） （2）根据软文内容设计 20 字以内的标题 （3）列出软文的框架和确定关键词 （4）撰写软文并注重润色开头和结尾 （5）进行评论策划并逐字检查全文内容
完成方式	根据营销软文的基本框架，个人独立撰写一篇 400 字左右图文并茂的原创性营销软文，并在小组内互相点评

（一）营销软文的写作框架

1. 营销软文的内容设计

传统媒体的用户处于被动接收状态，当他们在看电视或读报纸时，只能选择看与不看，无法决定看什么内容。随着新媒体的发展，用户有了主动选择的权利，面对 App 推送的消息、微信朋友圈的文章、论坛的帖子等来自不同渠道的信息，用户可以自由选择，只看自己感兴趣的内容，其接收活动已经由强制被动转变为自愿主动。

因此，与传统广告文案不同，无论企业的营销目的是提升品牌还是达成销售目标，营销软文都必须围绕互联网用户进行设计。进行软文写作前，我们需要了解用户的浏览行为，要学会站在用户的视角，思考他们会如何选择要看的文章。一般而言，用户点击文章并持续阅读下去，可以分为四个步骤。

第一步，看标题。无论翻阅微信朋友圈、查看微博热门话题榜，还是浏览新闻网站，最先看到的就是标题，而用户只会对与自己有关的标题感兴趣。例如一个大学生，他感兴趣的会是"专升本资讯""留学申请辅导""海外实习经验"，而不是"小儿常见病防治""海淘奶粉"等标题。

第二步，看开头。当发现感兴趣的标题后，用户会点击标题，进入正文页面。对于毫无吸引力、与标题不符的开头，用户会直接关掉页面，停止浏览。

网络营销：定位、推广与策划（微课版）

80

第三步，读正文。好的软文会吸引用户不断向下阅读，一段一段往下翻看，直到结尾。

第四步，做动作。读完文章后，用户会根据自己的主观感受，做出相应的动作。对于有用的文章（如《实用家常菜菜谱》《小升初面试技巧》等），会收藏起来；对于有同感的文章（如《无论多累，别把负能量传给孩子》）和最新的资讯（如《××年短视频内容营销趋势报告》等），会转发到朋友圈。用户如果被文章营造的氛围感染，则会点击链接并购买相关产品。

营销软文内容的设计，实际上是围绕以上的用户浏览行为展开的。为了在"看标题"这一步骤让用户感兴趣并点击进入，你需要设计富有吸引力的标题；为了避免用户关掉页面、降低跳出率，你需要设计开头与正文架构；为了引导用户阅读文章后点赞、转发或购买产品，你需要设计结尾。

2. 创作引发购买冲动的软文

营销软文需要解决用户的两个问题："为什么要购买？""为什么购买这个产品而不是其他同类产品？"营销软文应给出产品的卖点特色，写出产品能够为用户解决什么问题。在此基础上，通过促销活动，制造紧张感和稀缺感引导用户立即成交。

引发购买冲动的
软文

"为什么要购买"需要营销软文给出强有力的理由以及适合的销售环境，可分别从理性及感性层面与用户进行沟通。

（1）创造合理的需求缺口。"让生活更美好"曾被很多企业用在宣传文案中，几乎所有的物品都可以套用"让生活更美好"的概念，但是它并不能凸显产品的特点和卖点。例如，在"花加"（Flower+）这种鲜花订阅服务产生之前，鲜花网络速递业务已经存在了很久，大都为了满足用户在特定节假日、宴会婚庆等用花的需求。但是，"花加"倡导了一种"用鲜花点亮生活"的生活方式，给用户的购买理由是日常在家里插一束鲜花，可以让家庭更加温馨，如图 4-2 所示。鲜花虽不像用户对衣食住行的需求那么广泛，但是随着人们对品质生活的追求，鲜花渐渐成为不少用户在办公室或者家里客厅的必备装饰物。顺应这种需求，以"花加"为代表的日常鲜花包月定制模式平台，正在改变传统鲜花的零售格局。据媒体报道，"花加"累计注册用户数超过 900 万人，月发货量超过 250 万件，单月销售额最高过亿元，2016 年销售 3 亿元，2017 年销售近 8 亿元。

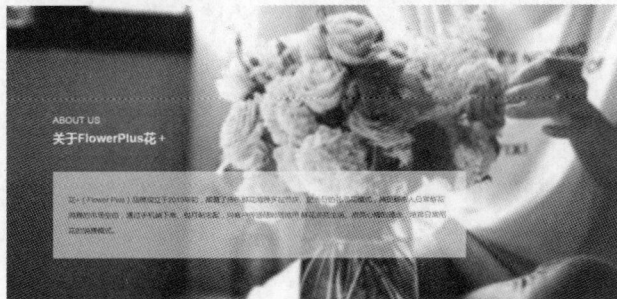

图 4-2

找到合理的需求点后，还需引导用户排除自己的竞争对手或潜在竞争对手，给目标人群一个"为什么购买这个产品而不是其他同类产品"的理由，如"花加"的"每周一花"服务，就需要给出为什么要选择鲜花订阅服务而不是直接去花店购买或者在其他鲜花订购平台购买的理由。"花加"的鲜花订阅服务主打那些生活节奏繁忙的都市白领或者家有孩子的宝妈群体，她们平时连买菜煮饭的时间都没有，更别提去花店买花了。选择鲜花订阅服务的用户下一次单，就可以至少一个月每周收到一束鲜花，及时更换上周凋谢的鲜花，做到家中常年鲜花不断。这样可以培养用户的生活习惯，激发用户对美好生活的向往。

（2）创造合适的销售环境。人会自动做出一系列调整以适应环境。试想同一个人，当他在餐厅用餐时，会尽量小声说话，举止得体，有绅士风范；而当他和朋友一起在路边摊吃烤串的时候，却会大声喧哗。销售同样需要一个合适的环境。实体店的销售会通过营造节假日气氛、播放节奏快的音乐影响人们的购买行为，而网络上的营销软文可以运用文字、图片、声音、视频等营造合适的销售环境。例如，"花加"针对芍药的宣传文案，首先，用盛放的芍药图片加上诗歌一样优美的文字衬托出春天的氛围，如图 4-3 所示，再配上一段 30 秒的短视频，视频中有一个手持一束芍药的白衣少女，整个画面春意盎然，让人有种心花怒放的感觉。

图 4-3

然后，软文再用简短而又诗意的文字介绍芍药的产地、特点、习性等，配以动图及优美的文字，让人心动进而付诸行动，如图 4-4 所示。

3. 营销软文的基本写作框架

（1）标题吸引注意：标题吸引注意有四个方法，即与"我"相关、制造对比、满足好奇、启动情感。与此同时，不能忘记品牌或产品的融入，要考虑用户在没有点开图文或没有继续往下阅读的时候，能够对我们所需表达的内容一目了然，融入品牌或产品名字更有利于加深印象，如"如何用'褚橙'做出美英式下午茶的甜点"。

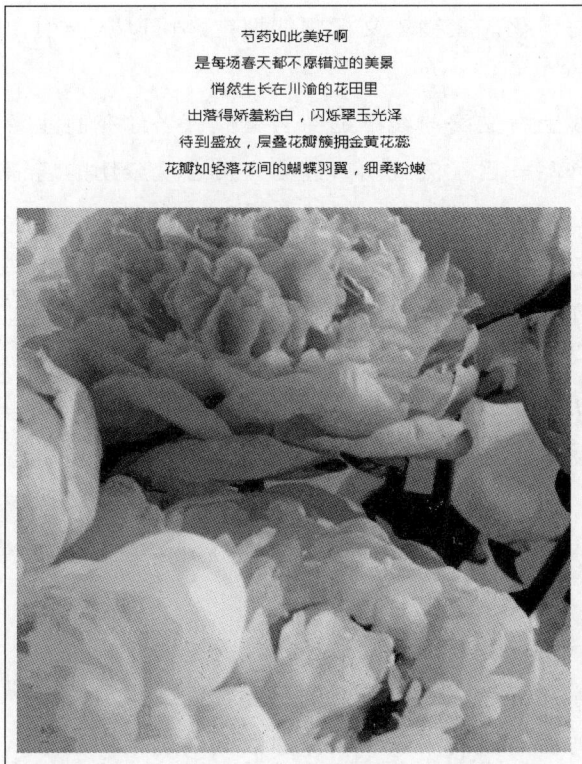

芍药如此美好啊
是每场春天都不愿错过的美景
悄然生长在川渝的花田里
出落得娇羞粉白，闪烁翠玉光泽
待到盛放，层叠花瓣簇拥金黄花蕊
花瓣如轻落花间的蝴蝶羽翼，细柔粉嫩

图 4-4

（2）开头要有代入感：软文的开头在强调代入感的同时还需点出用户的关注点，并提出产品与之对应的卖点，可通过讲故事、提问题、用情怀、造悬疑的方式让用户产生代入感。软文的目的是销售，因此在强调代入感的同时不能脱离产品的卖点，要写出与用户日常相关的内容，并提出对应的解决方案，这样更容易让人产生购买需求。

（3）正文可信：正文内容要让用户感到可信。正文在证明卖点的同时，还需通过树立权威、列举数据、描述细节、用户例证、亲自示范等方式让用户产生信任感。同时，还需考虑到用户的顾虑，如用户可能会担心售后服务，销售文案则应给出"7 天无理由退换货""假一赔十"的承诺。

（4）结尾提醒：结尾要重复卖点并给出明确购买提示，使用户对于产品卖点更为清晰，增加购买的概率。

（二）营销软文的标题设计

在互联网时代，浏览的主动权已经转移到用户，用户普遍面临的问题是大量信息推送，但浏览时间有限，只能选择感兴趣的话题阅读，因此吸引眼球的标题越来越重要。

撰写好标题的技巧

同样的正文，采用不同的标题所达到的效果会相差甚远。每一篇精品营销软文，都需要对标题反复设计与优化。营销软文标题的拟定，可以从吸引力、引导力、表达力三个维度来思考。

首先是吸引力。线上看文章与线下逛商店类似，当你在商业街漫步时，通常对店名设计有趣、橱窗内的产品一目了然或门口迎宾人员态度亲切的店铺感兴趣。线上用户阅读也是这样，用户不会逢文便读，只会关注自己感兴趣的内容。

其次是引导力。吸引注意力的标题能让网友感兴趣，但是使其感兴趣之后还要激发用户点击进入阅读。实际上，好的标题不只是吸引用户的注意力，还要引导用户点击标题、浏览正文。

最后是表达力。大卫·奥格威曾表示，80%的读者只看广告标题、不看内文。实际上，这句话对营销软文标题依然适用。好的标题，用户即使没有点击进入，也能快速感知到你要表达的信息。需要注意的是，新媒体文案标题要与内容相呼应，不能做"标题党"。断章取义、哗众取宠、歪曲事实甚至制造假新闻等，都会严重伤害品牌，甚至会触及法律红线。

常见的营销软文标题有以下几种拟定方法。

（1）数字化：数字化标题，即将正文的重要数据或本篇文章的思路架构，整合到标题中。数字化标题一方面可以利用吸引眼球的数据引起用户注意，另一方面可以有效提高阅读标题的效率。例如：

标题1. 这样的教授才是中国人的脊梁（其演讲被127次掌声打断！）

标题2. 浙大超强教授演讲！

这两个标题都是表达同一个内容，但第一个标题因为用了很具体的数字"127"，从而显得特别吸引眼球。

（2）人物化：绝大多数用户会考虑来自好友推荐的产品，其次是专业人士，最后才是陌生人。也就是说，如果身边没有朋友买过某产品或看过某文章，用户会出于对专业人士及名人的信任，而认同他们的观点或选择他们的推荐。因此，如果你的正文中涉及专业人士或名人的观点，那么可以将其名直接拟入标题中。例如：

标题1. 李嘉诚的顾问国世平教授谈理财之道

标题2. 国世平教授谈保险

这两个标题都是表达同一个内容，但因为用户不一定认识"国世平"教授，但一定认识"李嘉诚"；同时，"理财"比"保险"更容易被用户接受，所以相比之下，用户更愿意点击第一个标题，一探究竟。

（3）历程化：真实的案例比生硬的说教更受欢迎，在标题中加入"历程""经验""复盘""我是怎样做到的"等字眼，可以引起用户对真实案例的兴趣。例如：

标题1. 他的产品改变了6亿多人，怎么就做到了

标题2. 张小龙最新六评微信：最担心自己建设太慢了

这两个标题都是表达同一个内容，但第一个标题用了"怎么就做到了"这类字眼，会引起用户对微信发展历程的关注。

（4）体验化：体验化的语言能够将用户迅速拉入内容营造的场景中，便于后续的阅读转化。每个人所处的环境不同，看文章的心情也就不同，但是为了引导用户的情感，你需要为用户营造场景，可以在标题中加入体验化语言，包括"激动""难受""兴奋""不爽"等情感类关键词，以及"我看过了""读了 N 遍""强烈推荐"等行为类关键词。例如：

标题 1. 找了 N 天，这篇短文终于让我明白了商业模式的本质

标题 2. 周鸿祎：商业模式不是赚钱模式

这两个标题都是表达同一个内容，但第一个标题用了"找了 N 天"这种行为类关键词，还有"短文"（适合碎片化阅读）"终于让我明白"（个人体验化语言）等字眼，让用户愿意点开学习。

（5）恐惧化：用户会关注与自己相关的话题，尤其是可能触及自己利益的话题。如果正文内容是关于用户健康、财物的，可以尝试设计恐惧化的标题，从而激发用户的猎奇心理，同时使其产生危机感。例如：

标题 1. 美国公布决定人类寿命六大因素，这个竟然排第一？

标题 2. 影响寿命的因素（一定要看呦！）

这两个标题都是表达同一个内容，但第一个标题用了"这个竟然排第一？"的字眼，激发了用户的猎奇心理，加上"决定人类寿命"的恐惧心理，双重作用吸引用户点击阅读。

（6）稀缺化：超市某商品挂出"即将售罄"的牌子后，通常会引来哄抢。"双十一"电商平台销量逐年上涨，也是由于平台商家约定"当日价格全年最低"。对于稀缺的商品或内容，用户普遍容易更快做出决策，点击浏览或直接购买。因此新媒体文案标题也可以提示时间有限或数量紧缺，增加正文阅读量。例如：

标题 1. 等了一个小时才抢到的"网红蛋糕"！答案是：真的好吃啊！

标题 2. "网红蛋糕"，芝香可口，Q 弹十足，值得拥有！

这两个标题都是表达同一个内容，但第一个标题用了"等了一个小时""抢到"的字眼，凸显了产品的稀缺与畅销程度，引起了用户的好奇。

（7）热点化：体育赛事、节假日、热播影视剧、热销书籍等，都会在一段时间内成为讨论的热点，登上各大媒体平台的热搜榜。如果文章内容与热点相关联，可以在标题中加入热点关键词，增加点击量。例如：

标题 1. 做好资产配置，我们未来《都挺好》

标题 2. 现代中国家庭都应该做好资产配置

这两个标题都是表达同一个内容，但第一个标题蹭了 2019 年热播电视剧《都挺好》的热点，吸引眼球和增加点击量的效果"都挺好"。

（三）营销软文的开头与结尾设计

1. 营销软文的开头设计

营销软文的开头具有承上启下的作用，一方面，开头要与标题相呼应，否则会给人文不对题的印象；另一方面，开头需要引导用户阅读后文，好的开头是成功的一半。开头通常需要具有引发好奇、引入场景两个特点。

引发好奇，即利用图片、文字等内容吊足用户的胃口，使用户产生继续阅读的兴趣。当用户点击标题进入文章页面后，如果开头索然无味，就会直接关闭页面；因此开头写不好，会浪费精心设计的标题。

不同的文案有不同的场景设计，因此需要在开头就把用户引入场景中，通过故事、提问等方式，让用户了解本文要表达的情感、环境、背景等。

营销软文的开头有四种设计方式。

（1）故事型：没人爱听大道理，最好讲个小故事。从用户的角度来看，故事是最没有阅读压力的表现形式。故事型开头直接把与正文内容最相关的要素融入故事中，让用户有兴趣读下去。例如星巴克的这篇软文"送你生日礼，有梦就去追：20岁的星巴克与电竞少年想对你说……"，软文开头把电竞少年的故事与咖啡联系起来，吸引年轻读者，尤其是同样喜欢电竞的读者，使其想要了解电竞少年与星巴克的故事，如图4-5所示。

图 4-5

（2）图片型：正文以一张图片开始，可以吸引用户眼球，并增加文章的表现力。使用一张好的图片，可以极大地增加用户目光的停留时间，并提升用户的阅读欲望。例如星巴克的这篇文案，以一张粉色的樱花背景的两杯饮品图片作为开头，给用户很诱人的视觉冲击，如图4-6所示。

图 4-6

（3）思考型：通常以问句的形式，通过向用户提问，引导用户带着问题阅读后文。例如，星巴克的这篇文案在情人节之后抛出一系列问题，如图4-7所示。

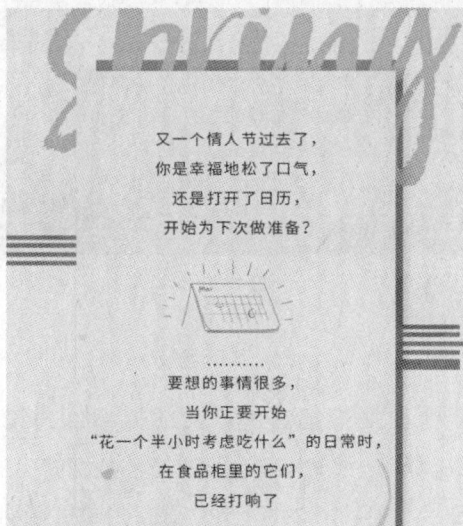

图 4-7

（4）金句型：发人深思、一针见血的句子，称为"金句"。在文章的开头放入金句，最能吸引用户眼球，直击人心。例如星巴克在中秋佳节推出的文案，一开头就用一句金句"好好聊，重新发现相聚的味道"，这句话能够在中秋团圆的日子里引起很多人的共鸣，吸引用户阅读，如图 4-8 所示。

图 4-8

2. 营销软文的结尾设计

让用户读完一篇软文，往往并不是营销软文的目标，真正的目标是通过软文激发用户做出我们期待的行为，如收藏、评论、转发软文、购买产品等。

有的人看完软文会大呼"写得太有才了"，点赞并转发到朋友圈；有的人因为喜欢软文描述的产品，会长按结尾的二维码并下单购买；有的人会把自己此时的感受或想法留言在评论区中；还有的人会抱怨"看了半天原来是个广告啊"，生气地关掉了页面……

之所以会出现以上行为，主要原因是软文在结尾部分设置了引导。软文都有其营销目的，要么为品牌服务，提高企业的知名度与美誉度；要么为销售服务，推广产品、提升销量。因此，我们需要对软文的结尾进行优化，鼓励用户做出相应的动作。

需要注意的是，我们必须对各平台的规则有所了解，部分新媒体平台是严禁诱导转发行为的。例如微信公众平台，当软文中出现"请好心人转发一下""转疯了""必转""转到你的朋友圈"等字眼，微信公众平台一经发现，会在短期内关闭相关开放平台账号或应用的分享接口，对于情节恶劣的将永久封禁账号。

营销软文的结尾，一般可以从以下四个角度进行设计。

（1）场景：结尾融入场景，更容易打动人心。在结尾设计场景，最重要的是截取合适的场景——最好是用户生活中的画面。例如星巴克在过年期间推出的软文，在结尾用漫画的幽默形式，呈现出一面年末加班一面应对家人准备过年的场景，表现了"有一罐咖啡在手就有好状态"的主题，如图 4-9 所示。

图 4-9

（2）金句：转发率高的软文，通常会在结尾埋下金句，"画龙点睛"。由于金句可以帮助用户悟出文章核心，并引起用户共鸣，因此结尾带有金句的软文，用户转发的可能性会更高。例如星巴克的这篇推文，结尾处的图片不仅营造了一对多年好友在星巴克相聚叙旧的场景，还留下了一句话："节日的温暖，聊着聊着就聊到并肩的岁月里去了。"唤起用户对老朋友的怀念和对聚会的渴望，如图 4-10 所示。

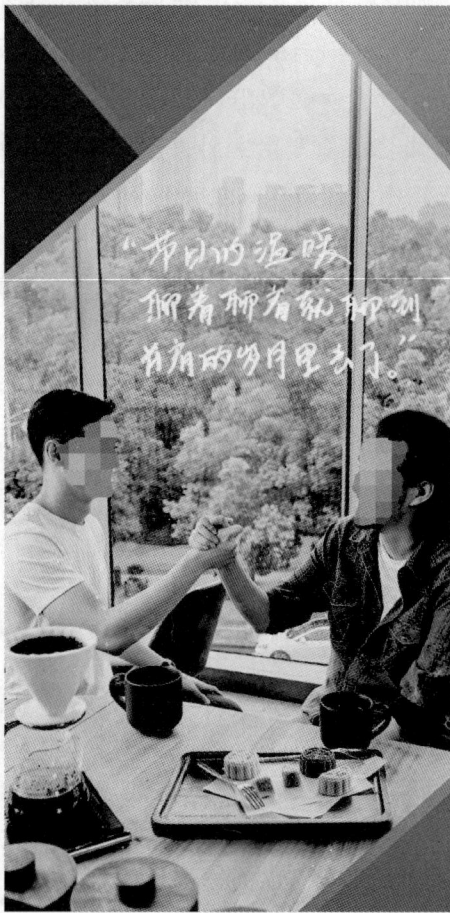

图 4-10

（3）提问：这是指在结尾进行提问。一方面，提问的力度比正面陈述的力度大，可以带给用户思考；另一方面，软文可以在末尾提问后，发起互动，提升用户的参与感。

（4）神转折：这是指用"无厘头"的逻辑思维，把两个没有任何关系的事物联系起来，结尾的三言两语将前文中营造的氛围破坏得一干二净。神转折有一种强烈的反差感，用户读起来有趣，自然也有利于网络传播。

（四）营销软文的评论策划

随着智能手机、平板电脑等移动设备的普及，面对一篇文章，互联网用户不仅可以浏览，而且可以做出相应的动作，包括点赞、转发、评论等。一篇好的营销软文，除了吸引用户点击与阅读，还会制造参与感，吸引用户撰写评论或者为他人的评论点赞。单纯的营销软文内容仅仅是营销人员输出的观点，作为用户只能被动接受；而评论的存在为用户提供了一个发声的渠道，一些平淡的软文会因为几条有才的评论而被转发。常见的评论方式有以下几种。

（1）正文补充：对于软文里遗漏的内容或需要增加的资料，作者可以用个人号在留言区中进行补充。

（2）趣味互动：通常在留言区域中，作者会认真回复用户的问题或者评论，也可以反其道而行之，用有趣的方式与用户互动。有趣的互动，会让用户会心一笑。

（3）留言引导：一篇文章会有多个观点，而用户的直观感觉会停留在结尾处的观点上。为了引导用户对某一话题进行有针对性的留言，可以在结尾处增加"说说你对××的看法"或者"关于××，不妨在留言区聊聊"，进行留言引导。

（4）点赞投票：评论区域的点赞（好看）功能，可以作为投票工具，设置"留言点赞数前三名将获得定制奖品"之类的活动。

任务三　推广营销软文

任务导入

任务分析单 4-3

任务情境	一家本地传统老字号企业，希望通过软文营销的方式进行品牌和产品推介，让更多的游客和本土的新生代了解这个老字号的地方特产，进而提升品牌知名度，促进产品销量。作为企业的网络营销专员，你经过前期工作，已经撰写好一篇优质的软文，希望借助互联网，尤其是社交媒体进行推广
任务分解	（1）以"符号化、社交币、附着力"为标准，为小组内的软文评分 （2）选择合适的软文内容进行为期一周的传播推广活动 （3）在推广的过程中注意与用户的互动 （4）统计一周内的评论、转发、点赞等数量，并总结传播过程中的心得
完成方式	以小组为单位完成推广活动，并统计推广结果，撰写并汇报推广心得

（一）互联网时代信息传播的变化

传统大众传播的基本职能是传播信息，并发挥监测等作用。随着对大众传播规律的研究，人们在不断进行大众传播的过程中为其附加了其他各种功能，最典型的有"意识形态劝服""商业劝服"，以及"新闻寻租"（新闻被当作一种商业手段出租出去，商家可通过新闻的形式做自己的商业广告）。大众传播附加的"意识形态劝服"普遍存在于世界范围内。

传统的渠道传播使大众处于被动接受的状态，大众对信息内容的接收几乎没有选择的权利。随着社交媒体的兴起，大众的话语权得到了提升。从之前的博客、开心网到现在的微博、微信，都已经具备了自媒体的双重属性，通过此类社交媒体，人们既能发布信息，又能充分进行讨论。在传播的形式上，传播者和受众的关系趋于平等，现在"人"在"强关系"中发挥着重要的影响，意见交换开始更多地发生在具有相同或相似价值观的朋友、同学、共同兴趣爱好者等圈子中。

传播模式的变化，开始对传统媒体产生了颠覆性的影响，人们可以进行内容的"自生产""自传播""自消费"，这就形成了信息传播的生态系统，甚至引导了传统媒体的选题，如很多传统媒体记者开始在微博、论坛等新媒体中寻找新闻线索。

这种传播渠道和环境的变化，决定了一个广告的传播不能仅仅靠"播"，而应靠人"传"。一个好广告会更容易被对应的用户主动转发传播。

美国营销专家斯科特在《新规则：用社会化媒体做营销和公关》中指出："在互联网出现以前，公司只有两种吸引人们注意的方法：花大价钱做广告或借助于第三方在媒体上做宣传。但网络的出现改变了这条规则，网络不是电视。真正懂得新的营销和公关规则的公司会直接与你我这样的客户建立关系。"新媒体的出现使"人"在传播中变得更加重要，传播已经是以人为主的"传"，而不是靠被动的"播"了。

同时，移动互联时代受众的时间碎片化、注意力稀缺问题，都对网络营销人员的软文创作提出了更高的要求，以使软文更适合在新媒体环境下传播。在新媒体环境下，什么样的软文更容易被受众主动传播？怎样的软文才能够引起更大范围的传播？广泛传播的软文有三个特点：符号化、社交币、附着力。

（1）符号化：符号化即借用语言符号、视觉符号、味觉符号等，使受众更好地记住软文里的信息。符号化让品牌或产品天生具有被传播的基因，更适合口耳相传，包括品牌名字、广告语、标志设计、产品包装设计甚至产品服务体验等相关的符号化。

（2）社交币：人们有很强烈的意愿去主动与他人分享自己的相关信息、传播相关产品的口碑等，被他们分享的内容都属于社交币。社交币主要用来树立自我形象，文案具有社交币功能则更容易被用户主动分享传播。

（3）附着力：附着力就像胶水，可以将信息"粘"到用户的脑海里。它使创意与观点被人听懂，让人记住，并产生持久的影响。

（二）符号化：让软文自带传播属性

符号是人们共同约定用来指代一定对象、意义的标志物，这里所说的符号是指具有传播属性的视觉形象、听觉符号、触觉符号、味觉符号和嗅觉符号等。符号在描述信息的时候，可以浓缩很多信息，可以成为某个人、某个品牌的代称。符号对于品牌的意义，就是用户通过这个符号就能识别品牌，符号浓缩了品牌的价值信息，同时还能影响用户的看法，让用户喜欢这个品牌，购买产品，还推荐给亲朋好友。从传播的角度来看，符号运用降低了传播成本，让信息更容易被记住、被喜欢，并且更容易被传播出去。

运用人们熟悉的符号能够将已知符号所携带的相关文化价值绑定到品牌上，这不仅有利于传播，更会让用户产生熟悉感。用户看到或听到品牌就知道品牌是做什么的，如一看到相关符号就知道品牌名字，就能感受到品牌的风格，以及知道这个品牌属于哪个行业。企业通过具象化事物、人格化形象、行业特性词汇三种符号化的方式，可以提升品牌的熟悉感。

（1）具象化事物：日常生活中一些具体事物的形象能够引起用户的对应联想，如苹果、锤子、小米、蘑菇、天鹅、鸽子、大白兔等。其中，"锤子"不仅能够让人一听就知道是什么，也能够让人感受到这个品牌所倡导的工匠精神。锤子是工匠常用的工具，也是工匠的一个符号，在形象设计上，直接用锤子能够让品牌名字和形象成为一个超级符号。

（2）人格化形象：运用人格化形象来命名品牌也很好记忆，并且让人可以直接感受到这个人物名字所引申出来的一系列联想，如老干妈辣酱、张小泉剪刀、马应龙、香奈儿、迪奥，或虚拟人物，如孔乙己、口水娃等。其中，"老干妈"会让人联想到一个中年的妇人，亲切、淳朴；张小泉这个品牌名字就像你认识的一个朋友，会让人有莫名的亲切感。品牌就像一个人，具有自己的个性、风格。在互联网时代，很多品牌即使不用人格化形象来命名，也会通过各种文案形象来传达品牌人格化的一面，如通过微信公众号塑造一个拟人化的客服形象。例如"喵姐种草"微信公众号，就塑造了一个精通时尚穿衣搭配的IP"喵姐"，实现了增强内容熟悉感的目的。

（3）行业特性词汇：这是指借用具有行业特性的词汇来表现行业特性。这一点在物流行业比较明显，物流强调道路通达、速度，于是就有了含有"通"字的品牌，如圆通、申通、中通、汇通；含有"达"字的品牌，如韵达、如风达；强调速度的品牌，如速尔、优速、顺丰。

这三种方式可以相互结合，同样能够达到非常不错的传播效果。例如"三只松鼠"是做坚果的品牌，松鼠是一种吃坚果的动物，是一个具象化的事物，"三只松鼠"的品牌形象则是具象化事物和行业特性词汇的关联。因此这样一个品牌不仅名字好记，还能够让人了解到这个品牌大概是做什么行业的，并且这个名字也能够让人马上感受到品牌活泼的风格。又如"谭木匠"，一听就知道是木制行业的品牌，"木匠"是行业通用的词汇，背后携带"传统""手工"这样的标志，加上一个"谭"姓，让这个木匠的形象变得更具体了。

一篇优秀的品牌营销推广软文，需要在特定的场景下，巧妙地植入自己的品牌或产品，这样会更容易被用户在对应的场景中想起对应的品牌或产品。

"饿了么"是一个在线外卖订餐平台，其品牌名很好地运用了场景化诱因。试想，什么情况会引起用户想起这个品牌呢？自然是饿了的时候。人感觉到饿了，就是"饿了么"的诱因。"饿了么"原本是一句口语，用户经常会说到，于是每次提到它的时候用户就会自动联想到"饿了么"品牌及其服务。

市场上还有很多类似的案例，如香飘飘的"小困小饿，来点香飘飘"，选取的场景是"小困小饿"。为什么是"小困小饿"？特别困和疲惫的时候会想起红牛，香飘飘作为休闲饮品，不具备功能饮料的功效。如果是特别饿的时候，用户需要的是类似面包、饼干的商品。"小困小饿"的时候，"香飘飘"可以让用户缓解轻微的困顿和饥饿。

（三）社交币：让用户主动传播软文

现在的用户看到好文章大多会将其转发出去。这一行为是大众的主动传播行为。每个人转发文章的过程，特别是点赞、评论、转发他人朋友圈或微博文章的过程，也是一种社交币积累的过程。

千金难买的"社交货币"

社交币（即"社交货币"）的概念，最早由法国社会学家布迪厄在他的《社会资本论》中提出：社交币是一个共同的术语，可以被理解为从社交网络和社区中产生的实际和潜在的资源的全部，它们可能是数字的或离线的。

《疯传》这本书中对社交币的阐述更为直白一些："就像人们使用货币能买到商品或服务一样，使用社交币能够获得家人、朋友和同事的更多好评和更积极的印象。"社交币是为了塑造个人的形象，形成自我认同的心理。我们大部分人和别人发生点赞、评论、转发等行为，都在别人心目中积累了社交币，只不过有些评论是正面的，社交币就好像存款；有些评论是负面的，社交币就好像取款，甚至是被透支。

人们有很强烈的意愿去主动与他人分享与自己相关的信息、相关商品的口碑等。另外，日常生活中也可以看到人们购买不同品牌的车、衣服或包，这些商品也可作为个人的社交币，诠释自己的生活品质、自己是怎样一个人等相关信息。而商家就需要想办法让自己的文案甚至产品变成人们愿意分享的内容，变成他们进行社交币交换的载体，被人们主动地分享和传播。"铸造"社交币有以下五种方式。

1. 满足自我认同

美国宾夕法尼亚大学沃顿商学院市场营销教授乔纳·博格和凯瑟琳·米克曼专门对社交媒体的内容分享进行了研究，他们发现了人们在社交网络上分享信息的动机："我们与其他人谈话的时候，不仅想传达某种交流信息，而且还想传播与自己相关的某些信息。"也就是说，人们分享思想、观点和经验并不是无意识和无目的的，而是为了收获传播对象对自己的认知，完成自我认同，塑造他人眼中的自己。人们主要是通过外部形象、思想形象、理想形象完成自我形象塑造的。

（1）外部形象：外部形象是关于"我是谁""我来自哪里""我是一个怎样的人"等

相关信息的总和，如家乡、毕业院校甚至性别、身高、体重等，分享类似的信息更容易让朋友对自己产生印象，相当于告知别人，我是怎样一个人，来自哪里。例如毕业于顺德职业技术学院的学生更乐于分享推文《顺职的春夏秋冬》，这主要是出于对自己母校的情感，他在将推文分享出来的同时也体现了"我是一个顺职毕业生"的外部形象。又如，Beats耳机大多是耳机"发烧友"使用的，一旦一个耳机"发烧友"看到另一个人带的耳机上显示了字母"B"，二人更容易产生交谈，使用的产品也成了这个人的社交币，塑造了这个人注重音质的形象。

（2）思想形象：思想形象主要体现个人的相关思想，体现自我价值观。价值观是人基于一定的思维感官之上而做出的认知、理解、判断或抉择，也就是人认识事物、辨别是非的一种思维或取向，从而体现出人、事、物一定的价值或作用，简单来说，就是"我"认为什么是对的、什么是错的。例如分享《自律给我自由》的内容，传达的思想形象则是自律有很多好处，"我"是一个自律的人。

（3）理想形象：每个人心中都有自己的理想形象，如"我"的理想追求是怎样的，"我"的理想生活是怎样的，但现实生活距离理想形象还有一定距离。当理想形象正好被相关文案的内容或事件所体现，人会自然而然地将其作为社交币转发并分享。例如，一个渴望环球旅行的人更乐于分享《大学毕业用一年时间完成环球旅行》，因为它触动了理想形象，而自己目前还不能达成；又如，《仅用3年时间，他是如何成长为CEO的？》更容易被一个期望在职场快速成长的人作为社交币分享到朋友圈，隐含的形象则是"我"的理想是做一个职场能手。

2. 打破思维定式

大品牌往往因打破人的思维定式而拥有自带话题的天然优势，有悖于人们思维定式的产品、思想或服务也同样具备话题性。例如七岁的孩子给人的思维定式就是少不更事，学习、记忆能力都比较初级，但是一旦"七岁男孩背诵圆周率至1000位"的信息出现后，就会打破人的固有认知和常理，被更多人注意到和谈论到。又如低价航空给人的联想是逼仄的位置、不好吃的航空餐，但如果乘坐了某个低价航空，用户享受到了高级待遇、头等舱以及美味的航空餐，则有悖于常规联想，会更乐于分享。因此，一旦话题、文案、创意打破原本的思维定式，就会更容易被用户主动分享。产品本身也可以通过携带有悖常理的信息而让自身成为话题。

沃顿商学院教授乔纳·伯杰为了让普通的卫生纸引起人们的讨论，仅仅把白色的卫生纸换成黑色的卫生纸放在厕所里，便引起了人们的谈论，因为卫生纸的固有颜色是白色，一旦变成黑色就具有话题性了。

3. 运用社会比较

哈佛大学做了一个试验，要求一群学生必须坦率地回答以下问题，并从中做出明确的选择。A 工作每年挣 5 万美元，B 工作每年挣 10 万美元。判断一下你更喜欢哪一份工作。这种问题初看很没有水平，肯定选择 B 工作，但是这里有一个前提，就是 A 工作可以获得的 5 万美元比这份工作的平均收入 2.5 万美元多出一倍；B 工作可以获得的 10 万美元是这份工作的平均收入 20 万美元的一半。虽然选择 B 工作对于个人来说更有利，也更有诱惑力，但是实际上大部分学生选择了 A 工作，因为自己挣的钱虽然在绝对数量上变少了，但他们获得了比其他人更多的相对利益。

由此可见，人们选择的最终依据不是绝对收益，而是相对收益，在同类比较中获得相对的优越感。美国社会心理学家利昂·费斯汀格提出过"社会比较理论"：每个个体在缺乏客观条件的情况下，会利用他人作为比较的尺度来进行自我评价。

安装过 360 软件的用户在计算机开机的时候，会看到 360 开机小助手发来这样的提示："您的开机速度击败了全国 99% 以上的计算机，特此授予您'五星级神机'称号！"这样的文案让用户感受到比较中的优越感和心理奖励，也更容易被用户作为社交币分享出去。

同样，很多企业的营销活动或产品本身也会运用比较的优越感进行设计，如支付宝每隔一段时间就会出现比较性质的页面，以促使转发分享。每年年底的支付宝账单也会展示一年中购物花费了多少金额，超过多少好友，类似这样的页面会被很多用户作为社交币分享到微信朋友圈。即使微信不允许转发支付宝相关的链接，很多用户也会不辞辛苦地一张张截图分享到朋友圈。在被分享的同时，支付宝的页面截图被当作社交币分享出去，而支付宝品牌本身也获得了曝光机会。微信红包的设计也运用了社会比较，一个随机的红包，往往容易引起争论：谁抢的更多一点，谁抢的更少一些。

在营销软文中，我们需要做这样的思考：有没有可能让用户在比较中找到乐趣，如果是以游戏的方式做活动，有没有可能用排行榜做比较；如果是一个总结性或品牌性质的文案，有没有可能让应用与用户交互相关数据，让用户能够和朋友之间有所比较而促进对方的分享。

4．提供实用价值

心理学中的"利他主义"，是指一个人在无利可图或不期待任何回报的情况下，也会关心和帮助别人，人在很小的时候就已经开始有利他行为了。人的利他行为从进化心理学的角度可解释为：在自然选择过程中，有利他天性的生物更容易使它们的物种存活下来。而社会交换论者则认为：人们的行为追求利益最大化、成本最小化。利他行为是助人者对未来的一种投资。无论何种解释，在社交中，为朋友提供其需要的一些内容也是社交币，即使不能获得实际的好处，也能换来朋友之间感情的升温。

具有实用性的软文，容易触动人的利他心理，从而引起分享和传播。企业可以从自身产品出发，有选择地创作实用性的软文。例如，某个手机品牌推出内容为《某手机隐藏功能，99%的人都不知道》，当消费者看过这篇软文后，在与朋友讨论这个话题的时候，手机品牌提供的内容则成为用户的社交币。

销售水果的品牌也同样可以提供相关的实用信息：《不同的水果如何用不同的方式轻松去皮》《适合白领吃的 7 种水果搭配》《不用榨汁机，3 招搞定营养果汁》等。需要注意的是，软文内容一定是围绕企业相关产品而延展的，软文内容要做到和品牌具有相关性。如果上述水果品牌推出《原来我们洗羽绒服、大衣的姿势都错了》就会浪费资源，即使内容是实用的，但因为它与品牌没有任何关联，所以视为无效文案。

5. 创造归属感

品牌名称中蕴含了用户作为品牌使用者的骄傲感，也是品牌归属感的一种表现。

归属是指个体与所属群体间的一种内在联系，是某一个体对特殊群体及其从属关系的划定、认同和维系，归属感则是这种划定、认同和维系的心理表现。企业需要这样的群体，更需要有意识地培养和增加用户的归属感。有三个创造归属感的方法：用户参与，在互动中产生认同；制造稀缺，让身份认同弥足珍贵；制造专有，人无我有。

（1）用户参与，在互动中产生认同：让用户参与到品牌的活动中，用户更容易产生身份认同，在每一次互动中用户的归属感会倍增；企业可以让用户参与到产品开发中，为产品的包装设计选择设计方案等。

（2）制造稀缺，让身份认同弥足珍贵：稀缺性是由能够提供的物品数量决定的。类似"限量发售""仅 1000 件"的方式都是在制造稀缺，在稀缺中优先供应给对应的人群，会让品牌忠实用户的身份认同更强烈。小米手机最初的营销方式即制造稀缺，小米每次仅发放一部分手机供抢购，用户会以购买到手机为荣。

（3）制造专有，人无我有："会员专供""特享""特供"仅针对特定人群推出商品，同样会增强用户的归属感。

通过限量限时的方式制造商品或服务的稀缺性，并向"特定的人"提供，这样的方式能让目标用户感受到专有归属感，从而提高用户的品牌忠诚度并产生口碑传播。

互联网知识社群"罗辑思维"在某年中秋节前推出"真爱特供"月饼，在设计过程中就让用户参与，相关合作伙伴、月饼包装设计等环节都在网上一一曝光，罗辑思维做相关的线上征集，让用户点评，这样既增强了用户的认同感，又为自己月饼的上市造势。

在具体的玩法上，用户的参与感也同样重要。用户可以在罗辑思维的店铺内选定月饼的数量，填写用户信息和地址后下单，然后选择找人代付，再将付款的链接发送给朋友或者分享到微信朋友圈，等待朋友来付款。这样不仅做到了品牌和用户的交互，更让用户和自己的朋友产生了互动，双方都参与其中，认同感得到进一步增强。

销售月饼期间，罗辑思维还推出小游戏，增加趣味性。罗辑思维邀请设计师与合伙人登上"月饼地图"，运用社会对比心理增进互动性和趣味性。这样，不仅罗辑思维的内容成为用户的社交币，其产品本身也作为罗辑思维忠实用户的社交币被分享到各社交平台上。

（四）附着力：让软文对用户产生深刻影响

当信息晦涩、难以理解时，不仅不利于记忆，更容易影响行动。试想：老师在课堂上讲解一个很深奥的概念，一周后只有少数几个人还记得这个概念；公司在转型大会上颁布了一条新政策，员工无不点头称是，会后却仍然执行旧政策。这不是学生不认真学习，也不是公司员工偷懒不想改革，而是信息本身缺少附着力，受众记不住，信息也就传播不了，更无法指引行动。那么什么是信息的附着力？信息的附着力也叫黏性，是指你的创意与观点能够让人听懂，被人记住，并形成持久的影响力。这也是有些广告总是让人念念不忘，即使投入很少仍然可以引发大量有效的传播，而有些广告即使花费巨大也只是"昙花一现"的原因。

要想让软文产生附着力，需要在不改变软文信息内容的基础上做一些简单的包装，让信息变得令人难以抗拒。营销软文是一门艺术，也是一门科学。既然是科学，必然有规律可循，一般可以运用简单、意外、具体、可信、情感和故事六大原则。

1. 简单：精简核心信息

营销中的"简单"，往往是抽丝剥茧后拧出的核心，换句话说，简单＝精练＋核心，写软文前要把核心找出来。一名成功的辩护律师指出："从十个角度去辩护，即使每条论点都有理有据，但陪审团进入休息室后，一条也记不住。"要剥去层层外壳，放弃那些无关紧要的信息，提炼出核心信息。

这里有个简单的检测工具，问自己一个问题："如果只有一个，那么它是什么？"例如，如果要做一个产品的广告，产品的卖点有很多，可以问自己一个问题："如果只能强调一个卖点，那么这个卖点是什么？"类似的问题还有很多，如"如果只能做一件事情，那么这件事情是什么？""如果只能完成一项工作，那么这项工作是什么？"这样询问自己可以很快找出核心信息。

在软文撰写中，要将简单的原则执行下去，有十个方法可以参考。

（1）让句子简短。

（2）挑简单的词，不用复杂的词。

（3）选熟悉的词。

（4）避免不必要的词。

（5）用动词做谓语。

（6）口语化。

（7）用用户可以理解的术语。

（8）结合用户的经验。

（9）充分利用词语的多样性。

（10）以表达为目的，而非以吸引人为目的。

2．意外：吸引维持注意

在这个注意力稀缺的时代，要吸引注意力已经越来越难了，最基本的办法就是打破常规，用意外事件紧紧抓住人的注意力。意外的事件往往黏性很强，因为惊讶让我们集中注意力思考，惊讶促使我们去挖掘事件背后的原因，去想象其他的可能，去设法避免今后再发生类似的事情。

那么怎么做会让人惊讶？怎样做会让人感觉到意外？主要有以下三个要点。

（1）确定你所要传达的中心信息，即找到核心信息。

（2）找到信息中违反直觉的部分，要思考：核心信息中令人意外的含义是什么？为什么事情现在并没有照此发展？

（3）在重要而又违反直觉的层面上破坏用户的预测，从而传递信息；一旦用户预测失效，就帮助他们修复原来的思维模式。

例如，耳熟能详的海底捞，以优质的客户服务著称。海底捞要获得战略上的成功，就必须把一线员工培养成客户服务的狂热者。作为一个服务员，常年都有类似的提供良好服务的经验，服务员对于优质服务的理解通常为：微笑、热情的服务和招呼客人。如何打破这个原有的认知，再以另一套认知取而代之呢？很大一部分依靠一些小故事，一些令人意外的客服举动。例如，客户觉得餐后的西瓜很甜，服务员就送了一个西瓜让客户带回家吃。客户打了一个喷嚏，服务员就吩咐厨房做了一碗姜汤。客户要赶火车却打不到的士，门口的服务员看到他带着行李箱，问了情况转身就走，紧接着海底捞的店长把自己的 SUV 开了出来，说："赶紧上车吧，时间不多了。"诸如此类的小故事，完全打破了大众对于服务好的定义。不惜成本，不论代价，海底捞的员工替换了人们原有的关于优质服务的认知预测。要让信息有黏性，就必须让信息从常识变成非常识，这就是意外。

"出色的客户意识"是常识，而"店长开车送客人赶火车"却是非常识。值得注意的是，这些故事的价值并非源自意外本身，而是源自海底捞公司的宗旨和故事内容之间的完美呼应。

仔细思考关于意外的三个要点，你甚至会发现，很多做得很棒的电影都在用这个方法贴合电影主题，让人感觉到意外，并且会让你持续不断地关注下去，直到最后一秒。

3．具体：帮人理解记忆

以下每个句子，请花 5～10 秒阅读，不要赶时间，当从上一句转换到下一句时，你会发现，每当想起不同事物时，唤起的感觉会各不相同。

（1）想起广东的省会城市。

（2）想起蒙娜丽莎的画面。

（3）想起小时候住得最久的房子。

（4）想起"真理"的定义。

（5）想起"西瓜"的定义。

美国杜克大学认知心理学家戴维·鲁宾就借用类似的联系阐明记忆的本质。上面每一句记忆指令都会触发不同的大脑活动。广东的省会城市是一种抽象的事物，除非你就住在广州。相反，蒙娜丽莎的画面唤起的是那个著名的神秘微笑的视觉形象。而想起小时候住得最久的房子，唤起的会是一连串的记忆：气味、声音、影像，你甚至可能回忆起自己一路小跑的场景，想起爸爸妈妈常坐的地方。"真理"的定义比较难以唤起记忆，你可能还要临时编造一个自己对于真理认知的定义。而"西瓜"的定义唤起的是你对西瓜从外在到内在的感觉，如条纹瓜皮、红色的瓜瓤、甜甜的味道等；接着，你可能感觉到自己切换到另一个模式，试图把这些感官记忆浓缩成一句话的定义。

我们的大脑中装有数量众多的"小环套"，某个观点带的"小勾子"（记忆联想）越多，就越容易黏附在记忆中，也被称作记忆的魔术贴。因此，大部分广告都会以具体的点帮助用户记忆。

4．可信：让人愿意相信

无论是什么产品、服务，都需要让用户感觉到可信，否则他们不会买单，软文创意也是如此。如何让人产生信任感？我们可以通过用权威、反权威、细节、数据、用户自证、示范效果、说愿景等方式增强软文的可信度。

5．情感：使人关心在乎

特蕾莎修女曾经说过："如果我看到的是人群，我绝不会有行动；如果我看到的是个人，我就会。"为了研究其他人是不是和特蕾莎一样，美国卡内基·梅隆大学的一些研究人员展开了试验，准备了两个版本的关于非洲的募捐信，摘录如下。

版本 A：马拉维的食物短缺问题波及 300 多万名儿童，赞比亚严重的干旱导致从 2000 年起玉米产量下降 42%。据估计 300 万赞比亚人面临饥荒。

版本 B：您全部捐款将转交给罗基娅，她是非洲马里的一个 7 岁小女孩。罗基娅极度贫困，正面临严重饥饿。您的倾囊相助将会改善她的生活。有了您和其他爱心人士的支持，"救助儿童会"将可以帮助罗基娅的家人及其社区成员，并为罗基娅提供食物、教育、基本医疗和卫生方面的帮助。

结果发现，人们阅读版本 A 的平均捐款为 1.14 美元，而阅读版本 B 的平均捐款为 2.38 美元，后者是前者的两倍多。经过进一步试验，研究人员发现当人们进入分析型思考时，就不太容易感情用事；而当人们用情感思考的时候，会更容易被打动。如何勾起人的情感，使人关心在乎？除了勾起相关的情绪，还可以考虑与用户自身的关联度。与自身相关的利益更容易勾起人们的情感，让人付诸行动。文案大师约翰·卡普尔斯就非常精于此道，下面是他常用的几个做法。

（1）若能照此简单计划行事，包您远离金钱烦恼。

（2）给我五天时间，还一个活力四射的您……让我证明给您看，完全免费！

（3）快速增高秘诀，助您步步高升。

以上做法融入了用户自身的利益，让人不得不在乎，并且每一条都勾起了人们对于做更好自己的美好情绪。

6．故事：促人立即行动

无论是在课堂上，还是在会议上，一旦有人讲小故事或者讲个人经历等，大部分人都会马上竖起耳朵听。人们常常把需要讲解的道理融入故事里，"亡羊补牢"的故事告诉人们做错事了记得及时修正。但是如果直接阐述这句话，大部分人只会听过就忘，但因为有"亡羊补牢"这个故事，这个道理就深深地植入了受众的大脑里。那如何讲故事呢？故事有挑战情节、联系情节、创造情节三个经典类型，可以根据具体需要进行套用。

（1）挑战情节：这种类型往往讲述的是自我突破，如反败为胜、身残志坚的放事，主要用来鼓舞人去接受更多挑战。

（2）联系情节：这种类型如同一个人遇见另一个人，一瓶可乐把他们联系到一起，往往讲述的是社会关系，类似的故事情节也常用在广告文案中。

（3）创造情节：这种类型类似于苹果掉落在牛顿头上启发他发现了万有引力定律，这种类型的故事一般是解开了人们长久的迷思或以打破常识或创新的办法处理问题。

我们应根据具体情况选择具体的故事类型。在公司年终晚会上，讲联系情节的故事更适合当时的气氛并有利于增进同事间的感情；在项目启动大会上讲挑战情节、创造情节的故事更有利于鼓舞士气。我们不仅需要学习如何讲故事，更需要学会收集、识别好故事，以方便在广告创意中运用。

信息附着力的六大原则仅供写作软文时参考，在实际运用中，"简单：精简核心信息"是六大原则的前提，务必保证每条信息只阐述一个观点，其他几项原则可根据具体需求有所侧重。

项目小结

　　软文营销是指通过特定的概念诉求，以摆事实讲道理的方式使用户走进企业设定的"思维圈"，以强有力的针对性心理攻击迅速实现产品销售的文字模式。本项目分为认知软文营销、撰写营销软文和推广营销软文三个任务。认知软文营销包括认识软文营销及其价值、软文营销的五个特点、软文营销的六大策略等内容；撰写营销软文包括营销软文的写作框架、营销软文的标题设计、营销软文的开头与结尾设计、营销软文的评论策划等内容；推广营销软文包括互联网时代信息传播的变化以及对广泛传播的文案三大特点符号化、社交币、附着力的介绍。本项目通过一个地方特产软文营销的应用情境串联整个学习内容，学生通过个人和小组协作分步骤完成任务的方式进行基于工作任务的学习。

课后练习

（一）不定项选择题

1. 以下属于软文的表现形式的是（　　　　）。
   A．新闻评论　　　B．购买心得　　　　　C．微型小说
   D．旅游攻略　　　E．产品测评

2. 以下关于软文营销的说法，错误的是（　　　　）。
   A．软文的本质就是广告
   B．软文要考虑用户的阅读能力与理解能力，做到浅显易懂、贴近生活
   C．撰写软文需要很高的文学修养，要做到行文优美似散文才能吸引人
   D．软文内容一定要真实、真诚，经得起推敲
   E．软文的内容要与读者的自身喜好和利益相关

3. 关于营销软文的评论策划，以下说法错误的是（　　　　）。
   A．好的营销软文需要制造参与感，吸引用户撰写评论
   B．好的营销软文，重点要关注如何吸引用户点击与阅读，其他的都不重要
   C．文章评论的存在为用户提供了一个发声的渠道
   D．文章的评论区是个很好的互动营销阵地
   E．有些很平淡的文章会因为评论区很精彩而被转发

4. 关于互联网时代信息传播的变化，正确的是（　　　　）。
   A．互联网时代人们开始自己制作并传播内容，并不依赖传统媒体

B. 互联网时代用户的时间碎片化、注意力稀缺，软文比传统的硬广更适合传播

C. 互联网时代商家需要花更多的钱在传统媒体上做广告

D. 符号化的内容更适合在互联网上传播

E. 具有社交币功能的软文更容易被用户主动分享传播

5. 软文对受众产生深刻影响的方法，正确的是（　　　　）。

A. 精简核心信息   B. 吸引维持注意

C. 帮人理解记忆   D. 让人关心并相信

E. 让人心动并行动

（二）简答题

1. 简述软文的营销价值。

2. 互联网时代信息传播发生了怎样的变化？请举例说明。

3. 什么是社交货币？"铸造"社交货币的方式有哪些？

4. 举例说明哪种软文信息更加有持久的影响力。

05 项目五

微博营销

项目简介

　　微博的诞生标志着一个新型社交媒体时代的开始，微博成为个人或企业重要的营销平台。通过微博，个人或企业可以传播品牌提高知名度，推广商品从中获益，发表观点吸引用户关注。本项目主要由认知微博营销、微博规划、微博推广三个任务组成。通过本项目学习，学生不仅可以了解微博的营销模式，掌握微博营销的基本操作，还可以学会如何运用微博进行品牌推广、互动等，成为应用实操型网络营销人才。

学习目标

知识目标：

1. 熟悉微博营销与博客营销、微信营销的区别。
2. 掌握微博营销的价值和模式。
3. 了解微博定位策略和微博内容规划。
4. 熟悉微博营销的推广方式。

技能目标：

1. 能够根据不同社交媒体选择不同的营销策略。
2. 能够根据营销的需要规划微博营销的内容。
3. 能够掌握微博推广的各种技巧。

素质目标：

1. 具备一定的营销文案写作能力、信息搜集能力。
2. 培养互联网创新创业意识和团队合作精神。

引导案例

"凌燕带你游世博"新浪微博推广案例

案例背景： 中国东方航空股份有限公司（简称东航）是国内三大航空公司之一。一直以来，东航的客舱服务都处在国内领先的水平，但是在乘客的整体印象上，东航却没有与之相匹配的口碑。

营销思路： 选择品牌植入平台——利用微博展开品牌互动——进行口碑分享及传播——提升品牌服务形象。

媒体选择： 微博是国内主流的网络社交媒体，具有传播即时、用户活跃度高、互动方便、转发功能使传播速度以几何倍数增长的特点。作为东航空乘人员的优秀代表，"凌燕"已成为东航客舱服务水平的标签，"凌燕"在微博上已经有一定人气。东航拟在微博上发布信息，并由 10 个"凌燕"微博账号与用户展开互动，微博是传播"凌燕"优质服务的最恰当平台。

营销策划： 结合"凌燕带你游世博"线下活动，线上推广以新浪微博为主，通过新浪微博聚集人气，吸引关注，展开互动，传播东航"凌燕"的高品质服务形象。微博抢票活动开始后，网友通过关注 10 个"凌燕"微博账号后，对提供导游服务的"凌燕"发布的"凌燕带你游世博"消息进行转发或者评论；同时，"凌燕"在微博上与网友展开互动，聚集人气，选择幸运网友。在新浪微博的互动中，年轻用户在微博中表现出极其强烈的兴趣，活动期内，10 位"凌燕"发布的召集帖总计获得了 6000 多次转发、5000 多人评论，实现了非常热烈的互动效果，很多关注"凌燕"的用户表现出对"凌燕带你游世博"极其关注的态度和强烈的参与欲望，并不时对东航的优质服务展开讨论。通过微博互动的环节，"凌燕"和东航的品牌实现了非常良好的曝光，这提高了"凌燕"和东航品牌在网上的知名度及品牌影响力。

传播效果： "凌燕带你游世博"的精准服务和东航对世博的服务形象得到了很好的展示，具体体现在以下几个方面。

（1）从 5 月 28 日活动启动到 6 月 10 日公布结果，参与"凌燕带你游世博"活动并转发的用户数已经超过 6000 人，评论次数超过 5000 次，以参与用户人均拥有 50 个支持者计算，实际覆盖新浪微博用户数量达到 30 万人。

（2）6 月 11 日线下活动当天，10 位统一制服的"凌燕"空姐陪同 10 位幸运网友游览世博园，他们通过各自的微博，共发出图文形式的近百条世博园游览信息，微博转发次数合计超过 2000 次，实际覆盖新浪微博用户数量超过 10 万人。

（3）6月11日，"凌燕带你游世博"现场活动受到了30家平面和网络媒体的关注，它们共发出30多篇针对现场活动的新闻报道。

围绕"凌燕带你游世博"微博活动，东航通过新闻、博客、论坛策划并执行了23个传播话题，覆盖了200多个网站、论坛、媒体的300多万目标用户。有效的后续传播也引发了用户对在世博园内开展的线下活动的关注，用户讨论"凌燕带你游世博"的相关内容为3029篇。

案例思考：

1. 东航借助微博策划的活动是如何在线上引发网民的参与热情的？
2. 通过案例分析，微博营销与其他网络营销工具相比具有哪些特点？

任务一　认知微博营销

任务导入

任务分析单 5-1

任务情境	作为一家企业的网络营销人员，你想通过微博平台推广其品牌产品，需要向主管汇报你的微博营销计划
任务分解	（1）分组确定服务的企业类型（美妆、小家电、咖啡馆、农村土特产等） （2）结合微博营销的特点讨论微博可以达到企业的哪些营销目标 （3）针对企业所处的行业选择合适的微博营销模式 （4）撰写企业的微博营销计划
完成方式	以小组为单位进行讨论，完成任务并在课堂上汇报

（一）认识微博营销的价值

微博营销是指企业以微博为营销平台，利用更新自己的微博、联合其他微博设计与用户的互动，或者发布用户感兴趣的话题，让用户主动关注并传播企业的产品信息，从而达到树立企业良好形象的目的。

2009年8月，新浪微博诞生。自此，微博营销时代拉开了帷幕。鉴于微博的社会化媒体属性越来越突出，各大品牌改用微博完善自身的社会化媒体营销策略，利用微博的社交属性塑造品牌形象，引爆传播量，积累社会化资产，满足品牌的营销需求。

微博在我国的发展至今已有十余年历史，在此发展历程中，平台优势、微博语境和传播路径、媒介赋予了品牌全新的营销思路和方向，导致品牌营销基于时代的进化发生了巨大的变革。这是微博生态对于营销的"基本面"价值体现，也是对于品牌深度内容

微博从媒介传播到社会化运营的变迁

长效触动用户的积极探索。

对于企业和个人来说，微博的营销价值可通过以下四点来实现：品牌传播、客户关系管理、市场调查与产品开发推广、危机公关。

1. 微博是品牌传播的利器

微博可以帮助企业和个人进行品牌传播。企业要想利用微博进行品牌传播，就要先构建出微博的信息传播模型。微博的信息传播模型可以概括为：微博传播=人+情绪+行为。

人是指找对意见领袖和忠实拥护者。例如，引导案例中提及的东航，曾邀请旗下多名空姐"凌燕"团队集体开微博，每一位空姐都有自己的关注群体，每一位空姐都会通过话题与用户进行互动，使话题更加个性化，群体微博带来的是话题的广度和思维的多样性。

情绪是为用户制造一个帮你传播的理由。例如，为一个钻石品牌做整合营销传播，在微博里发布关于"爱"的话题时，应具备这样几个特征：最能代表品牌的正面信息、拥有话题性、与每个人沟通无障碍、具有亲和力等。

行为是引导用户创造内容。例如，通过微博举办有奖活动，网友得奖后晒出奖品，而网友拥有和企业微博不同的用户群体，这样无形中就扩大了活动的接触面，因为网友的言论对其他网友的吸引力是企业微博无法做到的。企业再通过企业微博转发这些网友的获奖感言，也就对活动进行了二次传播。

构建好微博的信息传播模型后，企业可利用微博展示企业的品牌形象、产品的独特之处及企业文化等；与目标用户建立情感，听取用户对产品的意见及建议；在服务方面提供企业前沿资讯、服务及新产品信息，便于与用户进行一对一的沟通；及时发现用户对企业及产品的不满，并快速应对。

除此之外，企业想要利用微博做品牌，细节不容忽视。简单地说，微博头像要能直观地体现企业文化，用企业 Logo 或企业产品形象，抑或是企业的形象代言人，都能简单清晰地表达企业的品牌内涵，从而缩小和用户的距离。另外，微博标签是企业的关键词，如产品性质、所属行业等，可以让用户更易搜索到企业。

在微博中发表与企业经营相关的内容，能与用户积极互动。企业可通过微博整合线上线下渠道，以塑造和提升企业的品牌形象。例如，在微博上讲述企业和品牌的故事，增添产品的无形价值，给用户带来美好的体验，激发其美好的情感等。企业可通过微博组织市场活动，打破地域及人数限制，实现互动营销。例如，百果园官方微博（见图 5-1）采用百果园的主题色绿色体现这个品牌主营新鲜水果的特点，头像是官方 Logo，并有简单的公司介绍；在微博内容上，百果园官方微博根据不同的季节开展各类会员活动，增强用户的互动参与热情，提高品牌的知名度和美誉度。

图 5-1

2. 微博是客户关系管理的绝佳助手

企业可通过微博对客户进行挖掘及维护服务。现如今，越来越多的互联网企业在客户线上购买、产品包装、物流、线上线下体验等各个环节中，特意引导客户晒单和评论分享，客户使用或体验完企业的产品或服务，会通过微博拍照分享。当然也有客户对企业的产品和服务表达不满，这时企业客服人员可与客户进行实时交流。如果企业能及时发现产品的一些问题，就可通过微博提前告诉其他客户，快速消除影响，杜绝了负面信息在微博中大量传播。

通过微博与自己的目标客户进行一对一的沟通、交流，使他们购买或追加购买商品，这是很多商家做推广的基本策略。在以客户为核心的商业模式中，客户关系管理强调时刻与客户保持和谐关系，不断将企业的产品与服务信息及时传递给客户，同时全面、及时地收集客户的反馈信息。

微博模式的客户关系管理方式，不仅可以拉近企业与客户的距离，还极大地降低了企业进行管理运作的成本，极低的门槛使各种规模的企业都能够轻松地开展此种客户关系管理，这为广大中小企业进行客户关系管理提供了新的思路。例如，百果园官方微博，将"猴果果"作为人格化的代言者，与客户亲切互动，并逢年过节献上问候祝福，如图 5-2 所示。

图 5-2

3. 微博是市场调查与产品开发推广的创新工具

市场调查是企业开展营销活动不可缺少的环节。通常情况下，企业可以通过问卷调查、人工调研、购买数据等方式调查用户的需求，获取希望了解的分散化需求偏好信息。但这些调查方式耗费的财力和人力都较大，对于不同行业，其效果也不一样。然而，微博为企业提供了低成本、高效率的创新工具。例如，百果园官方微博就经常采用市场调查的方法，如图 5-3 所示。

图 5-3

企业通过微博获取了一批目标用户后，可直接做引流销售，为企业带来直接的收益。例如，很多企业借助企业微博发布与自己产品相关的博文，内容中植入产品的购买链接。目标用户看到微博后，如果喜欢企业的产品便可直接购买。此外，有的企业还配合微博的营销工具——微博橱窗等功能进行精准投放，为产品带来更多的曝光率，从而让更多的目标用户看到产品并产生购买行为。

除了新浪微博自身的推广平台，企业还可与微博的营销"大 V"或"网红"微博合作推广自己的产品。近年来，"网红"越发火爆，"网红"们搭乘网络直播的"快车"，使"网红"经济成为时下的热门话题（见图 5-4）。

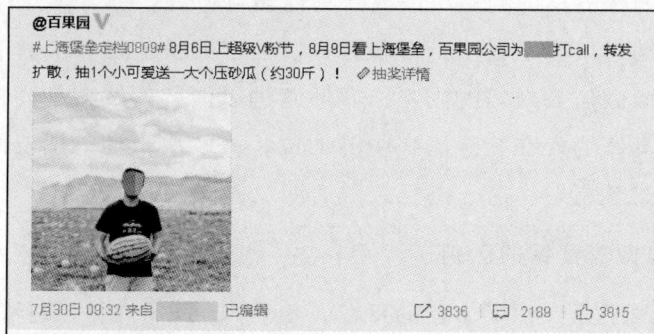

图 5-4

4．微博是危机公关的理想选择

微博既是品牌推手，同时又可能成为扼杀品牌的"快刀"和"利剑"。从我国微博的发展现状来看，涉及知名企业产品质量、企业信用问题等公众事件，一般都会迅速登上微博的热门词汇、热门转发、热门评论排行榜。根据话题进行检索，企业可以迅速了解到对事件高度关注的群体，从话题中全面了解公众对此事件的评价和意见。这样，企业就能够迅速在微博上锁定危机公关的目标人群，了解危机发生的原因和经过，并迅速做出更有针对性的应对。快速、有效的微博危机公关，不仅能有效地将危机降到尽可能低的程度，甚至能将危机转化为重塑企业形象的一次机遇。

（二）微博营销与博客营销、微信营销的区别

1．微博营销与博客营销的区别

微博营销与博客营销的本质区别，可从以下三个方面进行比较。

（1）内容表现形式的差异：博客营销以博客文章的价值为基础，并且以个人观点表述为主要模式，每篇博客文章表现为一个独立的网页，因此对内容的数量和质量有一定要求，这也是博客营销的瓶颈之一。微博内容则短小精悍，重点在于表达现在发生了什么有趣（有价值）的事情，而不是系统的、严谨的企业新闻或产品介绍。

（2）信息传播模式的差异：微博注重时效性，刚发出的微博，往往在几个小时内就会被完全淹没。三天前发布的微博信息可能很少有人再去问津。同时，微博的传播渠道除了相互关注的好友直接浏览之外，还有通过好友的转发向更多的人传播，因此这是一种快速传播简短信息的方式。在博客营销中，用户除了直接进入网站或者订阅浏览，往往还可以通过搜索引擎搜索相关内容进行持续的浏览，博客对时效性要求不高的特点决定了博客可以获得多个渠道用户的长期关注。

（3）用户获取信息及用户行为的差异：用户可以利用计算机、手机等多种终端方便地获取微博信息，发挥"碎片时间资源集合"的价值；信息的碎片化以及时间的碎片化，使用户通常不会立即做出某种购买决策或者其他转化行为。

将以上差异归纳起来可以看出，博客营销以内容的价值为核心，主要体现信息本身的价值，这一点更像微信公众号的内容；微博营销以内容的发布者为核心，体现了人的核心地位，但某个具体的人在社会网络中的地位，又取决于他的朋友圈对其言论的关注程度，以及朋友圈的影响力，这一点更像微信朋友圈的内容。

2．微博营销与微信营销的区别

微博和微信都属于社会化媒体营销平台，也是人们平时使用最多的两个社交平台，我们从营销方式上分析二者的区别。

（1）微博用户习惯于在 PC 端和移动端同时使用微博，而微信用户基本上只在移动端使用微信。对于办公室用户来说，他们更倾向于在 PC 端使用微博，而在移动端（手机和平板电脑）使用微信。

（2）微博多用于发布信息，微信主要用于交流。虽然微博和微信都是社会化媒体，但微博更倾向于社会化信息网络，信息的传播速度更快；同时，微博属于自由媒体平台，好友和陌生人都可以看得到发布的信息，这更像新闻媒体平台。而微信则倾向于社会化关系网络，平台注重用户圈关系，在社交圈中用户可以实现相互交流、相互分享。

（3）微博是广场，微信是圈子。微博的用户人数没有限制，只要你有微博账号，就可以查看到任何人发布的微博内容。微信就不同了，微信是私密闭环式传播，用户发布的信息只能在自己关注的圈子或被关注的圈子中传播，没有成为好友的陌生人无法看到信息。

（4）微博曝光率低，微信的曝光率高。微博的实时性很强，注重传播性，但却不容易出现刷屏现象，很容易造成所发布的内容很快被别的内容覆盖，导致微博的曝光率低。而微信的交流性很高，在微信上发布的内容可被关注你的人快速看到，曝光率较高。

（5）微博是媒体，微信是社交工具。微博具备很强的传播属性，发布的内容是针对全部用户的，是一对全网的传递方式。而微信则不同，微信是一对全部好友的交流，是一种社交工具，隐私性很高。微博是媒体、微信是社交工具的特性导致微博营销和微信营销存在本质上的区别。

（6）微博适合曝光，微信适合推送。微博具有媒体特性，更适合做企业品牌曝光，维护公共关系和媒体关系，也可以做客户关系的维护；微信是一个社交圈子与平台，适合企业信息的定向推送、客户关系的定向维护、打折促销活动及朋友圈分享等。

（三）微博营销的几种模式

解读微博营销模式

1. 网红模式："我为自己带盐"

网络流行语"我为自己带盐"是"我为自己代言"的谐音。2014年开始创办网店的张大奕，2015 年"双十一"当日，凭一己之力，销售突破 6000 万元，开业一年，其店铺荣膺四皇冠。2016 年，张大奕被微博评为时尚红人。《金融时报》曾报道说，张大奕的收入超过国内一线女演员。这个让人震惊的现象，使微博对电商的促进作用再也不容被忽视，而"网红"经济也进入大众视野。相较于传统的淘宝店主，红人品牌店主更加重视与用户的互动沟通，通过个人 IP 的塑造，使用户完成对符号象征意义的消费投射。在流量红利消失、获客成本持续走高的大环境之下，红人品牌在微博上累积的社交资产、经年累月的用户流量，最终转化成销量和销售额。2018 年"双十一"，张大奕的服装网店"吾欢喜的衣橱"销售近 2 亿元。2018 年，她完成了与迪士尼、美宝莲、FOX（辛普森一家 IP）等国际知名品牌的合作，同年推出了以自己名字命名的美妆护肤品牌。这些"网红"大都和商家合作，为商家进行品牌推广（见图5-5）。这也是一种名人路线，只是"网红"特指从网络上火起来的演员，与传统的演员成长轨迹有所不同。

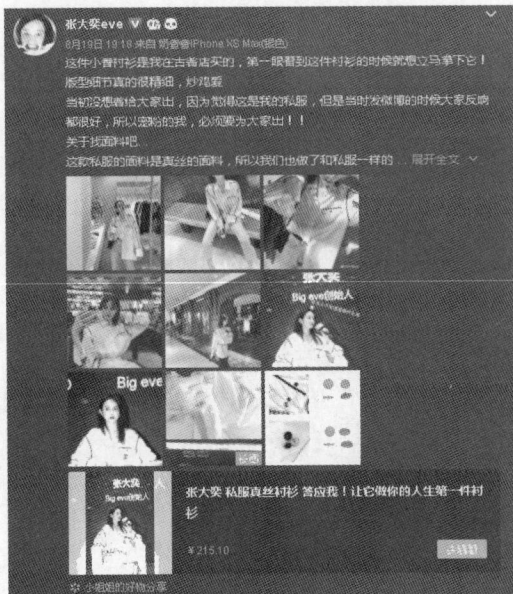

图 5-5

2. 商界领袖模式：折射人格魅力标签

微博时代潘石屹抢占制高点，成为微博名人，其中国房地产"符号"效应被放大到了峰值，以致潘石屹的太太张欣于2010年10月在微博上声称："把2011年的推广预算给砍了，全力转向网络，再见纸媒，再见广告！"

毫不讳言，微博的确放大了潘石屹的名气，使企业领袖成为企业名片，这样的广告效应，远远要好过在纸媒上投放广告。论微博，还是要数互联网界的企业创始人玩得最得心应手，小米的雷军等人把微博用到了极致，他们的一言一行都备受瞩目，这也给企业带来了非常好的曝光率和传播效果（见图5-6）。

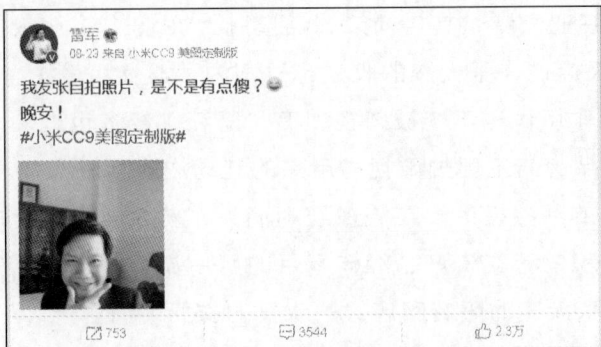

图 5-6

3. 媒体模式：从传统媒体到新媒体

传统媒体的特征是单向传播，用户只能看不能发言；而新媒体的特征是互动，用户既可以看也可以说，而且事件还有可能会因为用户的互动而改变发展态势。利用微博移动端发布新闻有更大的便利性，用户可以随时随地获取和发布信息，发布信息的形式也趋于多样化，文字、声音、图片、视频、直播等富媒体的优势远远超过平面媒体，网络视频的弹幕功能也让很多媒体"脑洞"大开。很多传统媒体开始把微博作为自己的主运营平台，效果比平面纸媒更好（见图 5-7）。

图 5-7

4. 专家模式：付费阅读和打赏收入

微博上聚集了各个领域的专家，在微博兴起后，这些专业人士的成名路径、个人品牌的塑造、传播及赚钱模式等都发生了变化。作为拥有过硬技能的人，专家们的"变现"相比草根有更大的优势。微博的功能也在不断进化，打赏、付费阅读、广告收入等层出不穷。2014 年 7 月，微博推出付费阅读，短短一个月时间，微博大 V "林奇看盘"入账近 10 万元。在首批"付费阅读"的账号中，股票类的账户堪称主力军。人们愿意为自己关注的内容付费，而这些内容通常与投资、情感、健康和娱乐等相关。

2018 年，微博升级了微博打赏功能，在现有头条文章打赏场景之外，还上线了单条微博打赏功能，打赏收益 100%归被打赏者所有。微博打赏的金额是随机产生的，大多数是几元；网友也可以自定义打赏金额，但一次不能超过 2000 元。

5. 微商模式：社会化电子商务

微博橱窗、淘宝直联、寻找商机、客户服务、品牌传播……微博和阿里巴巴联手后，社会化电子商务有了更多的可能性。虽然微信对电商会形成一定冲击，但微博由于互动性和传播性好，仍然是很多电商新品推广的首选平台。另外，转发抽奖的活动虽然老套，但是参与者依然众多；大数据支持下的微博推荐根据用户的搜索习惯进行筛选，其精准度也越来越高（见图 5-8）。

图 5-8

2018 年 9 月微博发布《2018 微博电商白皮书》，结合电商平台及电商品牌在微博中的动态、网购兴趣用户的画像以及详细的微博电商营销案例，全面评估与总结了微博营销对电商品牌的效果与价值。

任务二　微博规划

任务导入

任务分析单 5-2

任务情境	你作为一家企业的网络营销人员，主管看了你汇报的微博营销计划后，决定把微博营销的工作交给你，你需要为公司做企业微博运营规划
任务分解	（1）根据公司所处的行业为企业进行微博营销定位 （2）为企业微博规划合适的内容 （3）以小组为单位，创作 2～3 篇原创微博 （4）汇总成企业微博运营规划，并在课堂上汇报
完成方式	以小组为单位，讨论并集体创作，在课堂上汇报成果

（一）微博定位策略

既然选择微博，就要想清楚微博的定位，吸引想寻找的人，这才是最可行的策略。要想吸引别人，就得让别人能清晰判断微博博主的定位。

个人微博定位要具体，要有生活感和属于自己的气质，要能引起同类人群的共鸣。一个好的微博定位就好像一幅图，生动而活泼。现在网络流行语中有很多自我定位的词汇，如"小清新""二次元"等。

微博定位要有个性。所谓个性，就是用符合自己身份的口吻说话。如果一个专业领域的专家在微博上天天卖萌，就不符合身份定位。就博主的文风而言，有个性特点的博主，要么幽默，要么真诚，要么专业，要么有格调……不一而足。

1. 选择发布形式

微博的发布形式越来越多元化，除了文字和图片，我们可以发布长微博（显示为"头条文章"和"文章"）、视频（分为在线和本地上传两种形式）、音频（从新浪音乐库中选择内容或者选择其他支持的音乐链接），也可以发起投票，进行点评等，从 2016 年开始，微博增加了直播发布。

在微博移动端，还可以发布商品信息。这对于电商企业或个人来说是一种很方便的形式，他们可以直接运用微博橱窗进行商品售卖。由于手机可以定位，所以微博移动端可以发布"签到""点评"。不要小看"点评"功能，如果想要认证微博美食点评团，那么对饭店进行点评是必不可少的。

重要的微博是要精心选择发布形式的。同样的微博内容，选择不同的发布形式，效果是有差异的。一条微博到底是发纯文字，还是文字加图片，图片需要配几张，视频如何剪辑并上传，这些技巧如果应用得纯熟，就可以让自己的微博内容更加丰富多彩，更加吸引用户。

文字微博可以配图，配图包括单图、多图（最多九张）、拼图（最多拼 9 张）三种形式。如果拼图超过 9 张，可以用其他拼图软件把多张图片累加拼好后，再上传到微博。

另外，微博现在可以发超过 140 字长度的微博，超过 140 字的部分会折叠起来，点击"展开全文"就会全部显示。

2. 设计微博话题

能够引发讨论和转发的微博都是话题。为了强化微博话题，你可以把话题关键词用"#……#"围住，引发更多人注意。如果话题引发很多人讨论，那么这个话题就有可能成为热门话题，也就有可能进入新浪微博的热门话题榜，被更多人看见，带来巨大的讨论量。

就某个微博话题而言，你可以申请成为"主持人"，话题主持人是某个话题页面具有相关管理权限的用户。目前每个话题只能有一位话题主持人，主持人可以对微博进行推荐，让它们显现在更明显的位置，引发用户关注，以便起到更好的推广作用。

不过微博要求话题主持人一周必须发三条带话题的微博，所以话题主持人如果缺少持续运营方案，就很难坚持下去。

如果你发布的微博内容与时下的热点相关，一般会成为热点话题，就可能出现在热点话题页面，被更多人看见。也有一些人坚持在自己的微博上发同类的话题，就有可能成就自己的话题品牌。作为企业微博，话题最好系列化、品牌化，有自己的发布周期，长期经营下去就容易把话题品牌化。例如，百果园发起的话题#葡萄酸甜之争#（见图5-9）、#全民吃瓜#（见图5-10）等，根据不同时令的水果设计互动话题和抽奖等活动，提高了用户关注度。

图 5-9

图 5-10

（二）微博内容规划

1．建立微博话题素材库

微博内容分两种，一种是针对热点话题的借势发挥，另一种是结合自己的定位做的每日更新。即便是每天发布的微博内容，也需要进行内容设计。

要想做好微博营销，平常需要注意观察周围的各种事件、网上的热点事件，阅读各种资料和图片并收集起来，因为它们既是自己的知识储备，也便于自己在需要的时候快速找到。

建立自己的微博内容素材库建议分三步，这个方法也可以推广到其他新媒体运营模式中。

第一步：选择优秀的信息源，如网站、作者。在阅读到优秀的作品时进行保存，统一存放。建议先阅读再保存，或者先存放在一个统一的临时笔记本中，阅读完再分类。有些小的灵感，可以记录在手机备忘录中。微信公众号的文章和微博内容，都可以很方便地存入有道云笔记。

第二步：对收藏夹进行整理。整理的时候，可以进行合理归类，并加上标签，以后便于搜索。

第三步：进行应用并不断更新。需要使用的时候，可以按照分类找到相应的资料，也可以直接使用搜索。对于有些已经没有保存价值的资料，建议及时清理掉，应该用"有用"作为衡量标准。同时，对于文字类素材，你可以去微博、简书、豆瓣等搜索相关文章；对于新闻热点，你可以通过今日头条、网易新闻等进行搜索查看。微博的热门话题以及热门微博基本上包括最受关注的热点，你最好养成每天浏览的习惯。

2．建立微博时间地图

除了常见的话题，你也可以按时间地图策划内容（节日、节气、假日），因为节假日是非常好的话题。节假日包括法定节假日、国际纪念日、民俗节假日、网络搞笑节、行业营销季、本地文化节等，每年都可以提前整理时间地图，在微博上提前准备好要发布的内容。网上有各类节假日明细清单，只要耐心整理，你就可以提前规划出微博节假日话题表。

3．合理选择微博发布时机

除了话题内容和时间策划，微博发布时间也会影响微博的阅读率。最佳发布时间，是指让你期望的人最先看到的时间。

（1）对于不同地方的朋友，假如你希望让外地朋友看到，要考虑时差。

（2）对于有地铁的城市，也许很多人喜欢在地铁高峰期时刷微博。

（3）对于和节假日相关的微博，选择在节假日即将开始的时候发布，也许效果更好。

（4）对于突发性新闻事件，第一时间抢发、连续跟进快速刷屏，也许效果更好。

（5）对于现场的活动，实时同步播报，也许效果更好。

（6）对于自己的个人感悟，选择大家都在休息的时间发布，也许效果更好。

（7）假如你的微博不是特别有趣，什么时间发都行，不要刷屏。

你需要对微博发布效果进行动态观察，不断依据效果进行时间调整。

4．注意转发和原创的比例

内容策划也要考虑自己微博原创和转发的分配比例。一般而言，微博的原创运营难度大，也不利于建设微博矩阵；但转发太多、缺乏原创，会让别人不想关注，所以适度的原创是必需的。对于转发微博，需要特别提醒的是，微博上有大量来源不明、耸人听闻的消息，虽然这些消息比普通消息更容易吸引人转发，转发后也会得到更多用户转发，但是传播"谣言"的后果很严重。

5．提升微博内容可读性

（1）微博配图：一条好微博配上合适的图片，会极大增加微博的转发量。微博最大的一个乐趣是随手拍，如果有条件，发微博尽量做到图文并茂。有时候，一张恰到好处的配图，可以起到画龙点睛的作用，同时也能提升读者的阅读兴趣。图片可以从网上找，不过更多时候需要靠自己拍摄；练好摄影技术也是玩好微博的加分技能。

（2）简洁有趣：在碎片化时代，有些读者的阅读耐性较差，如果文案不是特别吸引人，简洁的内容或者诱发人们好奇心的内容会更有效果。

（3）定期整理微博：微博可以记录自己生活的点点滴滴，但不是每个点滴都值得记录，有些微博是一时兴起而发的，其实没有保留的价值，定期清理是很有必要的。整理微博可以采用以下两招。

第一招：定期清理，观点成文。

按周进行小型清理：每周结束时，回顾一周的微博，清理没有意义的微博，如没有转发和评论的。

按月进行中型清理：每月结束时，回顾整月的微博，进行清理。结合月总结的习惯，回顾每月历程，写每月博文总结。

按年进行大型清理：如果全年发布微博较多，从头到尾阅读会很耗时间，可以使用高级搜索，按关键词、微博类型等进行搜索，清理无意义的微博。

第二招：加注标签，分类检索。

在清理微博的同时，应该顺便给一些好微博加上标签；标签便于自己检索，也便于别人检索。

6. 长微博运营及打赏设置

（1）要坚持写有价值的原创

自 2015 年以来，微博强化了对头条微博、图片微博、视频微博的支持，也鼓励原创内容从短微博走向长微博。

不管是短微博、长微博、图片微博还是视频微博，都要针对目标用户提供有价值的原创内容，这样的微博才能走得更远。对于个体，微博提供了一个展示平台，有人用来记流水账，今天吃了什么、昨天做了什么一律搬到微博上来。这些事情，也许对本人有价值，是其生活的记录，但对于其他人来讲，则没有价值。

要运营好微博，就得找目标用户共同喜欢的内容。内容受众面宽，才能激发用户阅读和讨论的热情。不管是写短微博，还是写长微博，要想做出微博品牌，微博的文章应该有一定比例的原创内容，一味转载别人的文章是没有生命力的。而在原创文章中，也强调有自己的独到见解，有启发别人的内容，不要人云亦云地跟风热点话题。只有你表达出独到的见解，才更容易引起读者的共鸣。

原创和转载最好保持一个适当的比例。以原创为主、"转载+分析"为辅是比较适宜的方式。对于很多开始微博自媒体运营的人而言，坚持原创是一件很困难的事情。但是养成写作习惯后，我们就会发现身边的一切，包括衣食住行、各类细节、专业思考、分析与解答、时事热点……都可以作为微博素材。

更重要的是，我们可以借助碎片化时间创作微博，用碎片化时间记录灵感，发微博，再利用充足的时间输出更成体系的长微博文字，这是一种不错的自我锻炼策略。一旦我们养成这样的思维和写作习惯，发微博的速度和质量就会明显提高，也会在生活中源源不断地发现创作微博的灵感。

（2）提高长微博阅读量的方法

与短微博不同，长微博要点开页面才能看到全文。对于短微博，如果文字有趣，读者往往一眼就能扫到；对于长微博，如果精华全在正文中，标题、配图和导语不够吸引人，读者很可能就会忽略。下面介绍几种提高长微博阅读量的方法。

① 选择适合长微博写作的题材

政经时事、理财、职业规划、个人成长、学习方法这一类题材，很难通过短微博讲清楚，适合写成长篇，读者也愿意阅读这一类长微博。

② 形成自己的长微博风格

如果博主一开始就考虑自己的特长和读者的喜好，确定好文字风格，坚持一段时间，文笔就练出来了，文字个性也就形成了。很多受人欢迎的政经博主和医学博主，其微博内容非常严肃，采用大量数据和事实，以保持自己的专业性和权威性，这就是一种写作风格。长微博不是正式出版物，即便是严肃的话题，读者更喜欢阅读文字风格轻松的文章。当然，这种在专业性中写出幽默感是需要长期培养的。

③ 勇于做"标题党"

大部分读者在决定是否花时间阅读一篇长微博时，首先会浏览标题或摘要，他们会根据标题或摘要决定是否继续阅读。长微博的标题设计既要简练、准确，还要有足够的吸引力，能让人欲罢不能地点开并读下去。

设计一个吸引人的标题非常重要，它会吸引更多的人阅读和转发。当然，标题写得很吸引人，内容也要有价值，能够支撑起读者对标题的期待，否则会适得其反。表 5-1列举了长微博标题设计的常用方法。

表 5-1

模式	说明
超直接的标题	开门见山，直接点明文章内容的中心
数字式的标题	数字很容易抓住读者的注意力，例如 10 个小妙招、5 个步骤等
提问式的标题	利用读者的好奇心，以提出问题的方式吸引读者阅读
命令式的标题	这是一种有力量感的标题，可以是肯定式，也可以是否定式
话题式的标题	借助名人话题、热点事件话题，吸引读者进行关注

④ 注意文章长度和排版设计

现在的阅读大多是在移动端进行的，读者往往利用碎片时间阅读文章，如果微博文字太多，就不太适合移动端的阅读场景；如果微博文字少一些，主题精练一点，会更受读者欢迎。

我们建议一般的长微博尽量不要发 1500 字以上的长文章。但是要注意，专业型、思辨性的文章要把事情讲清楚，就不能怕长，长才有气势。因为这一类读者喜欢"烧脑"，喜欢深度智力交流。

头条长微博还提供了排版功能，精美的排版能够提升阅读体验。即使是专业文章，也可以多用图表说话，这样的长微博文章要比大段文字的可读性高很多。所以现在很多成功的专业博主不再追求大段论述，而是一次讲一小段，配上图表，图文并茂。

（3）设置有趣的打赏互动形式

微博自媒体未必都能获得广告投放分成收入，但微博打赏的门槛很低，只要你的文章能够得到别人的喜欢，别人就会给你打赏。这是基于微博生态的变现工具，建立了读者和作者之间的双向利益互换机制，使自媒体可以获得激励，增加其对平台的黏性。要激发打赏，还需要设计诱导性的结尾，如表 5-2 所示。

表 5-2

模式	示例
超直接的结尾	如果你喜欢我的原创，点底部打赏
交换的结尾	打赏后可以在私信里收到"彩蛋"
暗示的结尾	看完文章别急着走，看看下面那个按钮写的是什么？
悬念式的结尾	打赏后有奇迹发生……
做测试的结尾	打赏后可获知测试结果

（4）设计付费阅读产品

付费阅读在网络文学领域早已是成熟的模式，当新浪微博推出这一功能后，一批股票界、医疗健康界、专业研究领域等的专业人士立刻获得关注。

微博付费阅读也叫微博付费订阅，这个产品更多针对在专业领域有深厚知识积累的人士，尤其是一些长期给报纸和杂志开设专栏的专业人士，如股票分析、医疗健康、育儿知识、足球或篮球评论等。我们可以把付费阅读理解成一种为 VIP 用户提供的付费服务，只要文章写得好，在微博上就非常容易形成传播，从而吸引更多的用户付费订阅，最后就像滚雪球一样，越滚越大，收入也就越高，其作者在这个领域的影响力也会越来越大，从而形成正向循环。但并不是任何个人微博用户都适合这个产品的，用户量在 500 万人以下、月均阅读量超过 300 万次的个人认证用户，加入微博自媒体后，才能加入微博付费订阅计划。付费阅读要看行业，新闻、IT 评论等内容与人们的财富和生活没有密切关系，收费就比较难；而股票投资、理财等内容直接关系到财富增减，因此有人愿意买单；健康、营养等内容与人们的生活息息相关，常受到人们的欢迎，收费比较容易。

（5）微博版权注意事项

为了更好地保护微博原创内容，我们需要了解一些微博版权方面的知识。对于盗用他人微博的账户，可以点击微博底部左侧"举报"按钮举报。对于刚开始经营微博的普通用户，关于版权问题有以下几点建议：①没有特殊理由，请直接转发你喜欢的原创微博；②不能确定是否为原创的微博，请用原文核心文字搜索，通过日期对比判断；③慢慢开发自己的大脑，创作属于自己的原创内容。

对于已经走上原创道路的原创用户，关于版权问题有以下几点建议：①坚持原创，写出自己的风格；②如果是原创配图，请注意加上个性标志；③对于"大 V"的抄袭行为进行私信警告，对于拒不改正者，进行截屏公示或向新浪微博举报。

任务三 微博推广

任务导入

任务分析单 5-3

任务情境	作为负责一家企业微博营销的专员，你已经为公司做好了企业微博运营规划，现在需要进行微博推广实战，并制定微博推广方案
任务分解	（1）选择适当的策略增加微博用户数 （2）采取合理的方法提升微博活跃度 （3）选择 2～3 个微博"大 V"与品牌互动，并陈述选择这些"大 V"的理由 （4）分析微博的运营数据 （5）以小组为单位，汇报一周的微博运营效果
完成方式	以小组为单位，进行为期一周的微博账号运营，并在课堂上汇报成果

（一）增加微博的用户量

增加微博的用户量

1. 快速获得第一批用户

对于一个新注册的微博账号来说，除了前期账号的定位和内容规划运营以外，还需要快速获取第一批用户。因为有了用户，发布的微博内容才会被人看到，才会产生互动传播，给微博账号带来更多的用户。

（1）亲朋好友互相关注：开通一个新微博账号后，与身边的亲戚、朋友、同学进行微博互相关注。相互加关注，增加微博互动，是微博运营前期一种不错的增加用户的方式。

（2）好友推荐：除了与身边的亲朋好友互相关注以外，还可以通过好友推荐的方式增加用户。好友推荐的优势：一是有推荐人的信任背书；二是通过推荐语可以看出被推荐人的特点，推荐语是为他人提供关注被推荐人的理由。

快速获取用户的前提是微博账号持续输出一些有价值的内容，这些内容往往决定第一批用户是否会长期关注你。

2. 通过关注同类人群增加用户

在微博上喜欢同一领域、具有相同喜好的人群往往会相互关注。例如一个微博用户喜欢足球，关注了很多足球类的微博账号并喜欢与之互动，同时他也会通过微博发布足球类的内容，此时被关注的微博账号很可能会反过来关注该用户。普通人往往会关注同城好友，或者关注对同样一个话题感兴趣的人，或者关注拥有同样偶像的人。因此，微博的一个功能是对关注的人设置分组，分组后就可以只查看某组人群的微博。

3．通过已有平台导流增加用户

微博上有很多"大V"，其微博刚建立不久，就聚集了大量用户，他们基本上都是通过之前运营过的其他社交平台进行推广引流带来的用户，如微信、豆瓣、博客、贴吧、人人网等。以微信为例，我们可以通过在微信推文中植入微博的账户信息、自定义菜单、自动回复等方式进行引流。

4．通过外部平台导流增加用户

增加用户的方式往往不止一种，通过外部平台进行大曝光的导流增加用户也是一种快速增加用户的方式。这些外部平台包括以下几种。

（1）视频直播：2015年以来，各大直播平台火了起来。视频直播最大的特点是可以与用户现场实时互动。一些平台的网络主播通过直播给自己的微博增加用户。主播可在自己的简介中输入自己的微博账号引导用户关注，还可在直播中通过活动的形式引导用户关注自己的微博账号，如图5-11、图5-12所示。

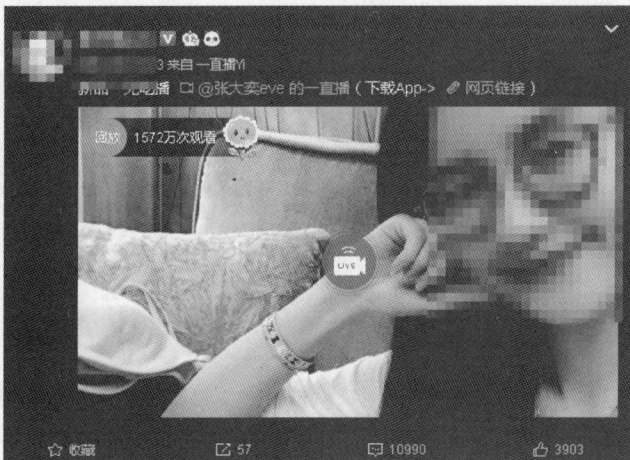

图 5-11

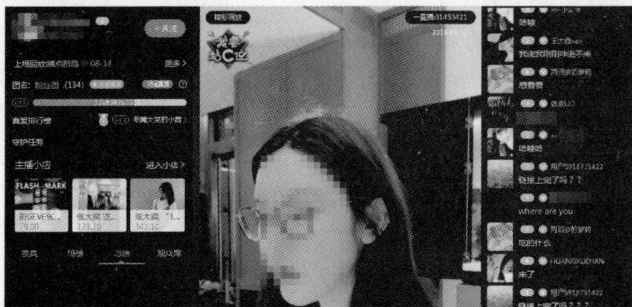

图 5-12

（2）问答平台：在知乎、百度知道等问答平台上，回答者往往会在简介或答案中植入微博账号，通过引流增加用户。2016年5月，一款付费语音问答服务产品——"分答"火了。不少人借助问答自然而然地植入微博，从而带来用户。

（3）媒体网站：随着细分媒体网站的崛起，越来越多的自媒体人通过撰稿的形式在各种媒体上发布文章，同时利用文章内容及账户简介为微博增加用户。以科技类媒体为例，自媒体人可通过在果壳网、虎嗅网等媒体网站上发布文章为自己增加用户。

（4）视频平台：伴着社交平台火起来的还有视频类平台，越来越多的团队开始制作精品视频，通过社交媒体传播，带动用户的增长。例如，著名的网红papi酱通过微博发布原创搞笑视频（见图5-13），运营自媒体。

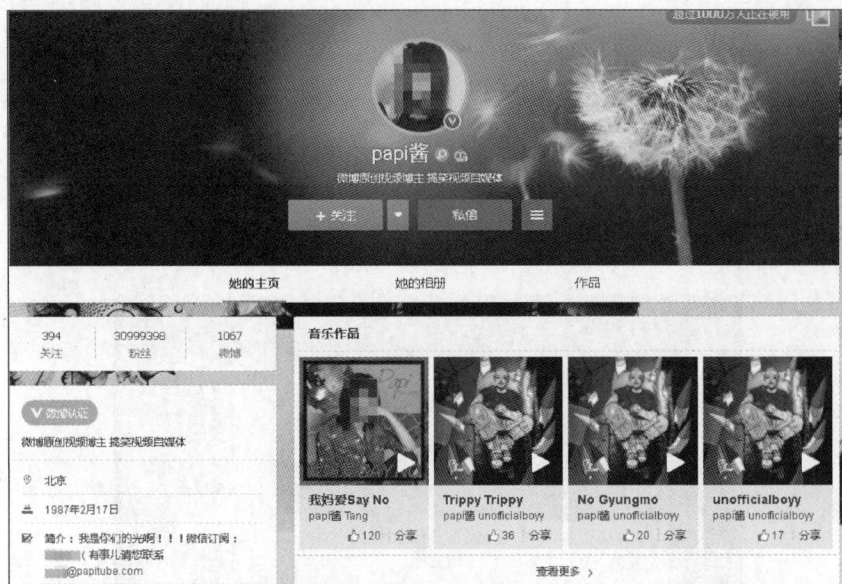

图 5-13

除了上述增加用户的方式之外，博客、出版物、口碑、搜索等也是不错的增加用户的方式。我们不必拘于一种方式，可整合多个渠道为微博增加用户。

5. 通过活动增加用户

我们可以通过微博活动增加用户，也可以通过提高活动的参与度给微博账号带来更多的用户。对于用户，他们往往愿意参与低门槛、有趣、有奖品的微博活动。这种微博活动的类型有很多，包括转发抽奖类的活动、发起话题讨论的活动、发起动手制作的活动等。

6. 通过与"大V"合作增加用户

微博活动固然可以带来很多用户，但并不是在任何一个微博上发起微博活动都能产生巨大效益的。如果一个微博的用户数量非常少，即使发起活动也很少有人参与，也就无法带来大量用户。这时很多用户选择和微博"大 V"进行合作，借助"大 V"的用户数发起活动并为自己增加用户，这种方式能给合作双方带来好处。

7. 通过原创内容增加用户

通过微博输出的原创内容，也称为"干货"。这种方式属于"内容营销"，运营者需要写出有质量的微博文章。当内容对受众有一定价值并足够吸引人时，就会被大量转发扩散，有利于微博增加用户。

8. 通过线下活动增加用户

线下活动是一种非常好的增加用户的方式，如线下分享会、线下活动、公司内训、高校培训等。在这些活动中，如果认真准备，给参加活动的成员留下深刻的印象，那么一场交流或者演讲结束后，你会发现多了很多主动关注你的用户，而且这些用户的互动度很高，还会给你带来更多用户。以这种方式增加用户属于实力增加用户，用户与"大 V"在线下见面、交流、沟通，比线上获取的用户更加真实，更加有黏性。

通过线下活动增加用户，需要注意以下几点。

（1）活动的邀请函和现场海报都要留下自己微博的信息。

（2）精心准备高质量的分享，有诚意、有内涵。

（3）在开场的自我介绍中，介绍自己的微博；如果演讲精彩，中途就会有人拍照发微博，从而获取更多人的关注。

（4）在交流过程中预设通过微博互动的方式，如介绍一些与微博有关的案例，讲一些通过微博发生的故事，自然带出自己微博的图片，或通过微盘分享资料。

（5）在活动结束的时候，邀请听众就未尽事项在微博上交流和互动。

（6）在活动分享的资料中留下自己的微博联系方式。

（二）提升微博的活跃度

微博具有强大的传播力，如何提升微博的活跃度使微博的互动量最大化呢？微博的活跃度与用户的黏性、微博的内容有非常紧密的联系。

1. 通过高效互动增强用户黏性

如果有机会为企业微博或者微博"大 V"开展日常运营，就会接到提升微博互动性的运营任务。

微博日常互动运营如同说相声，有人逗就有人捧，一个人演不了一台戏。很多微博无人问津，是因为只顾自己说话，缺少与用户的互动。

增强用户黏性的方法有两种：一是写有吸引力的内容，二是多和用户互动。互动的方式有以下四种。

（1）评论：指在微博下方进行回复，博主会收到提醒。

（2）转发：指把别人的微博转发到自己的微博上。如果博主设置了接收全部提醒，他会看到你的转发。转发微博时，可以连同评论一起转发。

（3）私信：指某人发送给博主的私密信息，其他人看不到此类信息。

（4）@提醒：指在微博中主动@他人的昵称，如"@微博小秘书"，他就会收到你@他的提醒。

与用户互动的具体方法如下。

方法一：及时回复。假如你接到别人的@提醒或者评论，如果对内容感兴趣，第一时间回复很重要。快速反应往往让刚刚发布评论和微博的用户感到很贴心，他仿佛感觉到你在和他实时互动，这种感觉会让用户对你增添好感。有时候一些人会提到你的名字但是不会用@，你可以定期搜索"自己的名字或相关信息"，找出相关微博，主动和这些人互动。

方法二：及时转发。如果用户的评论非常精彩，你应该主动转发。用户看到自己的微博被转发会非常高兴，假如你是"大 V"，你的转发会给普通用户带来几十次甚至上百次@提醒，这对他是一种难忘的体验。

方法三：私信交流。对于有些用户在线@官方微博或"大 V"的问题，可能并不方便公开回复，你可以私信与其沟通，这也是一种让用户感动的方式；而且私信会让用户认为更有亲密感。需要注意的是，不要轻易晒出私信，否则会失去私信的意义，很多人在私信聊天记录被晒后会感到尴尬或者被攻击。

方法四：主动关注。遇到一些志趣相投的用户，主动关注是最佳的选择，这也是微博的魅力所在。主动关注可以让你认识不同的人，打开不同的世界。

方法五：用户间互动。除了博主与用户之间的互动，你还可以设置一些用户间的互动，提高用户群体的活跃度。

给用户或他人评论也要讲究以下策略。

（1）在用户不多的情况下，要对用户的评论予以重视；对于言之有物的评论，要真诚回复。

（2）和用户交流要礼貌、克制，不要在评论中与用户争执，否则用户有可能转出你的评论，这将会对你的形象造成负面影响。

（3）遇到不礼貌的评论，可以不理会，甚至拉黑，但不要争吵。

（4）转发精彩的评论，让用户感受到你的重视。

（5）多对别人尤其是忠实用户发布的微博进行评论，增进彼此的感情。

在微博发展初期，你可以把评论、转发、私信设置成对所有人开放，但随着影响力的逐渐增加，这个时候就可以考虑进行"隐私设置"。

在新浪微博的"个人账号"界面的"隐私设置"功能中，无论是评论、转发、私信还是@提醒，都有三种设置可供选择：所有人可用，可信用户可用（包括我关注的人、新浪认证用户、微博达人、手机绑定用户以及身份验证用户），我关注的人可用。

2. 通过话题提高微博的转发量

这里的"话题"有两种含义。第一种是热点信息，既然是热点就要有话题性、传播性，而能够引发讨论和转发的微博都是话题；第二种是微博里的话题功能，可以把话题关键词用"#……#"围住，引发更多人注意。

（1）通过热点话题提高转发量：让热点话题形成系列帖。这无疑会加大系列帖的曝光率，看到的人多了，转发量自然会提高。企业长期运营一个话题称为"养词"或"占位"，意思就是你努力经营一个词，让大家看到这个词就能立即想到你。企业的"养词"或"占位"有三种形式。第一种是创造概念，如淘宝创造"双十一"，京东创造"6·18"。第二种是定位形象，如小米公司定位"抢购"，唯品会定位"闪购"，美团网定位"团购"。第三种是系列抢占，即通过系列帖推广微博话题。

（2）通过微博话题提高转发量：做话题营销需要注意词语具有话题感或者聚类感，话题应尽量简短且便于别人输入，避免过长、出现冷僻词或中英文混写，避免歧义或者相似。

（3）通过微博内容提高转发量：一条优质的微博被转发，除了内容要精彩，也要契合网络的情感状态，最好能得到"大 V"的转发。除了这些，转发的评论很精彩也是很重要的因素。有时候一条微博火了，不是因为它的内容很有价值，而是因为它激发了用户的创造性。

3. 防止微博用户流失

微博的用户数有增加，就会有减少。如何防止微博用户流失呢？有人在微博上发了很多帖，用户数好不容易增加了，可是过几天又掉回去了。微博用户数下滑往往有以下几种原因。

（1）刷屏：如果你频繁发微博，并且微博的内容没有价值，用户往往会选择取消关注。新浪微博早期的"微访谈"有个功能：只要有提问就会自动同步到微博，那么关注你的用户可能会在一个小时内连续看到十几条关于你的微博，即使你是名人，回答也很诚恳，他们也会认定你在"刷屏"，照样会选择取消关注。

（2）没有价值或者没有稳定的内容：很多博主缺乏足够的原创能力，或者微博逐渐靠转发维持，时间长了，用户觉得关注这个人没有意义，便会取消关注。

（3）让人反感的广告贴：用户多了，影响力大了，就有了广告商业价值，如果博主发布广告，就会有一部分用户取消关注。

（4）与用户立场抵触：用户喜欢你，往往是因为他认为你能够代表他的立场；一旦他发现你的立场和他的预设不符，便会觉得你和他的心理预期不相符合，可能会反对你的观点甚至取消关注。

（三）与"大 V"密切互动

"发布十条好微博，不如'大 V'转一条"。如果能得到名人的转发，你的微博曝光率就会大大提高。

1. 与身边有影响力的人互动

微博是一个基于互联网的社会网络，由不同影响力半径的圈子一环一环组成。因此不要只盯着微博上的"大 V"，你身边影响力比你强大的人都是名人。通过与这些人的互动，你就可以慢慢找到一些志趣相投的朋友，双方进行深入沟通，等到彼此熟悉、了解后，你自然就可以进入他们的圈子，慢慢从外围的圈子走进核心的圈子，你的用户也就逐步增加了。

2. 持续输出有质量的微博

在微博上，"草根"的关注度一般都很低，除非你非常有才。有才的标志，不仅仅是你某一次做出大家意想不到的创意举动，更重要的是稳定地产出某个领域高质量的微博内容，你的名字经常在微博上被@到。你会发现一些名人开始主动关注你，因为他们也许需要你的这种能力。想和微博"大 V"互相关注，最可靠的方式是提高微博内容的质量，扩大个人影响力，让名人愿意关注你。

3. 与名人形成有效的互动

要想让某个领域的名人关注作为"草根"的你，除了持续输出有质量的微博内容，坚持互动也是比较可行的方法。

（1）定期关注名人的微博，对他的微博写出精彩的评论或者进行转发。

（2）积极参与名人发起的微话题、微活动、微访谈、微直播，提出一个好问题。

（3）不仅要在名人的微博上出现，还要在他的博客、专栏等多个地方出现，当然你的头像和昵称要统一。

（4）如果名人有线下的培训或者访谈活动，在有条件的情况下积极参加。

（5）如果名人有出版了的图书，可写一些关于真实感悟的书评，发表在各个网店及豆瓣的书评区。

（6）对于关注过你的名人，你可以通过私信方式提供他感兴趣的微博，邀请他转发。写私信时需注意礼貌，不要勉强别人转发，可以先询问他的意见，再提供转发链接；也可以直接展示微博全文，让他主动转发。

图 5-14 所示为百果园发布的微博，延续主持的话题#一起吸个椰#，结合当下热门

网络营销：定位、推广与策划（微课版）

的话题#亲爱的 热爱的#，@影视"大 V"，以及媒体"大 V"东方卫视蕃茄台和浙江卫视中国蓝。

图 5-14

（四）分析微博数据

要做好运营，不仅能灵敏地感知用户需求及其变化，还要学会数据采集与分析、善用逻辑推理，将感知变成严谨的结论。

有人在微博上只是逛逛，有人却可以从蛛丝马迹中获取有用信息并转化为行动；有人在微博上原地踏步，有人却越来越成功。如果你想让微博发挥更大价值，就要学会微博分析方法，利用微博分析工具，分析微博数据，不仅了解别人，也要了解自己；不仅知其然，也要知其所以然，了解事物背后的规律和原理，透过现象直击本质。你需要分析的微博数据主要有以下几种。

（1）用户增长速度：理想状态下，我们希望自己的微博用户增长速度曲线是"加速度增长型"；但实际上，再成功的运营者也只能是尽可能地接近"加速度增长型"。我们判断微博有没有潜力，主要看用户增长速度。

（2）真实用户数：微博上有一个名词，称作"僵尸用户"。除了机器注册的用户，"僵尸用户"还包括那些基于某些原因对微博仅有三分钟热情的用户。"僵尸用户"没有实际意义，所以我们需要关注真实用户数。

（3）微博阅读数：微博阅读数是新浪微博推出的直接反映微博受欢迎程度的动态数据指标。微博阅读数只能让用户自己看到，计算方法是只要该微博出现在好友的信息流里即被算作阅读一次。微博被转发后，用户阅读转发后的数据也计入原微博的阅读数。在页面不刷新的情况下，每一次微博加载算一次微博阅读数；在页面刷新并重新载入时

微博数据分析及运营实战

算一次微博阅读数。

（4）微博互动数：微博作为最大的移动社交媒体平台之一，其社交性主要体现在微博用户可以通过转发、评论、点赞、私信等方式进行互动和交流。微博互动数在一定程度上代表博主的美誉度、微博内容的受欢迎程度及微博话题的被参与程度。

（5）销售转化率：如果微博是电商渠道，那么可以通过微博带来的购买量评估微博的运营能力，企业可以把销售转化率作为衡量指标。

项目小结

本项目由认知微博营销、微博规划、微博推广三个学习任务组成。其中，认知微博营销包含认识微博的营销价值、微博营销与博客营销/微信营销的区别、微博营销的几种模式；微博规划包括微博定位策略和微博内容规划；微博推广包含增加微博的用户量、提高微博的活跃度、与"大 V"密切互动和分析微博数据。学生通过阅读教材内容，结合课堂学习、小组讨论、案例分析、任务实施、课后练习等方式巩固学习内容。

课后练习

（一）不定项选择题

1. 关于微博的营销价值，陈述错误的是（　　）。

　　A. 微博是品牌传播的利器　　　　　　B. 微博是危机公关的理想选择

　　C. 微博是客户关系管理的绝佳助手　　D. 微博适合引流，不适合产品开发

2. 微博营销与微信营销的区别是（　　）。

　　A. 微博多用于交流，微信多用于发布信息

　　B. 微博是圈子，微信是广场

　　C. 微博是媒体，微信是社交工具

　　D. 微博和微信都是封闭的熟人圈子

3. 关于微博话题，陈述错误的是（　　）。

　　A. 微博要求话题主持人一周必须发五条带话题的微博

　　B. 话题最好系列化、品牌化，长期经营下去

　　C. 每个话题只能有一个话题主持人

　　D. 一旦话题成为热门话题，就可以带来巨大的讨论量

4. 微博内容策划的技巧包括（　　　）。

    A. 建立微博话题素材库

    B. 建立微博时间地图

    C. 合理设计微博发布时机

    D. 坚持写原创文章，不转发别人的内容

5. 提高微博活跃度的技巧包括（　　　）。

    A. 通过高效互动增强用户黏性

    B. 通过话题提高微博的转发量

    C. 避免刷屏、广告贴等，防止用户流失

    D. 发用户喜欢的干货信息，引发下载

（二）简答题

1. 微博运营的分析数据主要有哪些？

2. 如何在微博上与"大 V"互动？

3. 增加微博用户量的方式有哪些？

06 项目六
微信营销

项目简介

微信是移动互联网时代主流的社交媒体之一，人们利用微信朋友圈销售产品并获取收益；利用微信订阅号宣传品牌和推广产品；利用微信服务号提供服务，吸引用户。微信运营已经成为互联网时代企业赢得市场先机的必要手段。本项目主要由认知微信营销、运营微信个人号、运营微信公众号三个任务组成。通过对本项目的学习，学生不仅可以了解微信个人号和微信公众号的营销模式，掌握微信营销的基本操作，还可以学会如何运用微信进行品牌推广、客户服务等，成为应用实操型网络营销人才。

学习目标

知识目标：
1. 认识微信个人号和微信公众号的特点。
2. 掌握微信个人号和微信公众号的营销价值。
3. 了解微信个人号和微信公众号的运营模式。
4. 熟悉微信营销的推广方式。

技能目标：
1. 能够根据不同的主体进行微信营销定位。
2. 能够根据营销的需要规划微信朋友圈传播的内容。
3. 能够掌握运营微信公众号的各种技巧。

素质目标：
1. 具备一定的营销文案写作能力、信息搜集能力。
2. 培养互联网创新创业意识。
3. 具备基于互联网的活动策划组织能力。

引导案例

《来自星星的妈妈》腾讯充值微信温情营销

2016 年母亲节前夕，腾讯手机充值订阅号发布了一个母亲节 H5 页面——"为爱充值，每一个妈妈都是孩子的超级英雄"。在 H5 页面中，我们可以观看这部微电影《来自星星的妈妈》，并可以为自闭症孩子的妈妈捐款献爱心。该影片讲述一个自闭症孩子发现自己原来是赛博坦星球的人，擎天柱每天通过电话给他布置任务，他通过完成任务与地球人和平相处。情节看似离奇荒诞，但谜底揭晓时却让人心酸。擎天柱就是这个特殊孩子的精神偶像，妈妈为他找到了与这个世界对话的钥匙，自己也成为孩子的英雄，帮助孩子慢慢走出自闭。

影片结束之后，出现宣传页面：微信手机充值与腾讯公益一起，携手壹基金，邀请广大网友一起支持"海洋天堂计划"的家长热线、家长加油站等活动，为特殊需要的儿童家长提供信息分享、情感疏导、紧急事件的专业介入，帮助儿童及其家庭享有有尊严、无障碍、有质量的社会生活。随后，微信充值服务号、财付通服务号、玩转理财通订阅号等腾讯系"管道"和壹基金也推送了类似的推文，多管齐下，开始"霸屏"。

腾讯手机充值团队发布的话费充值的大数据显示，高达 40%的用户选择为妈妈充值话费。从数据上看，在母亲节期间，已有超过 3 万网友参与了腾讯的公益活动，进行了捐助，同时表达了他们的善心。这份大数据报告在母亲节发布，在向母亲致敬的同时，更是社会化营销的一步"好棋"，再一次重申了商业诉求。这次视频营销活动不仅让用户了解了自闭症儿童的真实生活，更把在他们背后默默付出的妈妈们邀请到前台，在温情与公益之下，商业销售自然也就水到渠成。怎样表达对亲人的体贴之情呢？打开微信或手机 QQ，帮他们充一笔手机话费，让彼此的亲情与关爱永不停机。

（案例来源：节选自"网络广告人社区"案例）

案例思考：

1. 腾讯手机充值借助微信公众号发起的这个活动为什么能在社交媒体上"霸屏"？

2. 通过案例分析，你认为微信公众号与其他社交媒体相比具有哪些特点？

任务一　认知微信营销

任务导入

任务分析单 6-1

任务情境	作为一家企业的网络营销人员，你想通过微信推广其品牌产品，需要向主管汇报你的微信营销计划
任务分解	（1）分组确定你们服务的企业类型（如美妆、小家电、咖啡馆、农村土特产等） （2）结合企业的行业特点讨论通过微信个人号可以实现哪些营销目标 （3）结合企业的行业特点讨论通过微信公众号可以实现哪些营销目标 （4）撰写企业的微信营销计划
完成方式	以小组为单位进行讨论，完成营销计划并在课堂上汇报

（一）微信营销概述

微信是一种生活方式，其用户数已有数亿人。微信非常重视用户体验，也刻意培养用户的使用习惯。微信每个版本的发布都充分考虑用户对功能的熟悉度，使越来越多的人开始选择使用微信。微信的界面简洁大气，很受用户的喜爱。借助手机通讯录，微信的渗透率越来越高，这意味着微信已成为一款覆盖面广泛的移动即时通信（Instant Messaging，IM）软件。微信不仅仅是一款应用，它已渗入我们生活的方方面面。

1. 微信营销的概念和模式

在碎片化的移动互联网时代，微信通过各种连接方式使用户形成全新的习惯，以人为中心、以场景为单元的连接体验催生了新的商业入口和营销模式，它基本上沿着"积累用户数量—增强用户黏性—培养用户习惯—探索商业模式"的路线发展。

微信营销模式

微信营销是网络经济时代的企业或个人营销模式的一种，是伴随着微信的火热而兴起的一种网络营销方式。微信不存在距离的限制，用户注册微信后，可与周围同样注册的"朋友"形成一种联系。用户订阅自己所需的信息，商家通过提供用户需要的信息，推广自己的产品，从而实现点对点的营销。微信的点对点产品形态注定了其能够通过互动的形式将普通关系发展成强关系，从而产生更大的价值。企业通过互动的形式与用户建立联系，互动可以是聊天，也可以是解答疑惑、讲故事。通过微信，企业可以用一切形式让企业与用户形成朋友关系，你不会相信陌生人，但是会信任你的"朋友"。

微信的营销方式主要有微信个人号营销、微信群营销、微信朋友圈营销、微信公众号营销、微信小程序营销等。本项目主要围绕微信个人号和微信公众号的营销展开。

2. 微信个人号和微信公众号的差别

对个人和企业而言，微信的用途并不相同。个人开通微信叫微信个人号，微信个人号可以和个人的手机通讯录绑定，其可以邀请朋友用微信进行交流、联系，还可以通过朋友圈进行互动。

微信公众号是腾讯公司在微信基础平台上增加的功能模块。通过这一平台，个人和企业可以打造自己的微信公众号，并在微信公众号上与特定群体以文字、图片、语音等形式进行全方位的沟通和互动。

个人也可以开通微信公众号写一些文章，但对企业而言，运营微信更多意味着运营微信公众号、微信群，包括培养业务人员到朋友圈发推广信息等。

从连接关系来看，微信个人号是以点对点的关系为基础的，微信公众号是以一对多的关系为基础的。

从运营的角度来看，微信个人号与微信公众号之间的区别如表 6-1 所示。

表 6-1

对比项	微信个人号	微信公众号
使用方式	以移动端为主	以 PC 端为主
功能	加好友、发消息、查看朋友圈状态，提供与个人相关的城市服务	提供智能回复和图文回复等其他功能，进行图文编辑后能让传送的信息更丰富
用户导入	微信个人号注册成功后，可以自动导入手机通讯录，系统会为你推荐通讯录中开通了微信的联系人，这就建立了初步的通讯录和朋友圈	微信公众号注册成功后就像一张空白的纸一样，你拥有的是一个微信号和一个二维码，必须通过推广才能吸引一定数量的用户
圈子定位	熟人圈子，基本是你认识的人	用户或者用户圈子
推广方式	大部分是通过朋友介绍或者面对面交流进行推广的	需要利用所掌握的资源进行推广，包括线上的和线下的

（二）微信个人号的营销价值

微信个人号的营销价值主要有以下三个方面。

1. 输出个人品牌

美国管理学者汤姆·彼得斯（Tom Peters）提出，21 世纪的工作生存法则就是建立个人品牌。不仅企业、产品需要建立品牌，个人也需要在职场、生活中建立个人品牌。个人品牌的建立是一个长期的过程，人们希望塑造个人形象以便被大众广泛接受并长期认同。而以微信为代表的社交软件，可以让个人成为传播载体，人们能够在社交软件上展示自己鲜明的个性和情感特征，在符合大众的消费心理或审美需求的前提下，使自己成为可转化为商业价值的一种注意力资源。

2. 刺激产品销售

无论是基于熟人经济的微信销售，还是基于个人品牌效应的微信销售，"人"都成为新的商业入口。通过微信个人号的朋友圈发布产品信息，通过微信聊天为买家提供咨询服务，使用微信支付完成付款……就这样实现了"社交电商"。

3. 维护客户关系

微信是人与人之间便捷沟通的一种手段。如果由于业务关系添加了很多客户为微信好友，通过聊天联系或朋友圈互动，就有了与客户加深情感连接、让客户进一步了解你的机会。

无论从哪个方面来讲，社交网络的营销最需要两个字：信任。有了信任，才会有商业转化，客户信任你才会选择购买。客户购买的不是产品，而是那份"信任"。

（三）微信公众号的营销价值

企业只有深刻理解了微信公众号背后的价值，才能结合客户需求确定通过微信应该提供怎样的服务。微信公众号至少具有以下六个方面的营销价值。

1. 信息入口

PC时代，企业需要官网提供信息查询；移动互联网时代，企业依然需要这样的官方入口。基于移动互联网的特点，客户不需要点开百度再搜索关键词或输入网址来访问，只需搜索微信公众号的昵称就可以获得企业介绍、产品服务、联系方式等信息，也可以单击公众号中的菜单直接跳转到官网。

2. 客户服务

客户关系管理（Customer Relationship Management，CRM）的核心是通过自动分析实现市场营销、销售管理和客户服务，从而吸引新客户、保留老客户以及将已有客户转变为忠实客户，增加市场份额。微信作为沟通工具，极大地方便了客户与企业的沟通。将微信与企业原有的CRM系统结合，可实现多人人工接入，提高客户服务的满意度。

3. 电子商务

未来的零售是全渠道的，企业需要尽可能让客户随时随地购买产品，而微信公众号就可以实现销售引导，及时把产品或服务信息传达给客户，促成交易，缩短营销周期。

4. 客户调研

客户调研是每个企业制定经营策略时非常重要的环节，大型公司甚至由专门的产品研发部门来负责，或者通过付费寻找第三方公司发放问卷或者电话调研。这些方式不仅成本高，而且数据不精准。通过微信，企业可以直接接触与自己相关的精准客户群体，进而省去大笔经费。

5．品牌宣传

微信公众号可以承载文字、图片、音频、视频等多元化形式，能及时有效地把企业最新的促销活动告知客户，具有互动性较好、信息传递快捷和信息投放精准等特点。客户不仅可以接收品牌信息，还可以更方便地参与品牌的互动活动，这将有助于深化品牌传播，降低企业的营销成本。

6．线上线下

线上与线下（Online To Offline，O2O）营销的互通是必然趋势，而微信为二者的结合提供了更便利的通道。

任务二　运营微信个人号

任务导入

任务分析单 6-2

任务情境	你作为一家企业的网络营销人员，主管看了你的微信营销计划后，决定把微信营销的工作交给你，你需要通过代表企业的微信个人号做营销
任务分解	（1）根据企业所处的行业为微信个人号进行营销定位 （2）通过各种方式宣传微信个人号，赢得客户的信任 （3）为微信个人号的朋友圈制订一周的内容发布计划 （4）在这一周内策划一个基于微信朋友圈的活动 （5）汇总成微信个人号运营规划，并在课堂上汇报
完成方式	以小组为单位，讨论并集体创作，在课堂上汇报成果

（一）装修微信个人号

微信个人号好比自己的一张微名片，别人通过观察微信昵称、头像、签名及图片，判断你可能是一个怎样的人，进而提高或降低与你接触的可能性。所以，做好微信个人号的装修是很有必要的。

微信个人号装修包括昵称、头像、微信号、个性签名、地区、朋友圈六个细节。

1. 互联网中的个人商标——昵称

我们通过微信与他人互动，最先接触他人的昵称和头像。从营销角度来说，优质的昵称能够减少沟通成本。一般来说，起一个优质的昵称有以下几个技巧。

（1）品牌一致，重复刺激。如果你已经有了一定的社会影响力，最好在任何网络社区都沿用已经被大众熟知的昵称，因为此时经营多年的昵称如同一个商标。除了微信个人号，还有微信公众号、微博、QQ、豆瓣、知乎等网络媒体，如果你要打造网络个人品牌，最好在不同网络媒体和社区上使用完全相同的昵称。现在很多社交平台要求昵称不能雷同，所以企业一定要有品牌意识，要在新媒体平台刚推出的时候就抢注昵称。这也导致优质昵称成为一种稀缺资源。

（2）字数要短，搜索便捷。想让用户更快地记住你的微信昵称，你在起名的时候就要符合用户的记忆习惯，昵称要简单、亲切、好记。

（3）拼写简单，便于输入。优质的昵称应该方便用户快速输入和搜索，除非特殊情况，否则不要出现难写、难拼、难读、难认的文字，繁体字、表情、符号、奇异的外国文字最好不要出现在昵称里。

（4）提供标签，对号入座。如果你已经有知名度较高的个人品牌了，就可以将自己一贯的名称或本名作为昵称，此时你的名字就是"金字招牌"。如果你没有个人品牌，建议在名称后加上经过提炼的重要后缀信息，如"实名+公司/项目名称"的结构。只要你在朋友圈足够活跃，你的内容有足够的吸引力，那么你的个人标签就会得到持续曝光。

（5）长期不变，永久记忆。微信昵称设置好之后，就不要频繁更换，因为用户一旦熟悉了你的昵称，如果你更换了，用户就需要再花时间和精力去记住你，这将会增加用户的负担，导致用户找不到你或将你忘掉。

（6）忘掉技巧，拿出真诚。网上曾经流传过很多微信起名技巧，这些技巧或许在短时间内确实有效，但滥用之后就会带来相反的效果。如曾经在自己名字前加"A"或"0"，就有机会占据别人通讯录的最前面位置；而现在加"A"的人有很多，效果已经很一般了；同时，昵称加"A"好像暗示着你把"营销""卖货"等标签提前告知别人，会让别人对你产生提防心理。

2. 社交网络中的第一印象——头像

头像象征品位、印象、信任度，也是用户对你的第一印象，所以你一定要用心设置，尽可能减少社交成本。设置头像有以下几个技巧。

（1）辨识度高，清晰自然

如果想让微信头像更好地展示自己，那么你需要做到以下几点。

① 头像必须是清晰的，不清晰的头像就像蒙了一层薄纱，无形中增添了一层隔阂。

② 图片背景尽量干净，背景元素不能过多，否则会导致头像主体失焦。

③ 头像的识别度要高，背景色与头像要有明显的色彩对比。

④ 主体和背景的比例要合适，人物不能太小。

⑤ 图片要适当裁剪，不要压缩、变形。

（2）真实可靠，安全信任

如果微信个人号用于运营，建议使用真人头像，因为真实的头像照片能够给人带来安全感。头像照片可以适当进行美颜处理，但是要把握尺度、分寸。真实、美观、能传达自身气质的头像才会给用户带来好印象，让他们信任你，愿意和你交谈。

（3）贴近职业，风格匹配

如果微信号只是加了自己的亲朋好友，选用一些搞笑、好玩的头像无伤大雅；但是如果要对接客户或合作伙伴，选择网络搞笑图片做头像就会给自己的形象和专业度减分。所以在一般情况下，头像风格的选择要尽可能贴近自己的职业。

3. 微信生态中的身份 ID——微信号

优质的微信号的特点是好记、好识别、好输入。微信号是微信唯一的 ID，设置后不能再进行修改，所以微信号如果不好记、不好拼，就会带来一些麻烦，因此要尽可能避免以下情形。

① 难记忆的字母组，不好记忆。

② 不明意义的数字长串，不好识别。

③ 有短杠或下划线，不好输入。

微信号的设置建议采用拼音、关联、系列化的方式。一般来说，以下几种设置是比较适用的。

① 名称全拼音：微信号尽量与自己的微信昵称或相关名称保持一致。

② 关联手机号：将手机号与自己的微信相关联，让别人通过手机号就能找到你。

③ 系列化命名：如果你有多个微信号，可以进行系列化设置，以方便矩阵化运营，如"全拼101""全拼102"等。

4. 我为自己代言——个性签名

个性签名往往是别人对你的第一印象，直接影响新增好友的通过率。个性签名最多可以设置30个字，风格可以严肃也可以幽默，关键是展示自己的个性与特点。我们需要谨记以下两条关于个性签名的经验。

（1）忌空：不要空着，空着会很像一个没有诚意的"僵尸号"。

（2）忌硬：避免僵硬的广告，全是广告的个性签名会让人心生警惕，好友通过率特别低。

5. 远在天边还是近在眼前——地区

在很多人的介绍里，所在国家和城市都写的是冰岛、法国、马尔代夫……除非是特殊需求或与产品相关，建议不要把地区设置得过远，如果设置得太远会让客户感到不踏实，没有实实在在就在身边的感觉。

6. 每个人都有自己的秀场——朋友圈

朋友圈中发布的状态是关于一个人的各种信息碎片，这些碎片会随着一张张图片、一段段文字、一条条转发传播到朋友圈里；把这些碎片拼合起来，我们即使没有见到本人，也能对其有一个基本的了解。朋友圈这类交流平台改变了我们的生活方式，人们可以随时随地晒美食、晒幸福。如果某人在朋友圈中经常发一些风景照片、与朋友们的合影，说明这是一个爱玩、爱旅行的人。我们可以从一个人配的图片、照片看出他的审美或艺术感，从一个人的文字看出他的文学修养或创造性。例如某人朋友圈的内容都是自己原创的，从不复制粘贴别人的内容，这样的人一般来说有一定的才华，为人处世有自己独到的地方。

朋友圈营销技巧

又如，某人经常发与工作相关的内容，一般来说这种人是以工作为重心的，他把社交工具当作工作平台，会利用身边一切可以利用的资源来完成工作。我们通过一个人的朋友圈，可以深入了解这个人，未来在互动时也就会有更多的话题。

（二）运用微信建立信任

互联网改变了交易的方式，社交币变得越来越重要。一个人得到别人的信任越多，他的社交币就越多，社交网络和人际关系对于消费者的影响力也就越大。

在朋友圈购买商品和在淘宝购买商品是不一样的，淘宝有一套成熟的担保约束机制，即使"我"不知道背后的卖家是谁，但是有了支付宝的担保，"我"就敢买你的商品；但是微信没有这个功能，只有"我"对你产生信任后才敢和你交易。人们只有对你这个人认可了，对你的商品才会放心，所以，做营销首先要与对方建立信任关系。

1. 让好友申请更容易通过

如果你要添加别人为好友，一定要认真填写加友申请。申请语怎么写才能更容易通过呢？一般有以下三个思路。

（1）找到桥梁。在线下社交场合，如果你想认识一个人，往往会请一个中间人介绍。其实在线上加好友，这个技巧同样适用。当一个人与另一个人有相同的朋友、相同的背景、相同的社群时，就会拉近彼此的距离，也更容易产生信任。

（2）表明身份。如果双方没有交集，你可以在表明自己身份的同时，用自己的企业和品牌为自己增加印象分。

（3）说清目的。开门见山、直接点明添加好友的目的也是一种好策略。因为陌生人申请加好友是带有一定目的的，所以在申请加好友时要用简练的话说清目的，直接表明自己的意图，也会有助于通过申请。

2．得体互动，优雅正确有格调

很多人的微信中加了大量好友，但平时与好友之间根本没有互动，也没有交流。如果你发广告的时候才会想起与好友互动，这显然是不可取的。如何正确优雅地进行互动呢？

（1）不要群发。除非万不得已，一般情况下尽可能少用或不用群发，因为每用一次群发都是对自己信誉的透支，那些每天用一次群发的人迟早会被所有的朋友拉黑或屏蔽。诚意来自精准，所以，把用户还原成熟悉的那个人以及那类人，给用户画像，要用相应的口气和风格精准互动，进而才可能形成强关系。

（2）杜绝骚扰。如果群发问候这样的行为算作缺乏诚意，对方不理会就好，那么类似于群发各种虚假广告、清理微信、纯粹硬广等行为就已经形成骚扰了，这样的行为势必会引起用户的反感，导致该微信个人号被删除或举报。

（3）红包先行。红包是一种不会让人反感的互动形式，在红包社交里，几元的小红包就可以让对方感到惊喜了，所以在表达谢意，送上节日问候、生日祝福，咨询问题的时候，不妨随手发个几元的小红包，这样可以给别人留下深刻的印象。

（4）评论点赞。很多人只要发布了朋友圈，接下来最直接的行为就是坐等别人的点赞与评论，期待别人对自己的自拍、观点做出评价，对自己今天不如意的情况给予安慰。所以，你可以多在微信朋友圈中与朋友进行互动，尽可能真诚、友好地沟通，时间长了你们也就熟悉了，慢慢就会成为好朋友。

（5）慎求转发、点赞、投票。有的人平时与你基本没有互动，就给你发来投票、点赞这样的要求，这是很不礼貌的。同理，即使你们关系很好，你也不要过度要求转发，否则你们的关系就会失去平衡，自己也会处于被动地位。请求帮忙的时候，可以顺带发一个微信红包；另外，平时可以多结善缘，多转发别人有意义的内容。帮助是相互的，多积累人缘，到时候请别人帮忙转发也会自然一些。

3．加入社群，在群体中做连接

心理学上有很多与群体相关的现象，如"羊群效应"，是指人有一种从众心理，很容易导致盲从。无论构成这个群体的个人是谁，他们的生活方式、职业、性格、智力有多么相似或者不相似，只要他们构成一个群体，他们的感觉、思考、行为方式就会与他们处于独立状态时有很大的不同。所以，以社群为纽带，我们可以进行一对多的互动，群体的氛围又会相互影响，进而促进购买转化。

4．专业形象，才是最强的武器

如果你是某方面的专家，当成为个人品牌的时候，你的产品在无形中就会被加分，人们对你的专业性的信任会延伸到对你的产品的信任。从某种意义上讲，微信营销中你卖的不只是货物，更是本人。要时刻谨记自己是一个专业信息的分享者，而不是一个硬广的推送者。一个人能解决别人多少个"问号"，就会收获别人回馈的多少个"感叹号"。很多人没有特别的技巧也可以成功，就是因为他们具有专业性。

5. 微信礼仪，让你更受人喜爱

掌握微信基本的社交礼仪，不仅可以让你变得更讨人喜欢、更容易获得帮助，而且可以节省沟通成本、提高沟通效率。

（1）未经对方允许，不要将其微信名片推送给他人。如果确实是有急事需要找某人沟通，可以考虑新建群聊；如果别人向你要某人的微信名片时，礼貌的回答方式是："我确实有他的微信，不过出于尊重，我得先问他一下。"

（2）不要用语音开启聊天。语音虽然很方便，但这种方便是单向的，说的人方便了，但是听的人未必感到方便。至少在开启聊天的时候不要用语音，因为你一上来就发语音，而对方可能正在上班，可能正在开会，可能正在嘈杂的马路上，未必方便听。如果一定要发语音，可以先礼貌地征求对方的意见，询问对方此刻是否方便。

（3）有事说事，别问"在吗"。对于时间很宝贵的人来说，开门见山更容易获取对方的好感。你可能觉得找别人帮忙是挺不好意思的事，想先寒暄两句，但事实上联络感情要靠平时，突然的互动只会显得更突兀，所以"有事说事"。

（三）在朋友圈发内容

在人际交往中，人们通过朋友圈恰当地向别人展示自己的形象。因此，朋友圈形象管理是一门非常重要的功课。在发朋友圈的过程中，一定要放弃推销思维，不能一加好友就发广告。第一句就是"求转发"，一入群就是扔广告，这些都是没有礼貌、让人反感的做法。在朋友圈做营销，有以下几个需要注意的事项。

1. 注意软度——广告不能太生硬

朋友圈是私人社交空间，如果总是看到有人发硬广，大家对这个人的印象分就会下降。在微信朋友圈做营销，不建议只做产品广告，还要穿插一些其他类型的内容。即使要发产品的广告，也不要太生硬，比如结合自己或朋友们的经历系统地讲述产品的故事就是一种不错的方式。类似产品说明书的广告在朋友圈这个生活化平台上势必会遭到厌弃。

2. 注意频度——人人都反感刷屏

即使你的朋友圈广告有效，也要克制自己发广告的冲动。如果你经常发广告刷屏，很可能会被朋友拉黑，得不偿失。

微信平台不是淘宝网，用户进淘宝网的目的就是购物，你在淘宝网上推销产品是可以被接受的。而微信朋友圈是社交分享互动的空间，用户在里面是阅读内容或搜寻信息的。微信朋友圈营销的真正精髓是通过分享内容建立信任，水到渠成地销售产品。在朋友圈中达成商业转化的本质是先打造个人形象，通过有温度、有情怀、有趣味的方式与客户做朋友。反之，如果急功近利地"刷屏朋友圈"，只认利益不认人，口碑很容易被毁掉。

3. 注意长度——注意阅读的场景

朋友圈是小屏阅读，如果不是文章链接，用户一般缺乏读长文的耐心。就像写微博一样，需要把内容写得轻松有趣，引发用户与你互动、了解更多的信息。不要把朋友圈当成展示平台，评论、私聊、点开文章等互动才能创造真正的沟通机会。

4. 注意速度——碎片消费拼冲动

大部分用户在看朋友圈时，浏览速度非常快，如果你的信息不能很快对他形成刺激，就会淹没在众多的朋友圈消息之中。如果要在朋友圈中形成购买，那么快速使用户形成购买冲动非常重要。为了加快用户做出购买决策的速度，有以下两个关键点需要注意。

（1）精简产品品类，减少选择，杜绝"决策瘫痪"。这也是很多互联网公司做"单品爆款"的原因。

（2）客单价不要过高。产品的客单价一般不要超过 200 元，超过 200 元的产品，一般销量不太好。因为 200 元是一个门槛，也可以称为"试错的成本"。客单价越高，试错成本就越高，客户购买时要考虑的因素就会越多。

5. 注意梯度——购买习惯需递进

如果你和别人并不是彼此非常信任的社交关系，千万不要认为和别人加了微信就是很好的朋友了。对于没有真正建立信任的人，一开始最好为其提供一个不容易在心理上产生抗拒的产品，如试用产品或者低价产品，以建立合作信任。潜在客户的付费意识、习惯也是需要培养的，建议先小范围尝试，再梯度变化慢慢渗入。当用户开始愿意在你这里为一个低价位产品买单时，你就有机会让他消费更多的产品。

6. 注意准度——对症下药有疗效

假如你的微信好友有很多，采取一定的策略就可以大大提高用户人群的精准度，也避免了长期刷屏。

（1）按分组发布。发朋友圈的时候，可以选择公开或分组。分组可以选择指定的人群观看，方便更好地对意向客户进行产品宣传和推广，推荐合适的内容给合适的人。

（2）按时间发布。在合适的时间发布你的朋友圈消息，时间段可以岔开，这样好友在查看朋友圈时，便可在合适的时间看到你的产品信息。这里建议针对产品所对应的目标客户的活跃时间段进行产品信息发布。

（3）使用提醒功能。注意使用@提醒功能，以提醒你的强目标客户，但要注意不要条条提醒，而是将重要信息提醒给重要的精准客户。

7. 注意风度——感知要大于事实

每个人在工作和生活中都可能遭遇挫折，如果把负面情绪发到朋友圈，别人看到后就会产生不好的感受。一旦别人对你留下不好的印象，你再去做推广，就容易遭到其潜意识的拒绝。偶尔的倾诉或抱怨可能不会产生不良影响，但经常性地将工作中的情绪、生活中的不顺心发到朋友圈，持续的负能量只会降低别人对你的信任度，使其对你的产品也产生怀疑。

8. 注意贴度——有贴度才有关注

让用户产生黏性，他们才会持续对你及你的产品保持关注，潜移默化受到影响；而要让用户对你从陌生到熟悉再到依赖，是需要一点点培养的。最基本的方式就是通过互动增强黏性，你可以发一些与产品或许没有直接关系，但是让人有欲望去参与互动的内容。一旦一个人开始与你互动，你们就有了相识的理由，就打开了互动的大门，你们才有机会进一步熟悉，才会有后续的转化。

9. 注意尺度——凡事有度才有得

凡事都有度，朋友圈发内容一旦超过了某个分寸，可能就会适得其反。在朋友圈里有两种没有底线的情况必须注意。第一种是为微信个人卖家正名的自夸。很多刚做微信营销的人会发布一些自我证明、激励的话，而这些内容不但与用户关系较远，而且更是"此地无银三百两"。用户会疑惑：既然这个行业没有问题，为什么需要频频澄清？其实最好的正名方式是信誉和行动。第二种是毫无水平的"王婆卖瓜"。最好的夸奖是用户对你的反馈，你可以用真实自然的语言展现产品与服务，可以辅助使用真实场景的照片、对话截图等；单一的自吹自擂只会让人感到尴尬。

10. 注意热度——找到载体"长翅膀"

每天都会有热点新闻、热传段子、视频或者一些巧妙的营销活动，运营者不要忽视这些方面，要善于多联系自己的情况，多问自己："如果我的产品与这个热点结合，可以怎么做？""如果这个产品换作我的产品，可以怎么做？"尝试让自己的产品与热点之间产生交错、碰撞，就有可能产生很多的想法和创意，让流传的每一个段子、每一个热点都可以为己所用。将热点作为传播的载体，就会使你的内容插上"翅膀"，引爆朋友圈。

（四）在朋友圈做活动

我们可以把朋友圈理解为一个上限为 5000 人的微博。如果你有足够多的好友，就可以利用朋友圈策划活动，让你的好友参与并主动转发到自己的朋友圈，基于社交能量去传播。如果想在微信朋友圈策划一场微活动，并且让活动取得一定成效，也需要进行系统策划。

1．活动形式

（1）转发：通过奖品等促使微信好友转发，基于传播结果使其获得一定的回报。

（2）集赞：将某特定内容发到朋友圈，集齐一定数量的赞来使微信好友获得某福利。对于集赞定向发红包或者集赞多少个为止要提前说清楚，然后再把点赞截图、中奖的名字发布到朋友圈，证明其真实性；或者让微信好友转发集齐一定数量的赞就可以抵消某产品的消费现金或获取代金券，其主要目的是促进产品的销售。

（3）试用：购买 A 产品可免费试用 B 产品，微信好友只需要填写一份试用报告反馈试用效果，即可被退还邮费。微信好友也可以直接付邮费试用，只需要在试用后填写试用报告，即可免费领取一定金额的代金券，可在下次购买产品时使用。

（4）筛选：按照一定的要求，请满足要求的人点赞，由此筛选出自己需要的人群，进行进一步的安排。

（5）引流：微信好友通过朋友圈的活动获取的奖品，需要到线下店铺或其他平台领取。

（6）互动：举办朋友圈活动的目的是激发活跃度，促进互动。互动常见的形式有顺序互动，根据点赞的顺序有不同的互动方式，由于点赞的人完全不知道自己会是第几个点赞的，所以会有期待感；还有点名接龙，曾经刷爆过朋友圈的冰桶挑战、微笑挑战、锁骨挑战等都属于这种类型。

2．活动预热

在开展朋友圈活动前，最好能提前在朋友圈预热，如提前一至三天在朋友圈预告。先采用神秘的方式告知，在活动的前一天再透露。预告时需要告知活动内容、活动时间、参与方式，最好还要公布奖品，因为这是吸引用户参与的重点。

在活动正式开始前的一小时要做好重点预热，以达到一个好的宣传效果。预热时要积极与微信好友进行互动，让他们对活动产生兴趣；互动时还要保持一定的神秘感，给用户留下一些期待的空间。当然，活动预告除了在朋友圈推广，还可以通过微信群、QQ群、微博、QQ空间等渠道来推广，以达到更好的效果。

3．活动公布

经过预热和宣传，朋友圈已形成一定热度。要想提高用户的参与热度，在开展活动的时候需要注意以下事项。

（1）主题要鲜明。活动必须有一个主题，如"评论就有奖""三八节美丽专场"等，让用户一看就知道是什么活动，以及有什么好处。要想吸引人们关注你的微信，主题非常重要。

（2）内容要简洁。在微信上发布活动，字数不要太多，内容要言简意赅。文字建议控制在 150 字以内，这样可以完整显示；若超过 150 字，就会只显示一行字，用户很难快速阅读完，阅读体验就不会太好。

有的活动参与人数不多，这和活动策划人员的文案有很大的关系。文案切忌死板、生搬硬套、没有趣味。如果你的文字功底不强，文案做不到精彩绝伦，至少要做到信息简明扼要、一目了然。

（3）流程要简单。因为刷朋友圈本身就是用来打发时间的，很少有人愿意花太多精力去参与复杂的活动，所以在朋友圈开展活动不能太复杂，要尽量简单，参与及评选都要简单。

（4）时机要斟酌。在朋友圈开展活动时，要选择目标人群大量在线且有时间刷屏的时间段，这样效果会更好。例如，在晚上9点以后发布活动，此时在线人数多，用户的刷屏时间充足；如果活动受欢迎，也有二次扩散传播的时间。

4．活动监测

活动开始后，要随时关注用户的参与情况和反馈意见，如是否有什么问题、流程是否顺畅、参与度是否很高等，要根据实际情况进行调整和应对。所以，在活动开展前最好制定几套应对方案，以备出现意外情况时能够及时调整，让活动的效果更好。

5．活动总结

（1）效果评估。无论是为了促销还是互动，或为自己增加好友数量，活动开始之后都要时刻注意目标的实现效果，如果不满意，要思考能否及时补救；如果效果超出预期，要思考能否再来一轮。

（2）复盘总结。活动结束后要对整个过程进行复盘总结，经验和教训都要及时写下来。单纯做活动只能叫"经历"，活动过程只有经过总结、改进之后才能变成经验。

147

任务三　运营微信公众号

任务导入

任务分析单 6-3

任务情境	你作为一家企业的网络营销人员，主管看了你的微信营销计划后，决定把微信营销的工作交给你，你需要为公司运营一个微信公众号
任务分解	（1）根据企业所处的行业定位企业的微信公众号 （2）为微信公众号制定推广策略 （3）以小组为单位，创作2～3篇原创公众号推文，并统计其一周的阅读量 （4）汇总成微信公众号运营规划，并在课堂上汇报
完成方式	以小组为单位，讨论并集体创作推文，在课堂上汇报成果

（一）定位微信公众号

成功的企业微信公众号，无论是树品牌还是做促销，无论是做媒体还是做服务，无论是对外还是对内，都是为了让用户满意。

要做好微信公众号定位，首先必须熟悉用户群体，也就是要做好用户画像，避免运营者在运营过程中以个人喜好去判断用户喜好而导致运营方向出错。只有明白自己的用户是怎样的，才能够知道如何找到他们，才知道他们喜欢什么、什么样的内容可以打动他们、什么样的文章可以引起他们的共鸣。用户画像可以从以下七个维度入手。

（1）地域：地域即用户所在的地理位置。不同地域有不同的文化、不同的语言、不同的习俗以及对同一事物的不同看法，这些对微信运营都有影响。例如，一二线城市的居民收入较高，对于新鲜事物的接受度比较高，见识过很多活动，收到过很多小礼品，所以他们容易接受各种有趣的活动；但同时，价值很低的小礼品也不容易打动他们。

（2）性别：性别的不同也会对微信运营产生很大的影响，用户性别比例对于微信公众号的运营者具有非常大的参考价值。例如，很多女性对娱乐新闻感兴趣，而很多男性则对军事、科技感兴趣。微信运营定位要吸引不同性别的人，文章风格必然要随着用户的性别做调整。

（3）收入：如果推销对象无法承受商品/服务的价格，那么再好的文案也很难起到作用。例如，很难说服一个月薪只有 3000 元的人参加一个 2000 元的付费社群，这些收入人群就不是该社群的核心目标用户。

（4）年龄：各个年龄段的用户所关心的内容是不一样的，"60 后"在刷养生，"70 后"在刷时事，"80 后"在刷职场，"90 后"在刷热剧，"00 后"在刷"二次元"。如果你不了解用户到底喜欢什么，那用户同样也不会喜欢你。

（5）受教育程度：受教育程度不同的群体，所流行的文化、喜好等都会有所不同。一般来说，受教育程度越高的用户对内容会越挑剔。

（6）行业特征：根据行业的不同，运营者的关注点也会有所不同。你可以借鉴别人的用户画像，但不可生搬硬套，而是应该结合自己所在的行业，找到真正可以将用户筛选出来的特征。

（7）使用场景：产品使用场景是需要重点研究的领域。过去多用于研究 App 用户，如什么时候打开、使用多长时间、有无分享、有无付费行为等。这对微信运营也有借鉴意义，如用户打开订阅号是白天多一些还是晚上多一些，是每天都看还是几天后一起看，有无分享、留言、点赞、打赏等行为，他们更愿意在什么情况下分享等。这些都需要运营者先在脑海里形成明确的印象，然后才能在微信运营的过程中有意识地进行策划。

做好定位的思路就是针对你要服务或者推送内容的目标群体，根据他们的年龄区间、

从零开始运营微信公众号

职位、社会层次、收入水平等一系列因素，确定辐射受众面，设计企业公众号的功能特色、服务模式、推送风格等，从而打造品牌形象，实现营销目标。例如星巴克的微信公众号，主要服务于一二线城市的年轻职场人士、大学生等对生活品质有一定要求的群体，它在品牌宣传的同时，传播咖啡文化，其推文的图片很有美感，文案很出色，具有文艺范（见图6-1）。而少年商学院的微信公众号，主要服务于有先进教育理念需求的少年及其家长，因此其微信公众号在推广特色教育课程的同时，传播先进的教育理念，紧贴时下热点，探讨家庭教育和亲子关系，内容具有一定的启迪和借鉴意义（见图6-2）。

图 6-1

图 6-2

（二）推广微信公众号

开通一个微信公众号容易，但推广微信公众号和吸引用户长期关注很难。所以，微信运营一开始就要策划如何输出内容，吸引用户延长关注周期并带来传播能量。要让关注微信公众号的用户长期保持注意力，并与其形成有效的连接，需要思考以下五个要素。

1. 内容

"内容"即给用户推送什么内容。每一类用户都有自己的喜好，同一群用户的喜好一般大致相同。这些用户会形成圈子，当他们对你的内容感兴趣时，可能会分享传播，从而吸引更多属性相同的用户来关注你。通过持续分析后台数据，我们相对容易看出用户究竟喜欢哪些内容，通过不断地试错去吸引他们。同时也应注意，不要只追求数据而失去最初的自我定位，除非数据告诉你定位有问题。公众号内容产出有两类模式，一种是原创，另一种是转载。

（1）原创。微信公众号要持续输出原创内容是很不容易的，它需要在不同的选题下创作出新的内容，所以，公众号运营者可以参考以下三个方法产生源源不断的选题灵感。

一是用户需求分析法。通过客服、销售等经常与用户接触的一线岗位收集用户高频的困惑、诉求、咨询，选题的灵感以这些需求为出发点，用表 6-2 所示的方式创作内容。

表 6-2

选题形式	举例
行业新闻	行业内最新的热点消息
深度解读	能抓住订阅者目光的干货帖
名家视点	邀请名家就某些事情发表观点
达人专栏	就某一主题进行专栏连载
活动消息	为订阅者提供活动福利或优惠
在线调查	了解用户对某些话题的看法
在线访谈	在线与订阅者进行深度互动
产品推介	根据不同的时节向用户介绍产品
企业文化	丰富有趣的企业内部文化可以吸引更多的人才加入
生活技巧	用有趣、实用的技巧刺激用户对产品产生兴趣
搜索查询法	在知乎、百度知道、百度经验等平台上搜索相关关键词，查看关注度、热度最高的相关问题，获取选题灵感

二是话题搭载法。广义的话题是指热点新闻、热点信息，具有未知性和爆发性。营销人员要想利用突发话题借势营销，就需要具备迅速反应、迅速执行的能力。热点新闻具有超高的话题关注度，是天然的传播载体，所以一旦发生了引起公众关注的事件，就会引发各品牌的营销狂欢，也成就了不少经典案例。同时，新闻经常是突发的，而追热点做营销拼的就是速度和时间，因此运营者需要时刻准备好投入工作。一般来说，"蹭热点"应从产品的功效、历史、竞争对手、代言人、合作伙伴等角度寻找与热点新闻的契合点，这就要求运营者时刻关注新闻，经常浏览凤凰网、网易新闻、今日头条、一点资讯等新闻类的门户网站。不过，热点有了，营销品质也不能丢，不能牵强附会，更不能低俗投机。

三是时间地图选题法。一个合格的营销人员，需要制作属于自己的节假日话题地图。节假日包括法定节假日、国际纪念日、民俗节假日、西方节假日、网络节日、本地文化节等，营销人员需要针对节假日话题地图上相应的日期做好选题规划。

（2）转载。互联网有一个 1% 法则，即如果网上有 100 个人，只有 1 个人会创造内容，10 个人会与其互动，而其余的 89 个人仅仅是浏览。能够写出高质量原创文章的永远是少数，为此很多公众号会转载一些与自己的定位相关的内容，这是允许的，但要用正确的流程来转载。

微信公众号运营人员千万不能抱着侥幸心理，要明确所运营的公众号不仅仅是一个账号，它在用户眼里代表一家企业，而一切逃避责任的转载行为都会给企业带来负面影响。运营人员要不遗余力地找原作者拿到授权。如果原作者在原文或者与账号相关的菜单、简介中已经注明了转载格式，运营人员按照要求转载即可。

如果运营人员没有找到转载声明，可以在其公众号的后台或者评论区留言表明转载需求，等待回复。如果运营人员通过一些网络渠道看到想要转载但没有注明作者的内容，可以通过百度、搜狗等平台搜索关键词查找作者的微博、知乎、微信等联系方式，争取授权，这是对原创者的尊重，更是作为新媒体运营者的操守，也是为避免版权纠纷而提前消除隐患的行动。顺利拿到转载权限的关键是你要向对方说清楚通过自己公众号的转载能够给对方带来的好处。同时要准备一套话术，并随着沟通过程中发现的纰漏不断完善，这样可以提高沟通效率，更是专业度的体现。话术的核心要点如下，注意措辞要有礼貌，要得体。

第一，我是谁。

第二，想要转载哪篇文章，我们会如何对待这篇文章。

第三，经过我们的转载，可以给对方带来哪些价值。

第四，我的联系方式。

参考范例如下：

××老师您好：

我是微信公众号【××××】（ID：××××）的内容编辑，希望取得您的文章《×××》的授权。我们公号目前用户数为×××，平均阅读量为×××，用户活跃度很高，相信会给您带来不错的曝光量和用户转化。我们会在文首注明来源公众号和作者等信息，文末附上公众号二维码和推荐语。如同意，烦请添加白名单（双勾选）。

若方便，烦请回复，谢谢。如有其他要求，请与我沟通，我的微信号是×××。

盼回复。

祝好。

获得转载授权后，自己的公众号会在通知中心中收到消息提醒。

2．服务

"服务"即用户需要哪些功能。有些用户关注某个微信公众号，并不是对它的内容产生了兴趣，而是看中了它提供的服务能够满足自己的需求。做好用户画像，就可以了解用户具体有哪些需求，从而提供服务来满足他们，并吸引更多类似的用户对其关注。用户对微信公众号的黏性不完全依赖于它的内容品质、知名度、品牌联想及传播，还与订阅者本身的特性密切相关。微信用户忠诚度低的根本原因是微信公众号无法为用户提供刚需服务，不能满足用户的真实需求。

所以，从本质上解决这一困扰的关键就在于通过微信为用户提供服务，也就是结合业务场景，为用户提供应用服务。

微信公众号业务场景应用，是指公众号运营者通过对自身业务场景的分析而设置的一种应用场景，所以，微信公众号的场景应用是根据线下客户的需求来设计的。不同的公众号，其面对的用户不同；用户需求不同，应用场景肯定也不同。很多做微信开发的第三方平台有各种应用插件，用户只要在后台进行相关设置，即可使用相关功能。例如某图书馆的微信公众号，可以实现手机图书查询、续借等功能，如图 6-3 所示。

图 6-3

3．活 动

"活动"即给用户设计什么活动。活动是为增加新用户或者刺激用户活跃而使用的一些激励、互动手段。做活动往往会付出很大的成本，所以需要对用户属性有清晰的认识。在做活动之前，微信公众号运营者一定要明白哪些用户是花钱也要得到的，哪些用户是不需要投入的，这样投入产出比才会更高。可见，做活动不仅仅是送奖品，更关键的是通过奖品筛选用户。

4．渠 道

"渠道"即用户聚焦区域在哪里。真正熟悉微信运营的人都知道，要想做出影响力，多渠道覆盖是必经之路。可选的渠道有很多，不同的渠道，投入产出比也不同，究竟哪些渠道的投入产出比较高，这就需要借助用户画像了。

5．社 群

"社群"即承载用户的终极容器。网络营销的本质是充当容器，能直接产生经济行为的叫"强容器"，间接产生经济行为的叫"弱容器"。强容器是指直接用来出售商品的

App，如很多微信公众号开设了微信商城，就是希望将弱容器流量对接到强容器以促进销售。现在流行的社群运营也是一种强容器。

弱容器是指微博、微信，其可以把潜在客户都"装"起来。不管加了多少好友，本质上只是一个导购路径。弱容器的黏性较差，博主或微信运营者说得再好，在用户眼里依旧是广告，是营销。

但是如果在强容器中，如社群成员提出的问题、互相得到的解答、对于产品的咨询等都是天然的、毫无痕迹的、最真实的口碑，口碑就是广告，加上群体效应，容易产生冲动型消费。趁着用户对微信号还有新鲜感、还比较喜欢这个账号的时候，可以用一个更强的容器把他们"装"起来，这个强容器就是社群。通过社群可以将目标用户聚集在一起，他们是质量极高的种子用户，不仅可以帮你了解自己用户的需求，反馈产品和运营的不足之处，也可以为你提供一些活动或运营的创意，或者帮助你进行传播。

我们评估一个微信号的运营质量，不仅要了解其累积的用户数量，也要关注它最近一个月新增的用户数量。很多微信公众号声称有五十万乃至一百万用户，但最真实的用户数量应该是最近三个月新增的用户数量，即

微信公众号真实用户数量=铁杆用户数量+最近三个月新增的用户数量

因为经过一定周期后，原来的很多用户由于审美疲劳或者内容趋同等，已经不看这个微信公众号了，所以如果已经想好了要做一个微信公众号，应通过统计与观察用户的关注周期，设计一个在每个周期结束前就能完成商业变现的方式。

（三）提高微信公众号的阅读量

1. 优化标题提高打开率

在用户习惯了利用碎片化时间快速浏览的时代，文章标题直接决定了文章的点击率。有的文章内容很好，但是标题平淡无味，导致打开率不高；而被其他人改个标题后转载，却达到了 10 万次的阅读量，可见吸引人的标题有多重要。那么到底怎样才能写出吸引人的标题呢？从以下几个角度着手有助于提高点击率。

（1）抛出问题。抛出问题不是简单地将陈述句变为疑问句，而是发现读者隐藏的真正需求，在问句中暗示文章内容可以带来什么好处或者解决什么问题。在高点击率的标题中，"什么""如何""为什么"等都是高频词，如《职场新人必读：为什么老员工不会来教我？》。

（2）结合热点。利用名人效应、热点新闻引起读者的兴趣，如《看"汪涵救场"，学如何应对突发危机！》。

（3）对号入座。能够从标题的相关词语中将自己或相关的人对号入座，例如《大学毕业进入职场，感到角色转变好难》。

（4）善用数字。除了从读者心理出发，在标题的修饰上还可以引用数据来增加标题的吸引力，例如《1000 份 PPT 模版：足够使用 10 年》。另外就是特别常见的"必备的十大网站""必读的 100 本书""必会的 20 个技巧"，这类标题的写法几乎总是有效的。

（5）巧设悬念。如果要点在标题中全部讲清楚了，用户点击查看文章的欲望就会大大降低，所以可以留点悬念，如看到标题《世界杯冠军德国：认真是一种可怕的力量》，人们基本能够猜出内容，但是如果改成《可怕的德国人！只因简单的两个字，便可怕到天下无敌》，就可以引起用户强烈的好奇心。一篇文章的标题要设置"好奇心的缺口"来营造悬念，引起读者强烈的好奇心。

2. 提高转发率

创作什么样的内容会成为风潮，获得用户大量的扩散？关键是内容能否体现转发者的境界和品位。也就是说，转发的文章能否提升转发者本人的格调、段位或态度，这才是转发者的主要动力。人们在社交媒体上总是把自己构建成自己希望成为的人，每一次转发都是让人们接近自己所期望的那个形象。

转发与评论、点赞、收藏是有本质区别的，其核心是可以帮助人们进行"形象补充"，用所转发的内容向外界展示自己的兴趣爱好、价值观、世界观，或者借助所转发的内容表达自己的观点、立场和态度。艾瑞咨询的研究报告显示，朋友圈让公众号的威力放大了近 4 倍，可见朋友圈是一个非常适合传播分享公众号内容的平台，如图 6-4 所示。

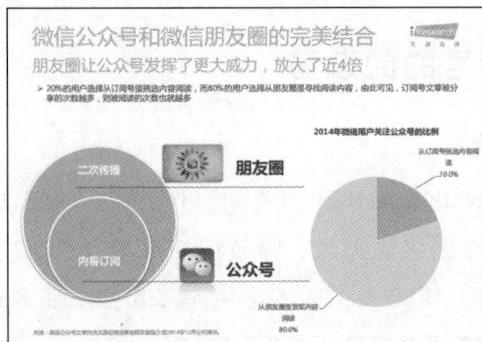

图 6-4

很多在朋友圈中形成刷屏现象的文章，就是说出了转发者一直以来想要表达的内容。在写文章的时候，我们要尝试站在用户的角度想想：如果我是用户，我为什么要转发？这篇内容可以帮助用户表达什么？

3. 无缝嵌入链接提高阅读量

"嵌入链接"是指在文章内合适的地方利用"超链接"功能插入往期的优质文章链接，吸引读者通过点击超链接提高其他文章的阅读量。这样，可以让文章与文章之间建立链接，产生联动效应。

为什么说要"无缝"呢？超链接的文章要与当前文章的内容有关联，刺激读者跳转到往期文章了解更多的内容；或者超链接的文章能满足读者查询、浏览等需求。否则，纯粹推广的超链接文章是很难引起读者的阅读欲望的。那要如何做到巧妙地植入超链接呢？一般来说，使用超链接是为了起到以下某一种作用。

（1）补充说明：对当前文章提出的某一个概念或者观点，往期文章有详细的解释，用超链接可以引导读者对本期内容进行更好的理解。这样的超链接一般放在文中。

（2）系列化阅读：有的公众号会区分不同的栏目文章或者推送系列性质的文章，此时可以在文章中插入往期同一系列文章的超链接，吸引读者进行点击阅读。

（3）满足性阅读：由于读者对当前推送的文章十分感兴趣，运营者就把往期的优质文章再推荐一次，读者出于对当前文章的认同而愿意尝试点击查看更多好的文章。这样的超链接可放在文末。

（4）查询功能性引导：查询类链接一般不会放在推送文章中，而是放在推荐或者目录性质的查询文字中。运营者可利用超链接的功能，将优质文章挑选出来植入文中，用户根据自己的需要点击阅读。

4. 通过朋友圈矩阵提高阅读量

要想提高阅读量，最佳的手段是将文章扩散到朋友的消息和状态中，其中首选朋友圈。一篇文章被拥有大量个人好友的微信号转发，每一个微信号就相当于一个有成百上千个真实用户的小微博。如果微信好友有交集，这篇文章还能在用户的朋友圈中形成刷屏状态。一旦一篇文章开始反复地出现在你的朋友圈中，即使一开始用户并不准备看它，但是看到朋友圈中反复出现这篇文章，标题也非常吸引人，就会忍不住点开。如果他们点开以后发现文章的质量还不错，就会继续增加该篇文章被转发的概率。很多爆款文章都是通过拥有一定数量用户的微信号转发到朋友圈，人为制造出来的。将文章转发到朋友圈已经成为提高阅读量的重要手段。要想实现这个效果，就要打造朋友圈矩阵，能够让拥有一定用户数量的微信个人号将文章转发到朋友圈，覆盖到更多的人。

5. 通过社群运营提高阅读量

除了通过朋友圈转发提高阅读量，还可以通过将文章链接转发到微信群、QQ群的方式，让群成员点击阅读、进行转发，来提高阅读量。为了让群内转发更加有效，运营者可以通过发红包的形式提高当前的群活跃度，让用户关注转发的文章。

项目小结

本项目由认知微信营销、运营微信个人号、运营微信公众号三个学习任务组成。其中，认知微信营销包括微信营销概述、微信个人号的营销价值和微信公众号的营销价值；运营微信个人号包括装修微信个人号、运用微信建立信任、在朋友圈发内容和在朋友圈做活动；运营微信公众号包括定位微信公众号、推广微信公众号、提高微信公众号的阅读量。学生通过阅读教材的内容，结合课堂学习、小组讨论、案例分析、任务实施、课后练习等方式巩固学习内容，提高微信运营的实战能力。

课后练习

（一）不定项选择题

1. 不属于微信个人号的营销价值是（　　　）。

    A．输出个人品牌　　　　　　　　B．刺激产品销售

    C．维护客户关系　　　　　　　　D．进行品牌宣传

2. 关于微信个人号与微信公众号的陈述，正确的是（　　　）。

    A．微信个人号和微信公众号都是以手机操作为主的

    B．微信个人号和微信公众号都可以导入手机通讯录添加好友

    C．微信个人号和微信公众号都可以通过二维码添加好友

    D．微信个人号和微信公众号都是熟人圈子

3. 关于微信朋友圈的运营，陈述错误的是（　　　）。

    A．朋友圈广告不要太生硬

    B．要勤发朋友圈

    C．发朋友圈的文字不宜过长

    D．朋友圈内容要注意尺度，不要言过其实

4. 朋友圈做活动的形式包括（　　　）。

    A．转发　　　　B．集赞　　　　　C．引流线下　　　　D．点名接龙

5. 微信公众号让用户长期保持关注的要素有（　　　）。

    A．内容　　　　B．服务　　　　　C．活动

    D．渠道　　　　E．社群

（二）简答题

1. 用户画像主要是从哪七个维度进行分析的？

2. 如何提高微信公众号的阅读量？

3. 微信礼仪有哪些？

07 项目七
网络活动推广和事件营销

项目简介

    互联网上诸多吸睛的活动和火爆事件让互联网营销人员越来越意识到"活动"与"事件"的力量。如果可以组织一场活动或者制造一个事件让许多人关注并参与，或者借助一个本身已经有很多人关注的事件，在这个事件中"恰当"地植入企业、品牌、产品等信息，就可以以轻松的方式引起用户关注并使信息裂变传播。本项目主要由认知网络活动推广、撰写网络活动推广方案、认知事件营销和撰写事件营销方案四个任务组成。通过对本项目的学习，学生将会对网络活动推广和事件营销产生兴趣，并掌握其方法和技巧，学会撰写基本的方案。

学习目标

知识目标：

1. 认识网络活动推广的作用。
2. 了解网络活动推广的主要形式和组织要点。
3. 认识事件营销的定义和作用。
4. 掌握事件营销的内容制造技巧。
5. 掌握事件营销的要点和结构。

技能目标：

1. 能够设计网络活动，并撰写推广方案。
2. 能够借助某一热点事件进行营销推广。
3. 能够撰写事件营销方案。

素质目标：

1. 培养随机应变的能力。
2. 提高对企业品牌的维护意识。
3. 加强团队协作能力。

引导案例

2018 年世界杯最成功的营销：华帝全额退款

2018 年俄罗斯世界杯帷幕早已落下，法国队时隔 20 年再次夺得世界杯冠军。再次成为冠军的法国队不仅成为话题的焦点，也让一个多月前就声称"法国队夺冠，华帝退全款"的华帝公司进入舆论的中心。打开微博和微信朋友圈，到处都在讨论这个问题，一些人惊叹于这次营销活动的成功，更多的人则是在关心，华帝退全款是否属实，华帝会不会亏得很惨？

华帝的这次活动其实是"蓄谋已久"了。2018 年 3 月 5 日，华帝正式与法国队签约，成为法国队官方合作伙伴，并声称法国是本届夺冠热门。此时距离世界杯开幕还有足足三个月的时间。

华帝此次选择法国队作为赞助球队，是经过反复思考后决定的。首先，从开赛前的赔率上看，作为传统强队，本届世界杯中法国队的夺冠赔率在 32 支球队中排名第 5，仅次于巴西、德国、西班牙和阿根廷这些传统强队。其次，法国队也是这一届世界杯最"贵"的球队，球员薪资总和排名第一，23 名球员总身价接近 10 亿英镑（约 88 亿元人民币），球队具有相当不俗的实力。但实际上，在大多数普通观众眼中，法国队只是一支历史上曾经辉煌过的球队。所以，华帝选择法国队，既让大多数观众感到意外，又有比较长的宣传期。

确定了球队之后，如何尽可能地扩大这件事的影响力，成为华帝营销团队面临的难题。2018 年 5 月 30 日，世界杯开赛前半月，华帝买下权威媒体《南方都市报》一个整版，发布广告，承诺"法国队夺冠，华帝退全款"。同时宣布的还有退款活动的玩法，只要用户在 6 月 1 日 0 时至 6 月 30 日 22 时购买了冠军套餐产品，若法国队夺冠，华帝则全额退款。

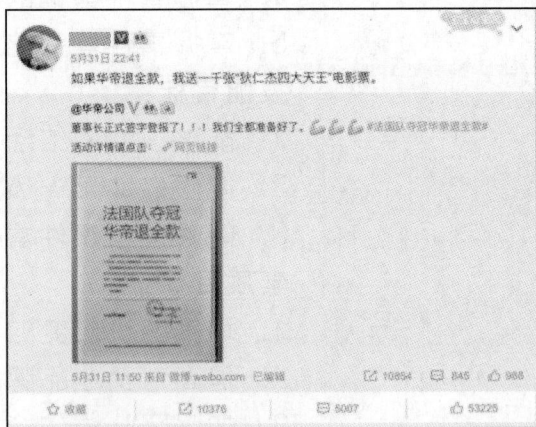

次日，该消息迅速在社交媒体上传播，经过华帝代言人的转发，迅速刷爆微博，包括"参考消息""新浪财经"等数十家媒体报道，华帝搜索指数直线上升；6月起，华帝开始在线下大批量投放此广告，活动的声势进一步扩大。

7月16日，法国队夺冠几分钟后，北京时间0点54分，华帝的官微和公众号迅速发布了事先准备好的退款流程。此时此刻，观众一方面十分关注世界杯的结果，另一方面对华帝是否退全款一事还怀有好奇和围观心理，如果有消息也愿意传播，参与进来。毫无疑问，这个时候为此次营销活动收尾将会是一个最佳时机。华帝团队迅速的动作确实抓住了这个时机，华帝也登上了微博热搜第2名。

值得注意的是，此次退款并不是退现金，而是退天猫超市卡、京东E卡、苏宁礼品卡或者美通卡（物美超市的储值卡）。这其实相当于，华帝是在做一次在常规预算内的营销活动，在此过程中，所获得的流量超乎想象。

总体来看，无论是球队的选择、广告渠道的选择，还是活动玩法的确定、运营节奏的把控与推送的及时性，华帝此次的营销活动都做得非常好。

案例思考：

1. 华帝是如何借助2018年世界杯法国夺冠的事件进行营销的？

2. 通过案例分析，事件营销与传统广告等营销方式的差别体现在哪些方面？

任务一　认知网络活动推广

任务导入

任务分析单 7-1

任务情境	一家销售牛仔服饰的电商公司想要通过开展线上线下互动的活动推广其品牌，想了解有哪些活动推广的方式可供参考，并想知道一场活动能给企业带来哪些预期的效果
任务分解	（1）通过教材、网络、参考资料等方式了解网络活动推广的基本作用 （2）通过网络等方式总结 8 种以上的常见网络活动推广形式 （3）查找 2~3 个服饰类的活动推广案例，并分析其采用的方式和产生的效果
完成方式	分组合作完成任务，并在课堂上汇报

（一）网络活动推广的作用

我们通过组织各种基于互联网的活动吸引用户关注并参与，可以达到宣传推广的目的。网络活动推广的适用性强，任何企业或个人皆可采用；活动规模和投入也可大可小，甚至普通企业或个人在不投一分钱的情况下，也可以组织一场有声有色的活动。最重要的是，网络活动推广不仅可以提高用户满意度、增强用户黏性，还可以直接带动业绩与品牌曝光率的增长。网络活动推广主要有以下七个方面的作用。

1．带动流量

流量是网站的命脉，如何提高网站流量，是许多网站管理人员苦苦追寻的答案。而精心组织的网络活动，可以对流量起到非常大的促进作用。不过，一次网络活动所带来的流量，通常只是暂时性的，往往活动一结束，流量就会回落。想通过网络活动推广的方式让流量持续增长，就需要保持活动的连贯性。

2．带动销售

在传统营销方式中，活动营销、会议营销被很多销售人员奉为制胜法宝。一场好的活动或会议，能带来几十万元、几百万元甚至上千万元的订单。而在网络上也是如此，好的活动对销售会有极大的帮助，例如，团购秒杀之类活动就是网店和商城的促销利器。

3．带动注册

对于互动型网站、网络商城等，用户注册量是重要的考核指标。提高注册量要比提高流量难得多，想提高流量，只要让用户浏览页面即可，而提高注册量却在提高流量的基础上增加了一个让用户注册的"门槛"。这个小小的"门槛"，会让很多人望而却步。而有效的网络活动推广会激发用户的积极性，让他们主动来注册。

4．提升品牌形象

大型的活动会在行业及用户中引起很大的反响，成为被关注的焦点。在这个过程中，品牌知名度及权威性自然就建立起来了。但想要通过网络活动带动品牌，活动的规模和覆盖范围不能过小，而且活动最好有一定持续性，例如每年一届。

5．带来内容

对于网站来说，如何获取优质内容（如文章、图片、视频等），是个很难解决的问题。产品也是如此，如果能让用户在网络论坛或博客中，写出使用产品的感受，发表一些评论，一定会引发非常好的口碑效应，这也是很多店铺通过发放红包、送礼品等网络活动征集用户的"50 字以上好评"的原因。想要快速有效地获取优质的内容，有奖征集活动是个不错的选择。例如，某作文网站上线初期，想获得一些优质内容，但是网络上的内容同质化非常严重，而本身又是个人网站，不可能投入巨大的资源做原创，于是站长以网络作文大赛活动为切入点搜集内容。一次活动下来，网站共征集到万余篇原创文章，最后算下来，花费仅有几千元。

6．搜集数据

在营销推广工作中，用户数据起到举足轻重的作用，特别是数据库营销，更是以数据为核心的。如何才能搜集到更多的有效数据呢？传统的方式基本上是一对一的，例如街头的调查、电话调查等，但是这些方式普遍存在成本高、效果差等弊病。而互联网让我们有了更多新的选择，通过网络活动搜集数据，将使效果大大提升，成本直线下降。

7．提升用户的忠诚度

丰富多样的活动，会极大提高用户的忠诚度。对于网站来说，黏性很重要，只有黏性强的网站，用户才会喜欢，也更容易盈利。而活动是提高网站黏性和用户忠诚度的良药。

（二）网络活动推广的形式

互联网上各种各样的活动有很多，但是不管活动形式如何，总有规律可循。常见的网络活动推广可以分为以下类型。

万变不离其宗的
网络活动大全

1．征集类

征集类活动包括征集企业或产品名称，征集 Slogan、宣传语，征集 Logo 设计等。

其实，征集作品不是重点，通过活动扩大知名度和影响力才是关键。例如，图7-1就是一个楼盘做的晒图有奖征集活动。

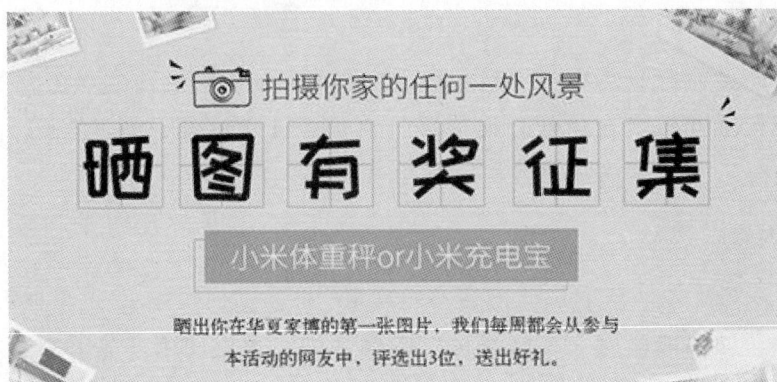

图 7-1

2．评比类

评比类活动有各大 IT 网站及媒体网站每到年底就喜欢评选的"十佳软件""十佳厂商"等，是商家及媒体的最爱。对于商家来说，这类评选增加了一份荣誉，提高了产品说服力；对于媒体来说，在通过活动做品牌和树权威的基础上，还创造了经济效益。图7-2 就是一个本地生活类门户网站组织的"十佳人气餐厅网络评选"活动，这类活动可以带动消费者的参与并提高餐厅的知名度和美誉度。

图 7-2

3．调查类

调查类活动通常是搜集各种数据，辅助其他营销推广活动。例如，搜集用户的 E-mail 进行电子邮件营销，搜集用户的手机号进行短信营销等（见图7-3）。

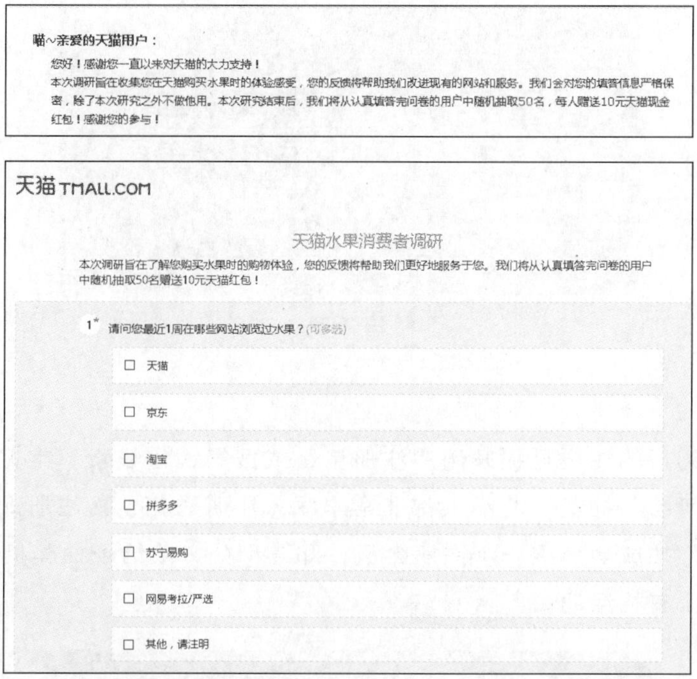

喵~亲爱的天猫用户：

您好！感谢您一直以来对天猫的大力支持！

本次调研旨在收集您在天猫购买水果时的体验感受，您的反馈将帮助我们改进现有的网站和服务。我们会对您的填答信息严格保密，除了本次研究之外不做他用。本次研究结束后，我们将从认真填答完问卷的用户中随机抽取50名，每人赠送10元天猫现金红包！感谢您的参与！

天猫 TMALL.COM

天猫水果消费者调研

本次调研旨在了解您购买水果时的购物体验，您的反馈将帮助我们更好地服务于您。我们将从认真填答问卷的用户中随机抽取50名赠送10元天猫红包！

1* 请问您最近1周在哪些网站浏览过水果？(可多选)

- □ 天猫
- □ 京东
- □ 淘宝
- □ 拼多多
- □ 苏宁易购
- □ 网易考拉/严选
- □ 其他，请注明

图 7-3

4. 竞赛类

竞赛类活动的目的是通过荣誉感激发用户的积极性，例如通过征文大赛，让用户为网站创造内容；通过软文大赛，让用户帮助推广等。图 7-4 就是一个旅游景区征集 IP 文创类产品设计的竞赛。

自然的遗产 世界的武隆

武隆旅游IP文创征集大赛

主办单位：重庆市武隆区旅游发展委员会
承办单位：重庆八戒工程网络有限公司

[2018.12.4—2019.1.12]

图 7-4

5. 公益类

公益类活动最大的意义是树立企业的正面形象，增加美誉度。例如，网络公益拍卖、公益募捐、公益培训等，都是用户喜闻乐见的形式。图 7-5 就是国内某知名房地产商发起的湿地自然学校"公益课堂"活动。

图 7-5

6．注册类

注册类活动的目的往往是提升用户注册量，或搜集销售线索。常见的方式：有奖注册，如注册后就可参与抽奖，奖品大都非常丰厚；注册送礼，如注册即送积分、金币；介绍注册送大礼，如成功介绍一个注册会员，即送积分，或给予抽奖机会等。图 7-6 就是一个商城的注册有礼活动。

图 7-6

7．投票类

投票类活动在拉动流量方面的效果是非常明显的，如果你的网站想在短期内大幅度提高流量，就可以选择投票类活动。基于荣誉感及人的分享心理，用户会很积极地宣传拉票。需要注意的是，投票活动往往是与其他活动形式配合使用的，如评选活动、竞赛活动、选秀活动等。图 7-7 所示的投票活动是配合"寻找全城最暖全家福"征集评选活动而开展的。

8．试用类

试用类活动非常适用于产品的推广，特别是新推出的产品。具体操作时，此类活动一般都与相关的社区或网站合作开展，借助它们的人气与渠道来宣传产品。用户对此类活动还是非常感兴趣的，参与的积极性也非常高。甚至网络上还出现了许多专门的试用类网站，流量也很高。图 7-8 就是某新品牌护肤品开展的"付邮试用"体验活动。

图 7-7

图 7-8

9. 促销类

每年天猫的"双十一"活动和京东的"6·18"活动，都是典型的促销类活动，活动通过低折扣刺激用户的购买欲。除此之外，买一赠一、网络拍卖、网店秒杀、网络商城里的积分换礼品等，也属于此类活动。图 7-9 就是很多网店都采用的秒杀促销活动。

图 7-9

10. 选秀类

随着互联网的发展，信息传播的门槛变得越来越低，人们潜意识中的表现欲被充分释放，发挥得淋漓尽致。选秀类活动，就是让人们充分释放表现欲的活动。特别是配合投票等环节后，选秀类活动的传播威力非常大。参与活动的人会想尽办法拉票，从而推广品牌。图 7-10 就是"好声音"的一个网络选秀活动。

图 7-10

11. 学习类

由于互联网的便捷性，用户可以坐在家中足不出户地学到很多知识。对于能够传播知识的学习类活动，用户是非常欢迎与喜欢的。图 7-11 就是在微信朋友圈的每天阅读打卡和背单词打卡活动。

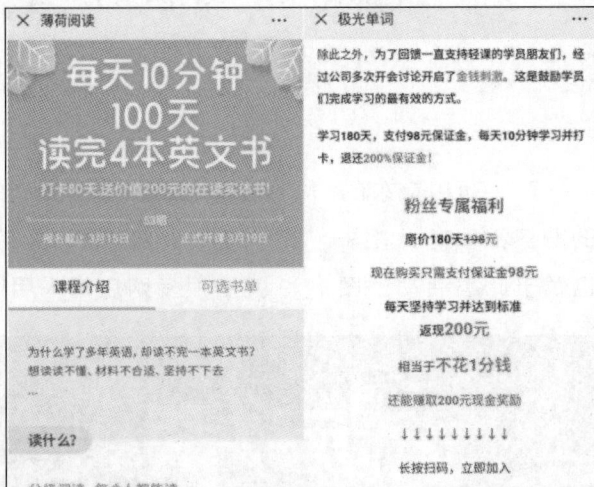

图 7-11

12. 线下类

除了以上线上活动，最后一种就是传统的线下类活动了。互联网毕竟是虚拟的，只有走到线下，才能更贴近和了解用户。例如聚餐、爬山、交流沙龙等，都是非常好的线下类活动形式。这些活动可以增进用户之间的了解，拉近用户与我们的距离，提升凝聚力。图 7-12 就是某楼盘举办的线下亲子活动的宣传海报。

图 7-12

任务二　撰写网络活动推广方案

任务导入

任务分析单 7-2

任务情境	一家销售牛仔服饰的电商公司想要通过赞助校园模特大赛的方式推广其品牌，作为学校学生会干事，你需要撰写一份能够达到企业预期推广目的、让企业满意的校园模特大赛活动推广方案，并提交给企业
任务分解	（1）学习并了解网络活动推广的要点 （2）以小组为单位分析并确定这次活动的主题 （3）以小组为单位讨论如何结合线上的社交媒体资源和线下的现场情景进行宣传推广 （4）以小组为单位讨论如何在活动过程中适当地宣传品牌，并达到引流、促销的效果 （5）确定推广方案框架并分工撰写推广方案
完成方式	分组合作完成，并把推广方案在课堂上汇报

（一）组织网络活动的要点

与传统活动相比，组织网络活动的门槛要低很多，因为依托于互联网，可以省去很多烦琐的环节，所以网络活动的可控性更高。普通的网络活动组织起来非常简单，掌握好其中的几个要点即可。

1. 活动的门槛要低

无论什么样的活动，门槛都不要设得太高。如果门槛过高，就会影响最终的活动效果。活动的门槛有两方面的含义。

第一是指活动的目标人群。活动面向的人群越大众越好，如果面向的是小众用户，其覆盖就会小很多。

第二是指活动规则。规则越简单越好，如果规则越复杂，用户的参与度就会越低。

2. 活动回报率要高

活动一定要让用户受益，让用户得到足够的好处，只有活动的回报率高、奖品丰厚，用户的积极性才能被调动起来。活动奖励可以是物质上的，例如手机、计算机、相机等；也可以是精神上的，例如荣誉、奖杯、名人的签名等。

同时，活动还要注意扩大奖品的覆盖面，大奖固然吸睛，但是如果活动只有几个人才有机会得奖，也会打消用户的积极性。所以在大奖有保障的基础上，尽量多设一些小奖，尽可能让更多的用户拿到奖品。

3. 趣味性要强

活动的趣味性越强越好，只有活动有趣好玩，参与的人才会多，活动的气氛才能被烘托出来。如果活动足够有趣，甚至在没有奖品的情况下，用户也会积极参与。

4. 活动要有可持续性

如果想让活动的效果放大，能够持续地发挥作用，最好将活动固定化，例如策划成系列活动，一月一次、一季度一次或一年一次。经过长时间的积累，活动本身也会成为品牌。

5. 多邀请合作单位

对于非封闭式的活动，我们可以多寻找相关的单位合作，例如各种网站、媒体。因为这些平台本身拥有一定的用户群，拥有各自的渠道和影响力，所以用活动的形式将彼此的优势资源融合，可以发挥更大的效力。

（二）撰写推广方案的框架

一份好的方案主要体现在内容和创意上，要有可执行性，活动方案也是如此。一份好的活动方案不在于写了多少页文字、用了多少华丽的辞藻，关键是活动本身的创意和内容是否优秀，是否容易执行，能否达到预期效果。网络活动推广方案具有较大的灵活性，这里重点介绍推广方案要体现的几个要点。

（1）活动介绍：包括活动主题、活动时间、活动地点、目标人群、活动目的、活动背景介绍（如主办方、协办方）等。

（2）活动规则：包括活动具体的参与办法、面向人群、具体的奖项设置、评选规则和办法等。

（3）活动实施：要说明活动的具体实施步骤、具体时间及大概人员安排、应急预案等。如果活动规模比较大、周期比较长，还要设计不同阶段的不同方案。

（4）效果预估：要说明活动最终会获得哪些效果，达到什么目的。注意这些指标一定是可以量化的，不能只说明提升了品牌知名度，要落实到具体的数字，如活动页面浏览人数为××万人，参与人数为××万人，被×××家媒体报道，覆盖了××万人等。

（5）活动预算：要写明活动的支出项目及大概的预算。注意这个预算要与效果及目标相匹配。

针对不同的用户需求和受众喜好，我们可以组织不同的活动。例如，某一酒吧为了吸引更多的年轻人到店消费，针对年轻人渴望结识更多同龄朋友的愿望，组织了一场名为"Back Tonight"的年轻人交友派对，并通过线上线下结合的方式进行宣传。

任务三　认知事件营销

任务导入

任务分析单 7-3

任务情境	一家销售牛仔服饰的电商公司想要通过制造一个热点事件的方式推广其品牌，想了解有哪些事件营销可供参考，并想知道如何制造一个热点事件
任务分解	（1）通过教材、网络、参考资料等方式了解事件营销的作用和要点 （2）通过网络等方式总结 8 种以上的常见事件营销创意来源 （3）查找 2～3 个服饰类的事件营销案例，并分析其具体的实施过程
完成方式	分组合作完成，并在课堂上汇报

（一）事件营销的作用

事件营销（Event Marketing）是指企业通过策划、组织和利用具有名人效应、新闻价值以及社会影响的事件，吸引媒体、社会团体和用户的兴趣与关注，以提高企业或产品的知名度、美誉度，树立良好的品牌形象，最终促进产品或服务销售的手段和方式。

由于事件营销具有受众面广、突发性强，在短时间内能使信息达到最大、最优传播的效果，为企业节约大量的宣传成本等特点，近年来成为国内外十分流行的一种公关传播与市场推广手段。

简单来说，事件营销就是通过把握新闻的规律，制造具有新闻价值的事件，并通过具体的操作，让这一新闻事件得以传播，从而达到广告的效果。

事件营销集新闻效应、广告效应、公共关系、形象传播、客户关系于一体，并为新产品推介、品牌展示创造机会，是一种建立品牌识别和品牌定位、提高品牌知名度与美誉度的营销手段。

互联网的飞速发展为事件营销带来巨大的机会。通过网络，一个事件或者一个话题可以更轻松地进行传播和引起关注，成功的事件营销案例开始大量出现。在 EDM、视频、博客、论坛、SNS、IM、微博等平台的辅助下，事件营销成为当今企业最喜爱的营销工具之一。

事件营销的作用有很多，主要包括以下四点。

1. 新闻效应

新闻媒体是非常有效的传播工具和平台。而事件营销的第一个作用，就是可以引发新闻效应。一旦引起媒体的介入，有了媒体的帮助及大力传播，事件的传播效果及相应的回报必定是巨大的。最重要的是，由事件营销引发的新闻传播是完全免费的。

2. 广告效应

无论使用哪种营销手段，最终目的都一样，即获得广告效应。事件营销的广告效应要高于其他手段，这是因为，热门事件往往是社会的焦点，是人们闲暇时光的热点话题，人们对事件保持了高度的关注，自然就会记住事件背后的产品和品牌，其广告效果无法估量。

3. 公共关系

事件营销可以极大地改善公共关系。例如，在"封杀王老吉"的营销事件中，王老吉的正面公众形象迅速树立起来，用户对于王老吉的认可程度，达到了史无前例的高度。在用户追捧的过程中，王老吉的知名度和销售量也被拉向一个新的高度。

4. 形象传播

对于那些默默无闻的企业，如何快速提高知名度、迅速传播品牌形象是一个难题，而事件营销就可以攻克这个难题。事件营销的裂变效应可以在最短时间内帮助企业树立形象，增强其知名度和影响力。

（二）事件营销的内容制造

事件营销的具体实施，往往需要其他营销手段和平台的辅助，如微信、微博、抖音、小红书等。决定事件营销的关键是创意，其内容制造

事件营销的
内容制造

可以打以下几种"牌"。

1. "网红牌"

淘宝火爆、自媒体火热、短视频流行、直播兴起，这些都成为"网红"诞生最好的平台，造就了这个时代的各类"网红"，从王思聪用 32 个问题赚 23.8 万元，到一个广告拍出 2200 万元的 papi 酱，还有"贩卖知识"的罗辑思维，以及火爆于各个直播平台、社交平台的大小"网红"们。在获取流量越来越难的今天，新社交电商崛起，常常通过找人做流量背书来"种草"自家产品。毫无疑问，找名人代言的效果虽然很好，但在大多数情况下，商家更愿意选择性价比更高的且具有一定知名度的"网红大 V"来生产内容，通过短视频、直播等方式带货。

典型代表就是"淘宝口红一哥"李佳琦。一般的美妆博主以女性居多，而清一色的女孩子中突然出现一位"魔性"的男孩子，很快就吸引了大众的目光。这位"神仙"男孩的厉害之处就在于"口播带货"，他常常说的口头禅"太好看了吧！""Amazing，买它！"在每次直播中都会出现，如图 7-13 所示，年轻的消费者每每听到，感觉买就可以拥有"盛世美颜"了。

李佳琦的带货能力非常强，他的一条十几秒 OMG 视频就可以卖出 50 万元的商品，他的最高纪录是在 5 分钟之内，卖完了 15000 支口红。

图 7-13

2. 情感"牌"

情感营销是指从用户的情感需求出发，唤起和激发用户的情感需求，使用户产生心灵上的共鸣，寓情感于营销之中，用有情的营销赢得无情的竞争。在情感消费时代，用户购买商品所看重的已不是商品数量的多少、质量好坏以及价格的高低，而是感情上的满足和心理上的认同。随着情感消费时代的到来，消费行为从理性走向感性，用户在购物时更注重环境、气氛、美感，追求品位，要求舒适，寻求享受。情感营销不仅重视企业和用户之间的买卖关系的建立，更强调相互的情感交流，致力于营造一种温馨、和谐、充满情感的营销环境，这对企业树立良好形象、建立良好人际关系、实现长远目标是非常重要的。情感营销正是以攻心为上，将用户对企业品牌的忠诚建立在情感的基础之上，满足用户情感上的需求，使其得到心理上的满足并产生偏爱，形成一个非该企业品牌不买的忠实用户群。

例如，一家经营女性发饰的企业以"中国盘发申遗"为核心创意，制造了一系列事件，激发"民族情感"的认同，同时为盘发注入"亲子情感"，创造需求，引发亲子盘发热潮，将传统盘发注入亲子情感新内涵。

该品牌选择包括《京华时报》《新闻晨报》等在内的全国八大主流省报，使各报纸的A3版面同时出现单字广告，将这一颠覆式报纸广告作为悬念式病毒事件，在社交媒体通过段子手、草根大号和媒体官微的媒介矩阵对创意进行揭秘，通过拼报解读广告内容"真身"：支持中国盘发申遗，如图7-14所示。

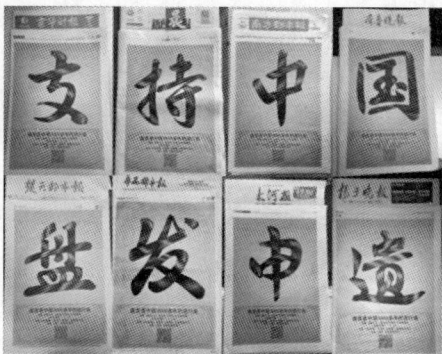

图 7-14

随后，该品牌再借势《爸爸去哪儿》营造的全民"爸爸热"风潮，以创意内容为驱动，号召众多名人参加亲子盘发挑战，在微博晒出他们为女儿盘发的照片（见图7-15），引来用户一片惊叹。

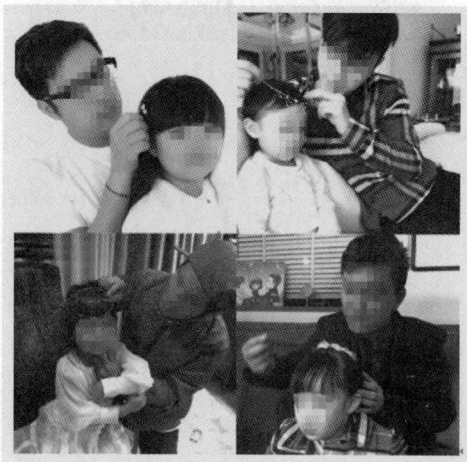

图 7-15

此外，该品牌还推出盘发申遗系列微电影，包括父爱篇《爸爸的礼物》和母爱篇《妈！爱不释手！》（见图 7-16），推广盘发这一中国式亲子情感沟通新桥梁，引起网友和媒体的强烈共鸣。

图 7-16

这次事件营销传播期间，腾讯共有两次以 QQ 弹窗的形式推送事件，央视有 3 档节目分别以超过 1 分半钟的时间进行事件报道，近 10 次的新闻客户端主动推送，其中"#支持盘发申遗#"话题有超过 2.1 亿次的阅读量以及超过 9 万次的讨论量，还有数百家新闻媒体对该事件进行报道；同时移动端的传播也是这次营销的重点，共有超过 1000 个微信公众号对该事件进行传播扩散，全面占据了用户的碎片化时间。这次营销事件在提高品牌知名度的同时，通过文化营销、亲子营销等手段实现品牌诉求与用户需求的价值共振，为品牌积累了新资产。

3. 热点"牌"

每次出现社会热点话题时，媒体都会迅速行动，搜集相关新闻素材。同时，这些社会热点也是老百姓关注的焦点。如果巧妙地围绕这些社会热点制造营销事件，则会收到事半功倍的效果。例如 2019 年暑假档电视剧《长安十二时辰》，凭借引人入胜的悬疑故事、严谨的服饰设计和浓厚的盛唐文化，从众多优秀的电视剧中突出重围，成为一匹万人瞩目的"黑马"。作为走国潮路线、品牌年轻化的国内知名男装品牌，利郎审时度势，迅速抓住这次机会，与《长安十二时辰》进行跨界联动，二者共同推出极具盛唐文化元素的国潮产品——"有时之士"系列 T 恤。利郎打造了一个趣味 H5（见图 7-17），借势营销"有时之士"系列 T 恤。H5 开场很年轻化，网感十足，与时俱进。一句"做长安gai 最靓的仔"既指向热门电视剧《长安十二时辰》，也让品牌瞬间拥有亲和力。接下来，用户可以在 H5 页面选择角色，并为角色换装；换装页面提供了款式、服饰、颜色、背景等元素，用户可根据自己的喜好为人物换装。

图 7-17

4. 公益"牌"

企业发展离不开社会发展，作为有良知的企业，有责任和义务回报社会。"企业社会责任"，就是指企业对投资者以外的利益相关者群体所承担的法律责任和道义责任。企业在做公益活动回报社会的时候，再顺便宣传自己的产品，实在是一举两得的美事。

前英特尔公司副总裁简睿杰认为："企业开展的公益活动与促销活动一般都会给社会带来利益。企业将自己一部分利益回馈社会开展各种公益活动，不仅满足了社会公益活动对资金的需求，同时又将良好的企业道德、伦理思想与观念带给社会，提高了社会道德水准。"

国内知名营养品牌汤臣倍健的天猫官方旗舰店，联合淘金币以及免费午餐基金，推出了极具创意的大型公益活动——"用 1 亿个淘金币 爱 1 万个孩子"，鼓励网友通过捐助淘金币为贫困地区的孩子献一份爱心。这次活动引发网友参与的热情超出主办方的预料，不少网友纷纷选择捐助，活动的第十天，淘金币捐赠数量就已经过亿。根据活动规则，当淘金币捐赠总量达到 1 亿个，汤臣倍健官方旗舰店就会捐出 100 万元善款，为贫困地区儿童提供"免费午餐"。活动结束，本次公益募捐活动共收到 9 万多网友捐赠的淘金币，数量过亿。在当日的捐赠仪式上，捐出第 1 个和第 1 亿个淘金币的网友也现身现场为活动助阵。此次汤臣倍健为"免费午餐"捐赠的百万元善款，也是支付宝 E 公益平台"免费午餐"项目当时接收到的最大一笔公益捐助，创造了新纪录。这场网络公益活动是首个由天猫商家、淘金币及免费午餐基金三方联动的大型公益活动，创造了 E 时代公益的新模式，在为企业的官方旗舰店带来流量和销量的同时，企业品牌的美誉度也得到极大的提升。

5．危机公关"牌"

企业在经营的过程中难免会遇到一些出其不意的事件，它们会对企业的品牌声誉、产品的销量等造成一定的冲击和影响，如果处理不好，就会酿成一场灾难；如果能得到巧妙的处理，不但能使企业化危为机，还能提高企业的品牌知名度和影响力。典型的案例是"特斯拉的着火事件"。一辆特斯拉 Model S 型豪华轿车在美国西雅图南部的公路上发生车祸起火，事故现场的视频迅速传遍网络。尽管特斯拉 Model S 型电动车曾在安全碰撞测试中获得美国公路交通安全管理局的最高分，但视频的广泛传播，再次引发公众对电动车安全性的怀疑。特斯拉 CEO 马斯克意识到问题的严重性，迅速发表公开声明，详细解释事情的前因后果，解答了公众关于此次起火事件的所有疑惑，并且让事故的亲历者——事故车的驾驶员为特斯拉做"无罪辩护"。马斯克的这一番公关成功挽回用户的信心，不但将事件转危为机，而且还增强了用户和投资者对特斯拉的信心。

任务四　撰写事件营销方案

任务导入

任务分析单 7-4

任务情境	一家销售牛仔服饰的电商公司想要借助近期发生的热点事件推广其品牌，作为品牌策划公司的营销人员，你需要撰写一份能够达到企业预期推广目的、让企业满意的事件营销方案
任务分解	（1）学习并了解事件营销的要点 （2）以小组为单位，选择合适的热点事件并确定这次事件的主题 （3）以小组为单位讨论如何结合线上的社交媒体资源和线下现场进行宣传推广 （4）以小组为单位讨论如何在酝酿事件的过程中适当地宣传品牌 （5）确定事件营销方案框架并分工撰写方案
完成方式	分组合作完成，并把事件营销方案在课堂上汇报

（一）事件营销的要点

1．不能盲目跟风

成功的事件营销有赖于深厚的企业文化底蕴，不是盲目跟风就能学来的。做网络营销推广也是如此，不能看到某个方法成功了，就盲目跟风，而是要看它是否适合企业。

2．符合新闻法规

事件营销无论如何策划，一定要符合相关新闻法规，不能越位。例如，某地有家公司刚开业，想通过事件营销提高销量，于是想出一个营销方案：先在当地广场放置 1000 把公益伞，然后安排人哄抢，最后再以一则市民素质不高的新闻对自己的产品进行炒作。这一事件的新闻价值确实很大，也颇有争议。但在发稿时，当地市级报社的社长却认为，这种反映当地市民素质不高的内容不适合发表，最终这一计划以失败告终。

3．事件与品牌关联

事件营销无论如何策划，一定要与品牌产生关联，要能对品牌起到宣传作用。例如，"海尔砸冰箱"事件就是与品牌诉求紧紧联系在一起的，砸冰箱是为了突出企业重视产品质量。

4．控制好风险

在策划营销方案之前，一定要充分考虑风险因素，控制好风险，避免对企业造成影响。所有的推广都应该为品牌做加法，如果策划时风险意识不够，考虑不够周全，就可能给企业带来严重的公关危机。

5．曲折的故事情节

好的事件营销应该像讲故事一样，一波三折，让人看了还想看，这样新闻效应才能持久。

6．吸引媒体关注

事件营销最早也称为新闻营销，与媒体是密不可分的。综观各类事件营销，都能找到媒体的影子，它们往往都是因为媒体的介入而火起来的。所以在制造营销事件的过程中，一定要注意引入媒体的力量。

7．并非临时性的战术

不要把事件营销当成临时性的战术，随性而为，而是要将它当成一项长期战略工程，并注意事件短期效应与品牌长期战略的关系。例如"秋叶大叔"长盛不衰的重要原因之一，就是他深谙媒体之道，经常制造新的事件及话题，因此一直保持足够的曝光率和媒体关注度。反观有些网络红人，往往都是在一件事火了之后，就再无下文。

8．不断尝试

在事件营销实施的过程中，不一定都顺风顺水。大众对事件的关注程度，不一定会像设想的那么高。要想成功，很重要的一条是戒骄戒躁，坚持实施，不断尝试。

（二）事件营销方案的结构

事件营销如果能够达到亿万级影响，便能为企业、品牌带来影响力大、成本低的营销效果。一般来说，事件营销需要针对活动目标、种子话题、活动落地、活动预算和风险控制等方面进行规划，才能够使复杂的营销变得清晰、简单。

1. 活动目标规划

在策划任何营销方案之前，首先需要制定活动目标，因为活动目标是营销的起点。只有围绕活动目标，策划人员才清楚营销需要提高公司的哪些数值，数据对企业的发展有哪些帮助。对于数据来说，需要注重其相关性、明确性、可衡量。其中，相关性是指数据和目标要相关；明确性是指营销人员要清晰地知道事件营销需要提高什么数值；可衡量是指使目标数据化。

2. 种子话题规划

种子话题一般要规划时间、地点、种子事件。时间规划需要围绕事件的最佳执行时间进行综合考虑，最终选择效果最佳、成本最低的时间点。地点规划主要考虑落地性、话题性、事件自我传播能力、风险预控。种子事件规划是制造营销事件的关键环节。首先要有引起用户关注的事件，其次要有从新闻角度来讲可引发用户热烈讨论的话题，能给媒体带来大量的流量，减少活动的成本。另外，话题还需要具备延展性，可以让事件更好地发酵，更持久地为企业带来流量。一个容易自我传播的种子事件内容要具备好玩有趣、真实可靠、难得一见、贴近生活、舆论正向等特点。

3. 活动落地规划

活动落地是一件比较复杂的事情，一般需要经过酝酿期、传播初期、传播中期、传播后期、收尾期等五个阶段。每个阶段需要采用的营销方式以及需要注意的规划细节是不一样的。

（1）酝酿期。这个阶段是筹备阶段，要为营销顺利进行而造势，通过各种准备工作，我们可以用思维导图软件先画出大纲，然后用 Excel 把所有细节列出来。

（2）传播初期。这个阶段的任务是挑选适合的媒体发布消息，目的是让事件初步传播出去，我们可以采用微信"大 V"、微博"大 V"、网站、新闻媒体、电视媒体等渠道。

（3）传播中期。这个阶段的活动落地的主要方法是出动正反、大小"水军"（指以第三方身份出现从事网络营销的网络 ID），制造话题，引发争议，把事件变成热点，让更多的人参与到争议中，让热点的温度更高。

（4）传播后期。在这个阶段，各种品牌营销活动不仅要同步，同时要制造新的热点话题以保持热点产生持久的吸睛能量，采用的方式有撰写新闻评论、发表谴责性或质疑性报道、维护形象等。

（5）收尾期。这个阶段要做的工作是抓留存和总结活动。留存是指通过各种活动运营把流量变成数据。这个阶段可以按照 PDCA 的方式来考虑：P 是整个事件营销的规划，D 是执行的过程，C 是检查过程和结果做得好和不好的地方，A 是对问题进行纠正，找出避免下次犯同样错误的可靠方法，确定后续目标，制订下一个计划。

4．活动预算规划

在活动预算规划上，我们要全盘考虑，一定要以高效投资为核心来考虑问题。例如，关于事件的表演者的花费，表演者可以是自己员工，也可以招聘兼职人员。

5．风险控制规划

风险控制规划就是把前面几个流程全部再走一遍，看看有哪些风险、哪些地方不可控，有风险的地方用什么办法可以补救，最终整理出一套应急方案来应对各个环节出现的风险。

当下，热点事件在用户脑海中留存的时间越来越短，事件的影响力也越来越弱。2015年，一个热点的热度能维持 7 天左右，然而最近两年，事件从爆发到结束只有 1~2 天，甚者可能只有一个上午。另外，用户对于刷屏级事件的内容越来越挑剔，企业以小博大的难度增加，没有知名演员，没有 IP，没有一定的媒介投放，纯靠创意和线下活动，很难达到营销预期。事件营销的投入越来越大，效果却不一定很理想。因此，事件营销的要点是"轻快爆"，"轻"指内容要轻、媒介选择要轻；"快"指传播速度、发力速度要快；"爆"指事件营销的爆点要强而有力。

🚚 **项目小结**

在移动互联和社交媒体崛起的今天，网络活动推广和事件营销对企业品牌、产品销售的促进作用日益明显。本项目由认知网络活动推广、撰写网络活动推广方案、认知事件营销和撰写事件营销方案四部分组成。其中，认知网络活动推广包括网络活动推广的作用和网络活动推广的形式两部分内容；撰写网络活动推广方案包括组织网络活动的要点和撰写推广方案的框架两部分内容；认知事件营销包括事件营销的作用和事件营销的内容制造两部分内容；撰写事件营销方案包括事件营销的要点和事件营销方案的结构两部分内容。学生通过案例分析、任务实施、课后练习等方式巩固学习内容。

（一）不定项选择题

1. 下列不属于网络活动推广的作用的是（　　）。

   A．带动流量　　　　　　　　　　B．搜集数据

   C．提高团队员工积极性　　　　　D．提高用户忠诚度

2. 下列关于组织网络活动推广的要点，陈述错误的是（　　）。

   A．活动要有趣味性　　　　　　　B．活动要有一定的门槛

   C．活动要有可持续性　　　　　　D．活动要有一定的回报率

3. 在线阅读打卡属于（　　）网络活动。

   A．选秀类　　　　B．公益类　　　　C．促销类　　　　D．学习类

4. 事件营销的作用有（　　）。

   A．新闻效应　　　B．广告效应　　　C．轰动效应　　　D．形象传播

5. 事件营销的要点有（　　）。

   A．不能盲目跟风　　　　　　　　B．符合新闻法规

   C．控制好风险　　　　　　　　　D．曲折的故事情节

（二）简答题

1. 事件营销对于企业有什么重要作用？

2. 举例说明网络活动推广有哪些形式。

3. 举例说明如何进行事件营销的内容制造。

08 项目八
搜索引擎营销

项目简介

面对互联网每时每刻都在更新的海量信息，搜索引擎已经成为我们快速寻找所需信息的最佳途径，也是生活、工作不可缺少的工具。由于使用搜索引擎进行搜索的用户目的性都很强，如果企业可以接触到这些人，就等于接触到最有希望购买产品的群体，因此搜索引擎在企业开展网络营销中占据重要的地位。本项目主要由认知搜索引擎营销、搜索引擎优化和搜索引擎付费营销三个任务组成。通过本项目的学习，学生将对搜索引擎营销产生兴趣，掌握搜索引擎营销的方法和技巧。

学习目标

知识目标：

1. 了解搜索引擎的基本类型和搜索引擎营销的内容、层次及基本方法。
2. 掌握搜索引擎优化的内容。
3. 掌握对搜索引擎优化的效果进行评估的方法。
4. 熟悉各类搜索引擎付费广告的内容。

技能目标：

1. 能够诊断网站搜索引擎优化现状并提出解决方案。
2. 能够对搜索引擎营销效果进行评估。
3. 能够设计搜索引擎付费营销方案。

素质目标：

1. 树立搜索引擎营销意识。
2. 构建搜索引擎营销的方法体系。
3. 培养文字表达与写作能力。

引导案例

全国加盟超 900 家实体店面，百度起到决定性的作用

品牌简介：户大姐土豆粉是郑州正味餐饮管理咨询有限公司（简称"正味餐饮"）下辖品牌。正味餐饮主要从事餐饮加盟、咨询管理和研发风味小吃。户大姐品牌的发展非常迅猛，其对产品品质的高度重视、长期致力于食品安全的努力得到业界的广泛赞誉和高度肯定，先后荣获了"全国绿色消费餐饮名牌""中华名小吃""中华特色餐饮名店""奥运美食推荐奖""全国放心餐饮十佳企业""中国餐饮连锁加盟著名品牌""中华老字号"等业界荣誉。

企业类型：生活服务。

使用广告：搜索广告。

营销痛点：同行业竞价竞争激烈，第三方平台投入行业词、品牌词抢占流量，"进线成本"不断上升，流量不稳定，行业匹配度不精准。

营销目标：宣传户大姐土豆粉品牌，招商加盟。

投放方案：

目标人群："70 后""80 后""90 后"。

场景选择：搜索推广/品牌推广。

投放地域：全国重点省份。

投放时间：全年投放。

每月投放费用：50000 元。

在百度上，正味餐饮以搜索推广和品牌广告的形式进行户大姐土豆粉的招商加盟，和百度合作已经有很多年了，从户大姐品牌成立之初到目前，全国加盟超 900 家实体店面，百度起到决定性的作用。

方案实施：2017 年，随着移动互联网时代的来临，移动端的流量更加巨大，为了更好地在移动端做推广，百度对网站的移动端进行改版升级。此次推广以移动端的布局为主，后期更是加入品牌广告全天点击不收费的投放模式，以便找到更多有需求的客户，也让户大姐在 2016 年、2017 年的加盟店数量不断创新高。

营销成效：2017 年，户大姐的搜索推广总曝光量为 214.7 万次，有效访问次数为 9.6 万次，点击价格为 5.66 元。

案例思考：

1. 户大姐土豆粉为什么要选择百度进行推广？

2. 通过案例分析，搜索引擎营销的营销价值体现在哪些方面？

任务一　认知搜索引擎营销

任务导入

任务分析单 8-1

任务情境	作为电商专业的学生，你想要了解搜索引擎对同一类目的品牌官网是如何决定其排序的，从而分析不同网站的搜索引擎友好性
任务分解	（1）在百度中输入某一个领域的核心关键词（例如七座 SUV、变频空调、婴儿奶粉等），找到排名靠前的 2～3 个品牌 （2）分析这几个品牌在搜索结果中的表现，如排名、网页标题、摘要信息等 （3）换其他搜索引擎（如 360 安全浏览器、搜狗浏览器等），输入同样的关键词，查看这几个品牌官网的排名是否有变化 （4）分别登录这几个品牌的官网，分析其登录速度、导航栏设计、界面友好性等信息 （5）汇总这几个网站的搜索引擎友好性报告
完成方式	小组分工完成任务，并在课堂上汇报调研结果

（一）搜索引擎的基本类型

搜索引擎（Search Engine）是指根据一定的策略，运用特定的计算机程序从互联网上搜索信息，再对信息进行组织和处理，为用户提供检索服务，将用户检索的相关信息展示给用户的系统。百度和谷歌是目前主流的搜索引擎代表。目前，搜索引擎主要分为以下三类。

揭秘搜索引擎的
推广原理

1. 全文检索搜索引擎

全文检索搜索引擎是目前广泛应用的主流搜索引擎，国外有 Google，国内则有百度。全文搜索引擎从互联网提取各个网站的信息（以网页文字为主），建立起数据库，并能检索与用户查询条件相匹配的记录，按一定的排列顺序返回结果。

当用户以关键词查找信息时，搜索引擎会在数据库中进行搜寻，如果找到与用户要求内容相符的网站，便采用特殊的算法（通常根据网页中关键词的匹配程度、出现的位置、频次、链接质量）计算出各网页的关联度及排名等级，然后根据关联度高低，按顺序将这些网页链接返回给用户。这种引擎的特点是搜全率比较高。

2. 目录索引

目录索引也称为分类检索，是互联网上最早提供资源查询的服务，主要通过搜集和整理互联网的资源，根据搜索到的网页内容，将其网址分配到相关分类主题目录的不同层次的类目之下，形成像图书馆目录一样的分类树形结构索引。目录索引无须输入任何文字，只要根据网站提供的主题分类目录，层层点击进入，便可查到所需的网络信息资源。

目录索引虽然有搜索功能，但在严格意义上还不能称为真正的搜索引擎，它只是按目录分类的网站链接列表。用户完全可以按照分类目录找到所需要的信息，而不依靠关键词进行查询。目录索引中最具代表性的有 Yahoo、开放式分类目录 DMOZ 等大型目录索引工具。目前，全文搜索引擎与目录索引有相互融合渗透的趋势。原来一些纯粹的全文检索搜索引擎现在也提供目录搜索，如 GOG 就借用 Open Directory 目录提供分类查询。

3. 垂直搜索引擎

垂直搜索引擎是 2006 年以后逐步兴起的一类搜索引擎。不同于通用的网页搜索引擎，垂直搜索引擎专注于特定的搜索领域和搜索需求（例如机票搜索、旅游搜索、生活搜索、小说搜索、视频搜索等），在其特定的搜索领域提供更好的用户体验。相比通用搜索动辄需要数千台检索服务器，垂直搜索具有硬件成本低、用户需求特定、查询方式多样等特点。

从 20 世纪末至今，我国相继出现了十几款搜索引擎，但百度是国内搜索引擎领域当之无愧的"领军者"。艾瑞数据显示，目前在 PC 端，百度搜索月覆盖人数占市场总人数的 45.38%，360 搜索占 30.32%，搜狗搜索占 13.16%，其他搜索引擎的占比均不超过 10%。

（二）搜索引擎营销的内容、层次和基本方法

搜索引擎营销（Search Engine Marketing，SEM），是指根据用户使用搜索引擎的方式，利用用户检索信息的机会尽可能将营销信息传递给目标用户。简单来说，搜索引擎营销就是基于搜索引擎平台的网络营销，利用人们对搜索引擎的依赖和使用习惯，在人们检索信息的时候将信息传递给目标用户。搜索引擎营销的基本思想是让用户发现信息，并通过点击进入网页，进一步了解所需要的信息。企业通过搜索引擎付费推广，让用户可以直接与公司客服进行交流、了解公司及产品信息，实现交易。

搜索引擎营销的原理是企业将信息发布在网站上，成为以网页形式存在的信息源；搜索引擎将网站/网页信息收录到索引数据库；用户利用关键词进行检索（对于分类目录则是逐级进行目录查询）；检索结果中罗列相关的索引信息及其链接 URL；用户根据对检索结果的判断，选择有兴趣的信息并点击 URL，进入信息源所在的网页。

1. 搜索引擎营销的内容

根据搜索引擎营销的原理，我们可以得知，搜索引擎营销的基本内容包括以下 5 个方面。

（1）构建适于搜索引擎检索的信息源。这里包括两层含义：一是有信息源，二是信息源适于搜索引擎检索。信息源可以是企业内部信息源（如企业官方网站），也可以是企业外部信息源（如第三方平台）。有了信息源，企业才有机会被搜索引擎检索到，所以建立企业网站是企业开展网络营销的基础。同时，信息源要适合被搜索引擎检索，也就是说，信息源应被搜索引擎收录，这就要求信息源的构建要考虑不同搜索引擎的特点。当用户检索到上述信息源后，可能需要获取更多的信息，这要求企业网站不仅要考虑搜索引擎友好，也应考虑用户友好。从这里可以看出，网站优化要包含用户友好，搜索引擎、网站管理维护的优化等内容。

（2）创造信息源被搜索引擎收录的机会。无论是官方网站还是第三方平台，将信息源发布到互联网上并不意味着就可以达到搜索引擎营销的目的。无论网页设计得多精美，如果不能被搜索引擎收录，用户就无法通过搜索引擎发现这些网站中的信息，企业也就不能实现网络营销信息传递的目的。因此，让尽可能多的信息源被搜索引擎收录是网络营销的基本任务之一，也是搜索引擎营销的基础。

（3）让网站信息源出现在搜索结果中靠前的位置。信息源被搜索引擎收录后，我们还需要让信息源出现在搜索结果中靠前的位置，这是搜索引擎营销所期望的结果。因为搜索引擎收录的信息通常非常多，当用户输入某关键词进行检索时，系统会反馈大量的

结果，如果企业信息源出现在靠后的位置，被用户发现的机会将会大为降低，搜索引擎营销的效果也就无法保障。要想使企业信息源出现在靠前的位置，有免费的方法，如搜索引擎优化；也有付费的方法，如竞价排名等，企业可以根据网络营销战略制定合适的搜索引擎营销策略。

（4）以搜索结果中有限的信息获得用户关注。通过对搜索引擎搜索结果的观察，我们可以发现并非所有的搜索结果都含有有效信息，用户通常并不会点击浏览搜索结果中的所有信息，而是筛选相关性最强且最能满足其需求的信息。因此，企业网站需要根据搜索引擎收集信息的方式进行有针对性的设计，主要的元素包括网页标题、网页摘要信息、网页 URL 等。我们在设计企业信息源时，要保证每个独立的页面有独立的网页标题、网页摘要信息和与网页内容相关的 URL。

（5）为用户获取信息提供方便。用户进入网站之后，网站能否提供满足用户需求的丰富信息或者便利的渠道成为决定用户在该网站停留时间长短的重要因素。网站的产品介绍、购物流程的设计、网站的易用性、客服的及时响应等成为影响用户转化的因素。

2. 搜索引擎营销的层次

搜索引擎营销的最终目标是将浏览者转化为真实的用户，从而实现销售收入的增加。这一实现过程需要逐层实现。搜索引擎营销有以下几个目标层次。

第一层是存在层。这个层次的主要任务是使信息源能被主要的搜索引擎收录，主要通过搜索引擎登录、搜索引擎关键词广告以及搜索引擎优化，尽可能让更多的企业网页被搜索引擎收录。

第二层是表现层。这个层次的主要任务是使信息源在搜索结果中表现良好，即使其在主要的搜索引擎搜索结果中尽可能获得靠前的排名。因为大多数用户关注搜索结果前几页的内容甚至第一页的前几个链接，所以获得靠前的排名就显得至关重要。如果在搜索引擎自然排名中没有获得靠前的排名，那么企业也可以通过搜索引擎关键词广告等方法实现排名靠前。

第三层是关注层。因为只有受到用户关注，经过用户选择后的信息才可能被点击。该层次的任务直接体现在网站访问量指标上，即通过搜索结果点击率的增加来达到提高网站访问量的目的。我们经常会发现，即使有的网站排名靠前，用户也未必会点击访问。企业可以通过搜索引擎正文优化等，让网页标题、META 标签、正文内容等更合理、更适用，吸引用户点击。

第四层是转化层。这个层次的任务是通过用户访问企业网站/网页，将浏览者转化为真正的用户。这主要由网站的功能、服务、产品等多种因素共同决定。

3. 搜索引擎营销的基本方法

搜索引擎营销的层次中提到企业信息源在主要的搜索引擎搜索结果中排名要靠前，

而排名靠前的方法有免费和付费之分。搜索引擎营销的方法分为以下三大类。

（1）登录全文检索搜索引擎：登录全文检索搜索引擎是指通过向搜索引擎入口提交信息源，缩短被搜索引擎收录的时间。

（2）搜索引擎付费营销：搜索引擎付费营销是指广告主根据自己的产品或服务的内容、特点等，确定相关的关键词，撰写广告内容并自主定价进行广告投放。当用户搜索到广告主投放的关键词时，相应的广告就会展示（关键词被多个用户同时购买时，根据竞价排名原则展示）出来。

（3）搜索引擎优化：搜索引擎优化是指在了解搜索引擎自然排名机制的基础上，对网站进行内部及外部的调整优化，改进网站在搜索引擎中的关键词自然排名，获得更多的流量，从而实现网站销售及品牌建设的目标。搜索引擎优化一方面可以给予用户更好的体验，让用户在使用网站时能够不假思索地点击相关链接，寻找所需的信息；另一方面让搜索引擎蜘蛛更容易爬行企业网站的所有页面。

任务二　搜索引擎优化

任务导入

任务分析单 8-2

任务情境	作为电商专业的学生，你想要了解品牌官网是如何做网站优化的，学会如何评价和诊断一个网站的搜索引擎优化在哪些方面做得好，哪些方面还可以改进
任务分解	（1）选择一个品牌官网作为研究对象，了解该网站的基本情况（页面布局、导航栏、网站地图、网页链接） （2）检查网站的内容更新情况及网站的备案信息，并查看网站首页的 HTML 代码、标题、关键词及其描述是否规范 （3）检查网站的功能和服务是否符合用户需求 （4）检查网站优化及运营，被百度收录的页面数量、网站 PR 值、网站访问量 （5）汇总网站的调研诊断报告，并汇报
完成方式	小组分工完成任务，并在课堂上汇报调研结果

搜索引擎优化（Search Engine Optimization，SEO）是指采用易于搜索引擎索引的合理手段，使网站各项基本要素适合搜索引擎检索原则并且对用户更友好，从而更容易被搜索引擎收录及优先排序。搜索引擎优化重视网站内部基本要素的合理化设计，除了考虑搜索引擎的排名规则，更重要的是为用户获取信息和服务提供方便，即"为用户提供最精准的优质内容"。

搜索引擎优化的内容主要包括关键词优化、网站结构优化、页面优化、外链优化、URL优化和主机优化。

（一）关键词优化

关键词优化是 SEO 的第一步，也是必不可少的一步。研究关键词才能确保这个关键词确实有用户在搜索，没人搜索的关键词没有价值。

1. 关键词策略

根据潜在用户或目标用户在搜索引擎中找到相应网站时输入的语句，产生关键词（keywords）的概念。关键词不仅是搜索引擎优化的核心，也是整个搜索引擎营销必须围绕的核心。关键词的重要性体现在以下几个方面。

提升关键词
优化质量

（1）确保目标关键词有人搜索。选择目标关键词时，要让用户想到企业名称、网站名称或者产品名称。但是当企业或者网站没有品牌知名度时，就没有用户会搜索企业名称或网站名称。产品名称如果不包含产品的通用名称，也往往没有用户会搜索。

很多时候，即使使用行业最通用的名字，也不一定有足够的真实搜索次数。例如"网络营销"这个词，百度指数显示该词每天被搜索两千次左右，其中一部分搜索次数来源于相关关键词的搜索，如"网络营销方式""网络营销方案""网络营销实战宝典""网络营销优势""网络营销培训"等。由此可见，用户对同一关键词有不同的需求，也就影响了用户最终的点击。我们要学会判断关键词的真实搜索次数，确定适当的关键词，首先要做的是，确认用户搜索次数达到一定数量级。如果在这方面做出错误的方向选择，对网站的影响将会是灾难性的。

（2）降低优化难度。找到有一定搜索量的关键词，并不意味着要把目标定在最热门、搜索次数最多的词上。虽然搜索"新闻""租房""机票"旅游"等关键词的用户有很多，但是对于中小企业和个人站长来说，要让这些词出现在搜索结果中靠前位置，难度非常高。因此，在选择关键词的时候要考虑搜索次数较多、竞争也不是很激烈的关键词。

（3）寻找有效流量。对于搜索引擎营销来说，排名和流量都不是最终目的，有效流量带来的转化才是最终目标。假设网站提供电子商务解决方案和服务，将关键词定为"电子商务"，并不是很好的选择，因为搜索"电子商务"的用户的动机和目的很难判定。用户可能在寻找电子商务服务，也可能在寻找电子商务专业报考指导，还可能在寻找电子商务资格考试的内容等，这样就很难将提供电子商务解决方案和服务的网站的用户转化为付费用户。如果把关键词定为"西安电子商务"，针对性就要强很多，用户已经透露出一定的购买意向。再进一步，如果把关键词定为"西安电子商务运营"，则用户的购买意向比较明确，几乎可以肯定搜索这个关键词的用户是在寻找本地专业的电子商务服务，这样的搜索用户来到相关网站，转化为付费用户的可能性将大大提高。

（4）搜索多样性。搜索词并不局限于我们容易想到的热门关键词。随着搜索经验越来越丰富，用户已经知道搜索很短的、一般性的词，往往找不到自己想要的内容，而搜索更为具体的、比较长的词（句子），效果更好。无论从用户意图和商业价值来看，还是从搜索词的长度来看，更为具体的、明确的搜索词都有非常重要的意义，所以用户除了搜索行业通用的词，还会搜索那些更具体的词。

（5）发现新机会。我们还可以通过关键词工具的推荐，挖掘相关关键词，找到大量自己不会去搜索，但确实有用户在搜索的词汇。找到有共通性或者有明显趋势的词，将这些关键词融入网站中，甚至增加新栏目，是发现新机会、扩展内容来源的最好方式之一。

2. 关键词的选择

关键词的选择应注意以下几点。

（1）内容相关。即目标关键词必须与网站内容有相关性。

（2）搜索次数多、竞争小的关键词。优质的关键词是搜索次数最多、竞争程度最小的词。在同样投入的情况下，效能高的关键词获得靠前排名的可能性更高，可以带来更多的流量。

（3）商业价值。不同的关键词有不同的商业价值，即使长度相同，也会有不同的转化率。例如搜索"鲜花花语""鲜花图片""鲜花价格""鲜花速递/鲜花配送"等关键词，用户行为背后的意图不相同，其商业价值也不同。

（4）地域性限制。部分关键词配合地名，尤其是线上和线下相结合的关键词，如"鲜花"——"西安鲜花""上海鲜花"，"酒店"——"北京酒店""三亚酒店"，也会产生不同的商业价值。

3. 确定核心关键词的方法

选择关键词的第一步是确定网站核心关键词。网站核心关键词通常就是网站首页的目标关键词。一般网站会有大量的关键词，但是这些关键词不能全都集中在首页上进行优化，而是要合理地分布在整个网站中，形成"金字塔"结构。

（1）头脑风暴。确定核心关键词的第一步，是列出与网站产品相关的、尽量多的，同时比较热门的搜索词，可以通过头脑风暴列出待选词。建议问以下几个问题。

① 你的网站能为用户解决什么问题？

② 用户遇到这些问题时，会搜索哪些关键词？

③ 如果你是用户，在寻找这些问题的答案时会怎么搜索？

④ 用户在寻找你的产品时会搜索哪些关键词？

（2）询问同事、朋友。询问公司同事或者亲戚朋友在寻找公司产品或服务时会搜索的关键词。

（3）参考竞争对手。查看竞争对手首页的源代码，可以将其 keywords 中列出的关键词列为待选词。

（4）选择关键词要考虑的因素。

① 以流量为目标：根据网站的相关性选择关键词，根据网站的权重选择关键词，采用"先易后难"的策略优化关键词。

② 以转化率为目标：选择转化率高的关键词，要注意地域性关键词的优化要点。

4. 关键词工具

（1）搜索建议。在百度搜索框中输入核心关键词时，搜索框会自动显示与此相关的搜索建议，如图8-1所示。

（2）相关搜索。检索结果页面的下方有搜索引擎给出的相关搜索，如图8-2所示。

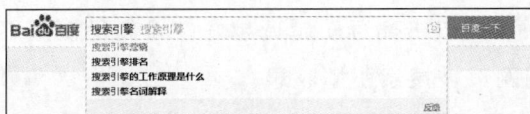

图 8-1

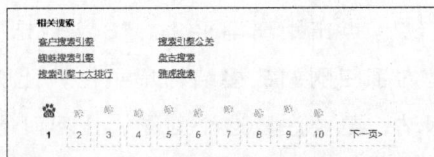

图 8-2

（3）百度指数。百度指数是以百度用户行为数据为基础的数据分享平台，可以研究关键词搜索趋势、洞察用户的兴趣和需求、监测舆情动向、定位受众特征等。营销人员可以通过百度指数分析关键词在百度中的搜索规模、涨跌态势以及相关的新闻趋势等为企业选择关键词提供参考，如图8-3所示。

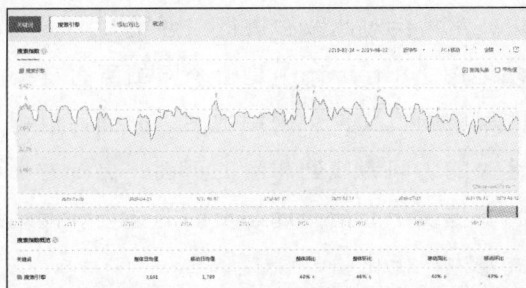

图 8-3

（4）百度推广账户。百度推广账户的关键词推荐与百度指数类似，但功能更为强大，在其中可以看到展现理由、日均搜索量和竞争激烈程度等。这些数据对于选择关键词有更好的帮助。

（二）网站结构优化

1. 清晰的导航

导航系统有助于用户浏览网站信息、获取网站服务，不仅可以告诉用户在哪里和去哪里，还可以告诉用户这里有什么和附近有什么，从而指导用户的下一步行为。

网站清晰的导航系统、相关链接、相关产品推荐、面包屑导航、正文中的链接、网站地图等都有助于用户的下一步操作。

从搜索引擎抓取的角度来看，网站导航系统优化应该注意以下几个方面。

（1）文字导航。在网站的建设中，很多人为了增强视觉效果，采用图片导航、Flash 导航或者 JavaScript 生成的导航系统。而这些都会构成蜘蛛陷阱，因为搜索引擎无法读取 Flash 文件中的文字内容和链接，也无法解析 JavaScript 脚本，所以我们应该尽可能使搜索引擎跟踪爬行链接的工作简单容易。最普通的文字链接对搜索引擎来说是阻力最小的爬行抓取通道。导航系统作为网站收录中最重要的内部链接，应尽量做到不给搜索引擎设置任何的障碍。

（2）点击距离扁平化。"3 次点击"原则是用户友好的体现，遵循"3 次点击"原则也是为了使网站链接结构扁平化，让所有网页的点击离导航越近越好。尤其是权重不高的网站，更要注意这个问题，让尽可能多的网页被搜索引擎收录。

（3）面包屑导航。面包屑导航（Breadcrumb Navigation）概念来自童话故事《汉赛尔与格莱特》。当汉赛尔和格莱特穿过森林时，不小心迷路了，但是他们发现在沿途走过的地方都撒下了面包屑，这些面包屑帮助他们找到回家的路。面包屑用来比喻用户通过主导航到达目标网页的访问过程中的路径提示，使用户了解所处网站中的位置而不至于迷失"方向"，并方便回到上级页面和起点。

（4）页脚关键词链接。近几年，很多网站都在页脚堆积大量富含关键词的链接，搜索引擎比较反感这种做法，常常会对此做法进行"惩罚"。

（5）网站地图。网站地图（Sitemap）是一个网站所有链接的页面，是根据网站的结构、框架内容而生成的导航网页文件。网站地图一方面可以提升用户体验，为网站访问者指明方面，并帮助迷失的访问者找到想看的页面；另一方面可以帮助搜索引擎蜘蛛浏览整个网站的链接，为其提供一些指向动态页面的链接。网站地图也可以作为一种潜在的着陆页面，对搜索流量进行优化。

网站最好制作两套 Sitemap，一套方便用户快速查找站点信息（HTML 格式），另一套方便搜索引擎得知网站的更新频率、更新时间、页面权重（XML 格式）。所建立的 Sitemap 要与站长网站的实际情况相符合。

（6）锚文字包含关键词。锚文字简单而言就是网页上超链接的文字部分。在网站建设上，锚文字是伴随着锚点一起出现的。锚文字也是链接，但是它跳转到特定的锚点。例如，在某网站的中间加入一个锚点，点击这个锚文字，就会跳转到锚点。跳转是在同一个页面上进行的。当然，跳转也可以发生在不同页面的锚点之间。当没有定义锚点的时候，锚链接也就没有作用了。在进行搜索引擎优化时，锚文字指链接（超链接）文字。

在导航中，锚文字链接的数量非常巨大，而且锚文字对目标页面相关性有很大的影响，所以在锚文字中应尽量使用目标关键词。

（7）Logo优化。Logo优化应考虑指向网站首页的链接，同时也应在Logo图片的img中添加Alt属性，并且内容为网站名称，最好加上关键词。这样的做法一方面有利于用户体验，另一方面便于搜索引擎抓取。

2. 导航及推荐内容的布局

网站导航是对引导用户访问网站的栏目、菜单、在线帮助、布局结构等形式的统称。从用户体验的角度来讲，导航的主要功能在于引导用户方便地访问网站内容，是评价网站专业度、可用度的重要指标。

（1）主导航醒目清晰。主导航一般体现为一级目录，用户通过它可以层层深入访问网站的所有重要内容。因此，主导航栏目必须在网站首页第一屏的醒目位置体现，最好采用文本链接而不是图片。考虑到用户的阅读习惯是从上到下、从左到右的，搜索引擎抓取重点内容的顺序也是按照用户的阅读习惯从上到下、从左到右的，越是靠上和靠左位置的内容，搜索引擎认为越重要。在设计网站导航时，越重要的内容应越靠上且居左。

（2）推荐内容布局。除了主导航栏目，网站还应该将次级目录中的重要内容以链接的方式在首页或其他子页中多次呈现，以突出重点。搜索引擎会对这种在网站内多次出现的链接给予充分重视，这对网页级别的提高有很大帮助。因为每个子页都对首页进行了链接，所以每个网站首页的网页级别一般高于其他页面级别。

（三）页面优化

1. 页面中关键词的优化

（1）head标签优化。

① 页面标题（title）：页面标题是包含在title标签中的文字，是页面优化最重要的内容之一。以京东商城为例，title标签的HTML代码格式介绍如下。

```
<title>京东（JD. COM)-正品低价、品质保障、配送及时、轻松购物！</title>
```

用户访问京东商城时，页面标题显示在浏览器窗口左上方，图8-4所示为浏览器窗口的京东商城页面标题显示。

图 8-4

用户在搜索引擎中检索京东商城时，页面标题显示在检索结果列表第一行，是用户第一眼就能看到的。图 8-5 所示为检索结果列表中京东商城页面标题显示。

网络营销：定位、推广与策划（微课版）

图 8-5

从这里我们可以看出页面标题的重要性。在优化页面标题的时候，我们应该注意以下几个方面。

第一，保证每个网页都有独立的、概要描述网页主题内容的网页标题。

在搜索结果中，我们常常会见到很多重复标题，这是因为没有设置标题标签，而使用了编辑软件新建文件时的默认标题标签。这在中文页面上常常表现为"未命名文件"，在英文中显示为"UntitledDocument"。还有很多企业虽然设置了标题标签，但是标题标签的内容是一样的。不同页面使用重复标题的用户体验并不好，搜索引擎也难以从重复的页面标题中看到这个页面的内容。

小型网站经常需要人工撰写最合适的页面标题。而大型网站页面数量众多，不可能通过人工撰写，需要通过程序调用页面上特有的内容生成标题，但首页需要人工撰写。

第二，网页标题字数不宜过短，也不宜过长。

网页标题字数一般不要超过 30 个字。搜索结果列表页面标题部分能显示的字数有一定的限制，百度最多显示 30 个中文字符，谷歌显示 65 个英文字符，转成中文大概是 32 个中文字符。

网页标题中超过这个字数限制的部分将无法显示，多出的部分通常在搜索列表标题结尾处以省略号代替。如果标题过长，浏览器窗口的页面标题显示也不完整，多出的部分会在结尾处以省略号代替。

第三，标题中大量关键词堆砌。

有些初学搜索引擎优化的人，为了提高相关性，在标题中大量堆砌关键词，给浏览者留下不专业的印象。

② 关键词标签（keywords）。关键词标签即关键词标签代码，如京东购物商城的关键词标签代码如下。

```
<meta name="Keywords" content="网上购物，网上商城，手机，笔记本，计算机，MP3，CD，VCD，DV，相机，数码，配件，手表，存储卡，京东"/>
```

关键词标签不显示在页面内容中，用户只有在查看网页源代码时或在搜索结果列表中才能看到其中的文字。对于企业和商家而言，核心关键词就是经营的范围，如产品/服务名称、行业定位、企业/品牌名称等。

每个网页的关键词不要超过 3 个，这样搜索引擎会认为该网页主题明确。如果确实有大量的关键词，可以分散到不同页面并进行有针对性的优化。

③ 描述标签（description）。描述标签用于说明页面的主题内容。京东购物商城的描述标签代码如下。

```
<meta name="description" content= "京东JD.COM-专业的综合网上购物商城，销售家
电、数码通信、计算机、家居百货、服装服饰、母婴、图书、食品等数万个品牌优质商品.便捷、诚信
的服务，为您提供愉悦的网上购物体验！"/>
```

在搜索结果中，京东商城不同页面的 description 会显示在结果中，这对用户的点击有一定的影响。图 8-6 所示为京东商城搜索结果中 description 被展示的内容。

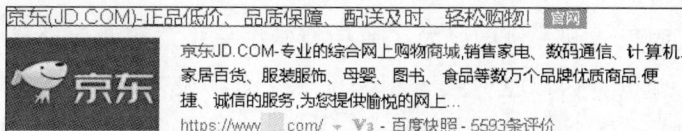

图 8-6

描述标签不显示在页面内容中，用户只有在查看网页源代码时或在搜索结果列表中才能看到其中的文字。虽然 description 不出现在网页中，但会在搜索结果中出现，这会直接影响用户是否点击网站，所以要从用户的角度来考虑优化。

描述标签的设置要注意以下问题。

第一，描述标签中要有关键词，并与正文内容相关。

第二，描述标签字数不要超过 70 个字，搜索结果列表说明文字部分通常显示 77 个中文字符，转成英文大概是 156 个英文字符。

第三，描述最好是一段通顺的句子。

从京东商城的搜索结果来看，首页的描述、服装频道的描述和首页频道的描述不同，分别概括了所在页面的主要内容，能够引导用户点击并访问网站。

（2）正文中的关键词优化。页面正文中出现关键词并均匀分布是非常重要的。关键词在网页中出现的频次（关键词密度），是一个页面中关键词占该页面中所有文字的比例，一般来说，关键词密度在 1%～7%比较合适。

关键词应该如何分布呢？一般关键词的分布原则是无所不在，有所侧重。"侧重"的分布点有以下几个。

第一，网页代码中的 title、meta 标签。

第二，网页正文最吸引注意力的地方，包括页面顶部、左侧，标题中，正文前 200字中。在这些地方出现关键词对排名有帮助。这样做的好处是让用户和搜索引擎蜘蛛都能以最快的速度了解该网页内容。

第三，锚文本（超链接文本），除了在导航、网站地图、锚文本中有意识地使用关键词，还可以人为地增加锚文本。

第四，Header 标签，即正文标题<H1><H1/>中的文字，搜索引擎比较重视标题行的文字。

第五，图片 Alt 属性，搜索引擎不能抓取图片的内容，在网页制作过程中将图片的 Alt 属性加入关键词是对搜索引擎比较友好的做法。

2. 版面文字设置

黑体、斜体是页面中很早就使用的形式，搜索引擎会给予黑体文字和斜体文字比普通文字更多的权重。一般情况下，中文斜体对用户不友好，不易辨认；在适当的情况下，使用黑体有助于搜索引擎抓取正文中的核心关键词。

黑体有时也有助于分词。例如，为了避免搜索引擎把"搜索引擎优化"分成"搜索""引擎""优化"3 个词，可以把"搜索引擎优化"全部设为黑体，这样有助于搜索引擎将其理解为一个词。

3. 页面更新

对于有时效性的网站来说，页面更新也能提高排名，如新闻网站。企业网站最少一周更新一次，而很多企业网站长期不更新，甚至发布的信息都是一年以前的信息，这样的网站对用户来说不友好，搜索引擎也很少抓取这样的网站信息。

4. 优质内容

（1）优质内容是搜索引擎判断网页质量的重要标准，优质原创内容是搜索引擎特别喜欢抓取的内容。优质内容有什么标准呢？百度搜索引擎对不同类型网页的内容质量的判断具体如下。

① 首页：导航链接和推荐内容是否清晰、有效。
② 文章页：能否提供清晰完整的内容，是否图文并茂。
③ 商品页：是否提供了完整真实的商品信息和有效的购买入口。
④ 问答页：是否提供了有参考价值的答案。
⑤ 下载页：是否提供了下载入口，是否有权限要求，资源是否有效。
⑥ 文档页：是否可供用户阅读，是否有权限要求。
⑦ 搜索结果页：搜索出来的结果是否与标题相关。

（2）复制内容也可称为重复内容，多指两个或者多个 URL 内容相同或者相似。搜索引擎不会因为一个网站有少量复制内容就惩罚这个网站，但是如果一个网站出现大量的复制内容，搜索引擎就可能会对网站质量产生怀疑并惩罚网站。

搜索引擎对复制内容所做的工作主要是从多个页面中尽量挑选出真正的原创版本并给予应有的排名，其他的复制版本不在搜索结果中返回或排在比较靠后的位置。

5. 排版优化

排版优化要求版式美观，易于阅读；用户所需要的内容位于网页最重要的位置；能够通过页面布局清楚地区分广告位置，并且广告不抢占主题内容的位置；不妨碍用户对主题内容的获取。排版优化包括正文内容的换行和分段、字体与背景颜色区分、首屏广告的位置与尺寸大小、弹窗广告、浮动广告等的优化。如果字体与背景颜色比较相近，甚至颜色为同一种颜色，不仅对用户体验不好，搜索引擎也会认为它们是垃圾内容，则该内容在搜索结果中的排名就会靠后甚至不会出现在搜索结果中。

6. 正常访问及访问权限

访问速度越快，用户体验越好；无权限访问比有权限访问的用户体验更好；提供优质正版内容、安装插件比提供盗版内容的用户体验更好。

（四）外链优化

1. 外链的作用

外部链接简称为外链，是指从其他的网站导入自己网站的链接。用户可以通过外链获取丰富的网站内容，搜索引擎蜘蛛也可以沿着外链进入企业网站，实现网站的信息抓取。对于搜索引擎尤其是百度、Google 来说，决定一个网站自然排名的关键是外部有多少高质量的链接指向这个网站，这就是外部链接或者反向链接，也称为导入链接。简而言之，外链主要从数量和质量两个方面影响网站的排名。

2. 外链对 SEO 的影响

互联网的本质特性之一就是链接，内部链接自己可以控制。总体来说，外链对 SEO 有以下几个方面的影响。

（1）相关性。相关性是搜索结果质量的重要指标。例如，做一个瘦身网站，其中一个频道为"疾速瘦身"，在做内部锚文本时，把"疾速瘦身"设为超链接，间接指向这个频道。导入链接内容相关性及锚文字成为判断相关性及排名算法的重要因素之一，尤其是导入来自其他网站的链接。

（2）权重及信任度。外链使被链接的页面及整个域名权重提高，信任度增加。外链越多，发出链接的网站本身权重越高，说明被链接的页面受越多的人信任和尊重。投向一个页面的权重和信任度，也会累计在整个域名上。

权重是搜索引擎排名中非常重要的因素。除了域名年龄、网站规模、原创性等，形成权重的重要因素就是外链。权重高的域名使网站上所有页面的排名能力都提高。与被信任网站链接距离近的页面，被当作垃圾内容的可能性大大降低。权重及信任度与特定关键词和主题没有直接关系。如果你的网站有来自百度、华尔街、央视等权重极高的网站的链接，你的网站的权重将会有质的提升，不管你的网站的目标关键词是什么，它们对提升你的网站排名会有帮助。

（3）收录。页面收录是排名的基础，外链的数量及质量对一个域名所能带动收录的总页数有至关重要的影响。没有强有力的外链，仅靠内部结构和原创内容，很难使大型网站收录充分。内页必须距离首页 3~4 次点击，原因是外链在很大程度上决定了搜索引擎的爬行深度，一般权重的网站，搜索引擎只会爬行 3~4 层链接，如果网站权重达到 PR7 或 PR8，则距离首页 7~8 次点击的内页也能被收录，这将有助于网站整体收录能力的提高。

3. 高质量的导入链接

高质量的导入链接包含以下几类。

（1）搜索引擎目录中的链接以及已加入目录的网站的链接。

（2）与你的主题相关或者互补的网站。

（3）流量大、知名度高、频繁更新的重要网站（如搜索引擎新闻源）。

（4）PR 值不低于 4 的网站。

（5）具有少量导出链接的网站。

（6）关键词在搜索结果中排名前三页的网站。

（7）内容质量高的网站。

4. 摒弃垃圾链接

垃圾链接主要有以下几类，要予以摒弃。

（1）留言簿、评论或 BBS 中大量发帖夹带的网站链接。

（2）已经加入太多导出链接的网站。

（3）加入链接基地、大宗链接互换程序、交叉链接等链接程序，与大量会员网站自动交换链接等，这些会被搜索引擎视为典型的垃圾链接，网站极有可能因此受到惩罚。Google 会对这些使用链接程序的站点进行永久性删除。

（4）链接没有被搜索引擎蜘蛛抓取的网页。

（五）URL 优化和主机优化

1. URL 优化

统一资源定位符（Uniform/ Universal Resource Locator，URL）也称为网页地址，是互联网上标准资源的地址（Address），它最初是由蒂姆·伯纳斯·李发明用来作为万维网地址的，现在已经被万维网联盟编制为互联网标准 RFC1738。

URL 优化主要考虑以下几个方面的内容。

（1）URL 设计。

① URL 越短越好。一方面比较容易被搜索引擎收录，另一方面便于用户复制和传播。

② 避免过多的参数。一般情况下最好使用静态 URL，如果必须使用动态 URL，

也应该减少参数的使用，这是因为一方面搜索引擎读不懂参数，另一方面也容易造成用户使用的困难。

③ 文件及目录名具有描述性。尤其是英文网站，目录及文件名应具备一定的描述性，使用户通过 URL 就能大概看懂网页的主要内容。

④ URL 中包含关键词。URL 中包含关键词可以提高页面的相关度，使网页在排名的时候有一定的优势，如果为了使关键词出现而堆砌关键词，就会引起搜索引擎的反感。

⑤ URL 中所有字母都小写。一方面全部小写易于用户输入，不会因为大小写混杂而出错；另一方面有的服务器是区分大小写的。

（2）动态 URL。URL 静态化一直是基本的 SEO 要求之一。动态 URL 静态化可以让搜索引擎更容易抓取，而且更容易被用户理解并记忆，并使 URL 信息在传递时变得更容易。

2. 主机优化

所有的网站都依附于服务器硬件。服务器（主机）的状况或性能会影响 SEO 效果。

（1）IP 地址及整个服务器。一个 IP 地址或者整个服务器被搜索引擎惩罚是很少见的情况，除非这个 IP 地址上的大部分网站都因为作弊被惩罚，这种情况下没有作弊的网站才可能受连累。在使用虚拟主机时，同一台服务器刚好碰上大部分网站都作弊的可能性非常低。

（2）稳定性。如果服务器经常死机，必然会影响搜索引擎爬行和收录。轻则搜索引擎不能及时更新页面内容，抓取新页面；重则搜索引擎会认为网站已经关闭，对其爬行频率大大降低。好的主机稳定性非常直观，经常打不开的网站说明其稳定性很差。

（3）主机速度。主机速度慢除了影响网站用户体验和转化率，也会严重影响网站收录。对于一个给定的网站来说，它在搜索引擎中有一个固定的权重，搜索引擎会分配一个与权重匹配的相对固定的爬行总时间。网站权重越高，分配的总爬行时间越长。如果网站速度比较慢，搜索引擎抓取一个页面就需要花费更长的时间，这样会影响总收录页面数量。

（六）搜索引擎优化的效果评估

我们可从以下几个方面评估搜索引擎优化的效果。

1. 关键词排名

关键词排名可以直接在搜索框中输入关键词进行查询。一般而言，出现在搜索引擎前 3 页的关键词排名都是不错的，出现在 3 页之后的关键词排名则需要加大推广力度。

2. 网站页面收录量

网站刚完成建设时一般不会立刻被搜索引擎收录，这是因为搜索引擎会对新站有个审核期。审核时间依据网站优化质量而定，网站可能几天就会被收录，也可能需要一星期或半个月才能被收录。一般而言，新站审核时间在 20 天之内是正常的。网站被收录后，并不是每一个页面都能出现在搜索结果中，百度只会收录它认为具有价值的优质网页。网站页面再多，如果内部优化没有做好，百度也只会收录其中一小部分页面甚至不收录。

收录查询方式：直接在搜索框中输入"sie：网址"，在返回结果中就可以看到网站收录量。

3. 网站反链数量

网站反链数量相当于其他的网站给你的网站的推荐或投票，在搜索引擎优化中具有极其重要的作用。反链的收录数量越多，说明别人对你的网站投票越多，那么网站的权重也就会越高，排名自然就越靠前。

百度反链的查询方式是：直接在搜索引擎搜索框里输入"domain："网址。

谷歌反链的查询方式是：直接在搜索引擎搜索框里输入"link："网址。

4. PR 值

目前主流的 PR 值有谷歌 PR、百度 PR、搜狗 PR 等。

PR 值起源于谷歌公司，是谷歌衡量网站权重的重要标准之一。就像酒店评星级一样，网站权重用 PR 值进行分级。PR 值范围为 0～10。PR 值为 3，表明网站权重达到一般企业网站的基础水平；PR 值为 5，则网站权重比较高；PR 值为 5 以上，则网站权重非常高。PR 值是谷歌对于网站优化情况的一个评分，是搜索引擎结合网站综合优化效果给出的一个分值。

5. 网站流量

关键词优化排名的最终目的是借助高曝光率带来高流量。那么怎么查询网站流量呢？流量的查询可借助流量统计工具。目前互联网上有很多免费的流量统计工具，如百度统计、51yes 流量统计器等。

6. 流量转化

流量不是企业搜索引擎优化的最终目的，高转化率的流量才能为企业带来切实的效益。很多企业网站的流量很高，但是转化成实际询盘的流量却很少，这也是优化不足的表现。那么流量高、转化率低的原因是什么呢？

（1）这是由行业性质决定的。转化率没有统一的标准，不同的行业，转化率也是不同的，因此一些特殊冷门行业的转化率较低，并不一定是优化不足造成的。

（2）无效流量较多，导致转化率低。有些网站为了吸引人气，会添加一些比较热门但与网站主题无关的内容，虽然可以吸引很多流量但是转化不成实际效益。因此，在转化率较低的情况下，我们不妨看看关键词分析是否精准，添加的无关文章是否过多。

（3）企业的产品或服务无竞争优势。用户购买的是企业的产品和服务，企业要想获得效益，除了网站推广，自身产品和服务的跟进也是至关重要的因素。

任务三　搜索引擎付费营销

任务导入

任务分析单 8-3

任务情境	作为电商专业的学生，你想要了解网站是如何进行百度付费推广的，以及推广方案应该如何设计
任务分解	（1）注册百度搜索推广账号，为所在学校的招生网站设计竞价排名推广方案 （2）设计招生网站的推广计划、推广单元、关键词及创意 （3）设计合适的引导页 （4）完成推广创意设计方案并汇报
完成方式	小组分工完成任务，并在课堂上汇报调研结果

搜索引擎付费营销是指企业通过付费使信息在搜索引擎上的排名靠前，对潜在用户进行营销的活动。这种形式的营销载体为用户关键词搜索的结果页面。以百度为例，目前主要的搜索引擎付费广告为搜索推广、品牌推广、网盟推广等。

（一）搜索推广

搜索推广是指在搜索结果首页的最上方，为提升用户品牌搜索体验而整合文字、图片、视频等多种展现结果的付费推广模式。百度搜索平台是管理推广的系统。进入系统后，企业就可以制作推广方案，查看推广效果，修改和优化账户结构，查看账户状态及财务信息等。账户结构是企业在推广平台中对关键词、创意的分类管理。账户状态反映当前账户的推广状况，能否正常推广、推广信息能否正常上线展示是由推广计划、推广单元、关键词、创意等各层级的状态共同决定的。

（1）推广计划：推广计划是指管理一系列关键词、创意的大单元。建立推广计划是设计账户结构的第一步。每一个推广计划拥有单独的投放预算和投放时间，如果投放预算为零，则该推广计划失效。

（2）推广单元：推广单元是指管理一系列关键词、创意的小单位。在推广单元中，关键词和创意是多对多的关系，即每个推广单元里的多个关键词共享多个创意；在展现推广结果时，同一关键词可对应多个创意，同一个创意也可能会被多个关键词使用。

（3）关键词：关键词是在百度推广中选择的、具有商业价值的、用来迎合潜在搜索需求的词。当用户的搜索词与关键词相关时，就能"触发"关键词，推广信息就能在用户面前展现。

（4）创意：创意是指展现给用户的推广内容，包括标题、描述、显示 URL 及访问 URL。

（5）出价：出价是指推广信息被点击一次，你愿意出的最高价格。出价不是你最终花的费用，只是你的心理上限，可以理解为封顶价，花费最高也不会高出出价。

在账户结构中，可以为推广单元内所有关键词设定统一的出价，也可以为特定的关键词单独设定出价。在两种出价同时设定的情况下，以特定的关键词的出价优先。

$$实际点击价格=（下一名出价×下一名质量度）/关键词质量度+0.01$$

（6）地域及时间管理：推广地域即选择推广投放的地域范围，只有当该地域的用户搜索时，才会出现推广结果。不同的推广计划可以面向不同的地域，从地理位置角度精准定位潜在用户。推广时间管理即预先规定推广信息在一天之内"哪些时段可以展现，哪些时段暂停"来设置推广时间，这样能获得"精确锁定潜在用户+用更低出价获得更好位置"的效果。

① 可以在时间上精准定位潜在用户。例如，做教育培训的企业，上午开始推广的时间可以设定早一些，因为潜在用户搜索的高峰时段在上午；同时周末往往是家长集中咨询的时间，所以周末也应该做推广。而做网游的企业，晚上在线推广的时间应该持久一些，因为其用户通常在晚上上网。

② 可以分散竞争激烈程度。由于搜索页面上的推广位置是有限的，如果所有的企业都集中在同一时段做推广，必然会使大部分企业的信息无法得到展现的机会，所以根据自己的情况设置推广时段，可以增加更多的展现机会。

③ 除去高峰时段，其他时间的推广竞争激烈程度会下降，用较低的价格就能排在更靠前的位置上。灵活利用时段进行管理，可以赢得"更高性价比"的投资回报率。

（二）品牌推广

品牌推广是指在搜索结果首页的上方，以文字、图片、视频等多种广告形式全方位地展示企业品牌信息，以便用户以更便捷的方式了解品牌官网信息、更方便地获取所需企业资讯，从而提升企业品牌推广效能的推广模式。

品牌推广分为 PC 端和移动端两种，按月购买（CPT 方式），企业可结合产品样式及所购买品牌词的数量和页面浏览量（PV）具体报价。通用规则如下：PC 品牌专区月刊例价为 10 万元/月起，移动品牌专区月刊例价为 2 万元/月起。

（1）投放地域。为全国展示，不分地域（省、直辖市）投放。

（2）投放时长。每次投放最短 1 个月，最长 12 个月。

（三）网盟推广

网盟推广是指通过分析用户的自然属性（地域、性别）、长期兴趣爱好和短期特定行为（搜索和浏览行为），借助百度特有的用户定向技术帮助企业锁定目标用户，当目标用户浏览百度联盟网站时，其以固定、贴片、悬浮等形式呈现企业的推广信息的推广模式。当用户使用百度时，搜索推广将企业的推广信息展示在搜索结果页面中；而当用户进入互联网海量的网站时，网盟推广可以将企业的推广信息展现在用户浏览的网页上。百度网盟是在用户搜索行为后和浏览行为中全面实施影响的。

百度网盟推广平台主要包括"网盟推广首页""推广管理""报告""我的网盟"4个模块。

（1）网盟推广首页：显示账户概况、账户分日报告等信息，帮助用户快速了解账户和推广的基本概况。

（2）推广管理：是网盟系统的核心模块，可进行投放设置、数据查看、推广优化操作。其中，投放设置主要通过新建流程完成。网盟系统的账户结构主要分为推广计划、推广组、创意等，数据查看和推广优化操作可在推广计划、推广组、创意、投放网络等列表中完成。

（3）报告：目前主要提供定制报告功能，可定制每日标准化报告和各层级效果报告。

（4）我的网盟：主要包括账户信息设置、自动转账设置、提醒设置、账户优化设置等功能。

（四）竞价优化要素

1. 关键词精准度

关键词选择是竞价排名的重心之一，而选择关键词最重要的原则是精准。竞价排名的精准关键词不仅要求有一定的搜索量，还要有高转化率，即满足两个条件：搜索该词的人有明确的消费需求与能力，搜索该词的人容易被转化为企业的用户。选取竞价关键词的常见方法有产品、口语、别名、地域、品牌和英文关键词等。

2. 引导页

将用户吸引到页面中，只是第一步，能不能让客户下单，还要看引导页能否打动用户。引导页就是用户搜索一个词后，点击进去所看到的页面（也称为落地页、着陆页）。一个成功的引导页应该围绕用户行为及特点来设计，需要符合以下 5 个要求。

（1）根据目标用户群的特点与喜好进行设计。

（2）能够带给用户足够的信任感。

（3）提供的内容是对用户有帮助的。

（4）能够解答用户心中潜在的问题。

（5）能够促使用户留下信息或与企业取得联系。

3. 页面优化要点

要提高转化率，需要对以下因素进行优化。

（1）网站页面专业性。网站页面要体现足够的专业水准。

（2）网站内容的实用性与美观性。网站内容更新要及时，内容要符合基本的排版要求，如文章的配图需要进行简单处理，不要出现图片失真等情况。

（3）联系信息要详细。网站上的联系信息越详细越好，推荐使用固定电话，尤其是400或者800电话，这种电话比较容易获取用户的信任。同时选择QQ作为与用户在线沟通的工具，QQ等级越高，越容易让用户信任。

（4）重点突出合法性。互联网上诚信是最基本的原则。将企业营业执照、资质证明等各种证件在网站上展示，将大大消除用户疑虑，提高企业的诚信度。

（5）背景介绍要突出。将公司起源、领导介绍、媒体报道、荣誉证书、领导关怀、专家解答等，通过文字、图片、视频等形式展示出来。

（6）用户见证。将用户见证通过文字、视频、图片等形式充分展示出来。

（7）零风险策略。通过零风险策略打消用户疑虑，如淘宝中商家承诺七天包退、一个月包换等。

（8）用户答疑。设置用户常见问题解答栏目，将典型的问题、用户集中反映的问题列出来并给出答案，特别是将用户最关注的问题解答清楚。

用户开始咨询之后的话术引导对提高用户的转化率有很重要的作用。话术设计应注意以下几点：①对用户有耐心；②对用户有礼貌；③用专业度打动用户；④不能忽悠用户。

除了转化后的用户，网站还应该搜集未转化但有意向的潜在用户，通过页面引导让用户留下联系方式等资料，通过免费送资料、有奖调查、活动、网站注册等形式让用户留下手机号码、QQ号码等。之后企业可以通过电子邮件、促销活动等手段促进转化。

竞价排名中还需要对关键词的点击数、总消费数、注册数、单笔订单额、订单数、订单转化率、注册CPA、ROI等数据进行监测。引导页中除了常规的流量监测，还需要对咨询量和转化率进行监测。

项目小结

本项目包括认知搜索引擎营销、搜索引擎优化和搜索引擎付费营销三个任务。其中，认知搜索引擎营销包括搜索引擎的基本类型，搜索引擎营销的内容、层次和基本方法；搜索引擎优化包括关键词优化、网站结构优化、页面优化、外链优化、URL优化和主机优化、搜索引擎优化的效果评估；搜索引擎付费营销包括搜索推广、品牌推广、网盟推广以及竞价优化要素。学生通过阅读教材内容，能够学会对网站进行搜索友好性分析，诊断网站的优化情况，并制定搜索引擎付费推广方案。

（一）不定项选择题

1. 竞价排名与搜索引擎收费登录的相似之处在于（   ）。

   A. 都是按照排名的时间长短收费的

   B. 都是按照用户给网站带来的实际访问量收费的

   C. 都是借助搜索引擎平台进行推广的

   D. 都不是按照排名的时间长短收费的

2. 竞价排名的服务模式是（   ）。

   A. 按照为用户带来的访问量付费

   B. 联合众多知名网站，共同提供服务

   C. 限制用户注册的产品关键词数量

   D. 让用户注册属于自己的产品关键词

3. 从国内外主要搜索引擎的收费方式来看，百度的竞价排名是（   ）方式。

   A. 收费登录   B. 主动出击

   C. 购买关键词广告   D. 守株待兔

4. 与目录索引相比，全文检索搜索引擎的不同之处在于（   ）。

   A. 用户拥有更多的自主权

   B. 手工操作

   C. 对网站要求很高

   D. 必须将网站放在一个最合适的目录下

（二）简答题

1. 搜索引擎按其工作方式可分为哪几类？

2. 搜索引擎营销的原理是什么？搜索引擎营销的内容和层次有哪些？

3. 搜索引擎营销的方法有哪些？

4. 什么是搜索引擎优化？搜索引擎优化要考虑哪些方面的问题？

09 项目九
网络营销方案策划与实施

项目简介

进入网络时代，只有充分了解和懂得网络营销，才有资格参与激烈的商战。网络营销策划方案是网络营销的灵魂，是企业参与商战时的对策和决定，对网络营销的效果具有十分重要的影响。撰写网络营销策划方案时，要求企业能围绕其网络营销目标，对将要发生的网络营销行为进行前瞻性的规划和设计，制订具体的行动计划，并提供整套的解决方案及操作手册。

本项目包括认知网络营销策划、撰写网络营销策划方案和实施网络营销策划方案三个任务。通过本项目的学习，学生应对网络营销策划产生兴趣，了解有关网络营销策划的基本知识，能够系统地运用所学的网络营销知识，并将其应用到网络营销策划方案的撰写中，为企业解决实际的网络营销问题出谋划策。

学习目标

知识目标：

1. 了解网络营销策划的概念、要素和步骤。
2. 熟悉网络营销策划方案的结构和撰写技巧。
3. 了解网络营销方案的实施步骤和常见问题分析。

技能目标：

1. 能够根据企业具体的网络营销目标撰写网络营销策划方案，包括使用 SWOT 模型合理分析企业的网络市场、识别并分析企业的竞争对手、正确定位企业的网络目标市场、制定网络营销策略、选择合适的网络推广工具和方法等。
2. 能够根据营销策划方案制订合适的实施行动计划。

素质目标：
1. 具备分析与决策的能力。
2. 善于表达沟通，注重交流合作。
3. 具备创新意识。

引导案例

冷酸灵：互联网营销高"冷"领域中的热焦点

在互联网营销的浪潮下，众多传统企业开始自我"革命"，但牙膏行业的反应却好像挤牙膏。佳洁士、高露洁两大巨头在防蛀、美白高中低段均有覆盖，中国本土品牌则大多在其他细分功能领域进行各种竞争。过于生硬地强调传统的功能，对于"80后""90后"甚至"00后"而言，自然就无法激发他们的购买欲望。用户需要的产品，除了好用，还需要有情感内涵，他们乐于为此买单。周鸿祎曾说："以前是先做事再说情怀，现在则是先讲情怀再做事。"以"冷热酸甜，想吃就吃"深入人心的国内抗敏感牙膏领导品牌冷酸灵率先突围，跟年轻人走心对话。

1. 深刻洞悉时代痛点，并将其转化为跟年轻群体的对话点

时代急剧变化，每个人都有无限机会，也面临着各种挫折和困扰。冷酸灵的品牌团队找到了"痛点"，敏锐地嗅到了机会——将产品与情怀结合，把功能层面的牙齿抗敏感上升为精神层面的生活抗敏感，提出了"做抗敏感青年"的号召。

2. 产品即媒介，产品即流量入口

在互联网思维盛行的时代，品牌和用户之间的沟通变得扁平和透明，因此产品力回归成为营销的核心！冷酸灵这场"年轻人派对"的核心，正是一款"抗敏感青年特别版套装"。蒋方舟、罗晓韵、张小盒、伟大的安妮这几位在年轻群体中颇具影响力的"领袖"，把他们各自人生的抗敏感感悟写在牙膏管上，连同他们的亲笔签名照一起"上管"。而这些抗敏感感悟，诸如蒋方舟的"自己搭建世界观，为自己遮风挡雨"，张小盒的"经常看不透这世界，但不妨碍我找到自己的路"，让普通一支牙膏瞬间有了正能量的灵魂。情感价值和功能价值如此完美地汇聚在"抗敏感"这个诉求上，并落地于产品上。可以预料，产品送达消费者手里后，又将是病毒式的刷屏之作！

而牙膏管背面，更有手机淘宝二维码，用户扫码即可进入抗敏感手机游戏，强化了品牌认知；用户再进店获取优惠券，刺激了用户的再购买。可以说，这完全具备了互联网时代超级产品的特质！而移动互联无疑是年轻人连接世界的最大入口，冷酸灵在众多户外 LED 广告以及全国百家剧院渠道，布上手机淘宝码，通过 O2O 引导更多流量访问购买，并将购买用户转化为品牌用户，这样又抢占了年轻人关注量的入口。

该款产品在当年"双十一"前夕的优先预售日中，就有近千套被抢订，店铺的当天访客数和成交额比平时日均提高 100 倍。一个传统牙膏老品牌，突然变得如此年轻有态度，让人眼前一亮。冷酸灵市场部负责人介绍："企业希望冷酸灵从父辈手上传递到年轻一代的，不仅仅是一个牙齿抗敏感护理的好产品，更是一种抗敏感的生活态度和精神——直面时代挑战与考验，执着梦想，坚守本心，以积极的正能量影响周围的世界！正如蒋方舟在她长微博上倡导的'从自己身上，克服这个时代'。这也是冷酸灵品牌活化战略的重要一步，最终希望实现弯道超车。"

从冷酸灵案例可见，互联网思维不是互联网企业的专利。传统企业已有的巨大动能一旦有了互联网思维的引爆，其释放的威力将超乎想象。

案例思考：

1. 冷酸灵牙膏营销策划方案的成功因素有哪些？
2. 结合案例分析，营销策划方案主要包括哪些内容？

任务一　认知网络营销策划

任务导入

任务分析单 9-1

任务情境	一个家电品牌公司想通过网络营销的方式推广其新上市的产品，作为公司网络营销专员，你需要了解同行是如何通过互联网推广新产品的
任务分解	（1）重温之前学过的所有网络营销工具，梳理每个工具的营销价值 （2）通过教材、网络、参考资料等方式了解如何进行网络营销策划 （3）查找 2～3 个近三年家电类目的整合营销案例，分析其营销创意和效果
完成方式	分组合作完成任务，并选取有价值的案例在课堂上汇报分享

（一）网络营销策划的概念

1. 策划概念

简单来说，策划是指为了达成特定目标而构思、设计、规划的过程。"策划"一词最早出自《后汉书》。"策"指计谋、谋略，"划"指设计、筹划、谋划。《孙子兵法》曰：

206

"以正合，以奇胜。"所谓正，是指策略和系统；所谓奇，可理解为创意。策划就是进行策略思考、布局规划，谋划制胜创意的过程，并形成可安排执行的方案。

2. 网络营销策划的概念

顾名思义，网络营销策划就是为了达成企业的网络营销目标而进行的策略思考和方案规划的过程。网络营销策划可分为网络营销盈利模式策划、网络营销项目策划、网络营销平台策划、网络推广策划、网络营销运营系统策划五种类型，本书中的网络营销策划特指网络推广策划。

（二）网络营销策划的要素

企业做好网络营销的核心是什么？根据企业营销目标的不同，其核心也各不相同，如推广、网站、转化率、销售、文案、产品、SEO 等。企业之所以没有做好网络营销工作，根本原因在于没有系统地看待网络营销，没有采用一种策略去统率全局，没有创造性地解决问题，更没有形成运营系统。简言之，很多企业在做网络营销时没有进行网络营销策划。

"策略为纲，创意为王，系统制胜"，网络营销策划的核心要素就是网络营销策略、网络营销创意和网络营销运营系统。

1. 网络营销策略

（1）正确的策略来源。企业只有深入分析行业、竞争对手、目标消费者和自身，找出自己的优势、劣势，了解所面临的机会和威胁，才能扬长避短、抓住机会，找到适合自己的正确策略。

（2）网络营销的策略方法。不同行业、不同企业、不同阶段的企业均有不同的策略，企业需要根据自身的实际情况来发挥自己的优势，厘清自己的策略，包括确定企业的网络营销模式，企业是开淘宝网店还是自建 B2C 商城，是利用网站推广在线下成交订单还是做品牌推广，不同的行业、不同的企业适合不同的模式。企业还需要进行用户定位，即明确用户在哪里，用户关心什么，企业的核心优势是什么，用户选择本企业而没有选择竞争对手的主要原因是什么等问题。同时，企业还需要进行定位推广并执行，确定怎样才能找到用户，怎么告知用户，是否需要建设网站；如果建设网站，怎么展示企业的卖点和核心优势等。上述内容就包含了产品品牌策略、网站策划策略和网站推广策略。

2. 网络营销创意

（1）创意。一个好的创意包含众多新奇的想法、好的点子或者主意，但这些想法、点子和主意本身还不是真正意义上的创意，它们只是创造性思维的成果。营销上的创新如亚马逊创造的广告联盟模式，被谷歌扩大，也成为网络中小站长的盈利模式。

（2）创意来源。创意主要来源于对市场的洞察、对用户的洞察、对人性最深层次的洞察。洞察产生洞见，企业洞见了用户需求，洞见启动心灵的按钮，也就洞见了财富之门。

3. 网络营销运营系统

（1）网络营销运营系统的内涵。网络营销运营系统就是实施策略、达成目标的执行系统。其重点是建立企业网络营销推广体系及推广制度，包括主流网络营销推广系统的账号体系建立及运行等。

（2）构建网络营销运营系统。完成一项工作，需要什么人、什么资源，怎么分解任务、分配任务，每个阶段做什么事，怎么跟进监督，这些都需要做好系统安排，这个过程就是构建网络营销运营系统的过程。例如，某个项目的传播推广策略以搜索为核心，进行网站规划时要做哪些工作，网站结构怎么规划，关键词怎么提炼，内部链接怎么规划，内容怎么规划撰写，程序功能怎么优化等；网站建好后，运营时怎么进行 SEO，外部链接怎么建设，内容怎么更新，怎样进行数据监测分析，搜索竞价怎么做等，这些都需要系统规划解决，事先安排落实。策略提出后，设置什么样的岗位，招聘什么样的人才，怎么管理考核等都是组建网络营销运营系统的基础。

（3）系统匹配策略。要建立良好的网络营销运营系统，首先要求项目负责人对项目策略各模块流程细节、团队组建、岗位需求、管控系统等进行深入了解，甚至亲自操作。其次要求项目负责人对团队、流程有很强的整合能力，否则基本可以宣告项目失败，而一般错误主要出现在岗位配备、人员配备和完成策略需求的岗位技能不匹配。

（三）网络营销策划的步骤

1. 通过营销定位明确营销目标

随着网络的快速发展，越来越多的企业开始注重网络营销，很多企业在做网络营销时投入很多资金，却没有达到理想的效果，这些企业的失误在哪里？这是因为它们没有做好网络营销的第一步——营销定位。很多企业对自己的网络营销没有准确定位，只是要求自己的网站访问量越高越好，却忽略了企业自身的特点以及相对应的营销模式。在做网络营销策划前，首先要明确目标，要明确这个策划是追求 IP、追求流量、追求注册量，还是追求销售量、追求品牌知名度等。如果目标不明确，推广工作做得越多，资金使用越多，反而越迷茫。

2. 明确目标用户的性质

确定目标后，就要分析哪些是你的目标用户群体。如果目标是追求 IP，就要了解最容易点击网站的用户是哪些人；如果目标是追求销量，就要了解最愿意购买企业产品的用户是哪些人。

在真实的网络营销策划中，往往有多种不同的目标。例如，对于一家带有商务性质的论坛来说，既要追求品牌与口碑，又要追求流量；既要追求注册用户数，又要追求帖子量；最重要的是追求转化率和销售额。而能够帮助这个网站进行口碑传播的人，不一定是论坛里的活跃用户；而天天在论坛里不停发帖的人，又不一定会产生消费；而那些有购买需求的用户，可能根本就不愿意在论坛注册。所以我们要做的工作就是明确不同目标和不同用户群，给目标用户分类。对于网络传播来说，用户可以分为能够带来收入的用户、能够带来流量的用户、能够带来内容的用户、能够带来口碑的用户、能够带来品牌和权威性的用户。

3．明确目标用户的特征

在明确了目标用户之后，还需要明确目标用户的特征，画出用户特征图。不同自然属性、社会属性的人喜好不同，针对他们的营销策略也就不同。例如，年龄偏小的用户，喜欢追逐时尚和潮流，针对他们进行营销时，页面风格要时尚、文字要活泼。而年龄偏大的用户，则比较成熟稳重，喜欢有内涵的事物，针对这类用户，页面风格要成熟一些，文字要有内涵。

除了自然特征，还要研究用户需求，清楚用户喜欢哪方面的内容、信息、资源以及想解决的问题或困难是什么等。要明确目标用户上网是喜欢看新闻还是喜欢看其他文章，是喜欢看服装搭配类的内容还是喜欢看美容化妆类的文章等。用户的这些需求决定了下一步网络营销策划的素材。

4．明确目标用户集中的平台

分析目标用户的需求后，还要明确目标用户集中的平台。我们要结合用户特征和需求进行分析：如果用户的主要需求是浏览文章，就需要将目标用户经常去的网站尽量找齐；如果用户上网做得最多的事是与人交流，就需要把用户常去交流的论坛、QQ 群等筛选出来；如果用户喜欢用搜索引擎查找信息，就需要将用户经常搜索的词全部列出来。将上述的这些平台列出来，越详细越好。

5．针对用户特点展示产品亮点

通过前面四个步骤，企业明确了网络营销目标，目标用户的性质、特征及其集中的平台，接下来就需要分析如何打动用户，促成交易。首先通过分析用户行为找到影响用户决策的关键点，然后再结合用户特点及产品的特点来打动用户。例如，当下年轻人获取信息主要依靠手机，而老一辈获取信息大多依靠电视或报纸杂志，KKTV 电视准确地把握两代人的不同特点，借中国传统节日七夕节策划了一个"晒父母结婚照，帮父母爱情上电视"的专题活动（见图 9-1）。年轻人通过手机社交平台分享父母的结婚照，就有机会赢得帮父母爱情上电视的机会和 KKTV K5 50 英寸电视机一台。这场与电视有关的爱情活动，在年轻人和老一辈之间、手机与电视机之间架起一座沟通的桥梁，也创造一段父母与孩子之间的独家记忆。

图 9-1

任务二　撰写网络营销策划方案

任务导入

任务分析单 9-2

任务情境	一个家电品牌公司想通过网络营销的方式推广其新上市的产品，作为公司的网络营销专员，你需要撰写一份网络营销策划方案
任务分解	（1）学习并了解网络营销策划方案的要点 （2）以小组为单位讨论并确定网络营销策划方案的主题 （3）以小组为单位讨论如何整合多种营销工具进行宣传推广 （4）确定网络营销策划方案框架并分工撰写
完成方式	分组合作完成任务，并把策划方案在课堂上汇报

（一）网络营销策划方案的结构

网络营销策划方案是企业网络营销项目顺利运营的前提和保障，也是规范企业网络营销管理的重要方面。鉴于网络营销策划方案对企业经营和营销管理的重要性，策划者应更加注重网络营销策划方案的写作。要完成这项工作，策划者首先要明确网络营销策划方案的结构。

1．封面

网络营销策划方案的封面可以直观地表现策划的内容，使相关人员简明扼要地了解策划者的思路。封面需要体现出专业性与严谨性，并提供以下信息。

（1）策划方案的名称。

（2）策划方案服务的用户。

（3）策划机构或策划者的名称。

（4）策划完成日期及策划适用时间段。

2．项目概要与背景分析

项目概要是最重要的一部分，也是影响初选结果（参加投标时）的决定因素。在概要部分，策划者要把所有的重要信息概括出来。概要一般包括相关企业的背景信息、使命与宗旨，策划目的与意义，项目要解决的问题与解决的方法，企业的能力和以往的成功经验等。

项目背景分析需要详细介绍项目的背景、现状、存在的问题以及设立这个项目解决相关问题的原因，要详细说明项目的起因、逻辑上的因果关系、受益群体及其与其他社会问题的关联性等，要充分说明问题的严重性与紧迫性。

3．环境分析

环境分析部分主要分析当前的营销环境状况，包括当前的市场状况及市场前景分析、项目优劣势分析、机会与威胁分析等。策划者要对同类产品的市场状况、竞争状况及宏观环境有一个清醒的认识，以便为制定相应的营销策略、采取正确的营销手段提供依据。

4．营销目标

网络营销策划方案要详细介绍项目计划，项目的总体目标、阶段性目标与任务，以及各目标的评估标准。制定营销目标首先要进行市场细分与目标市场选择，以保证制定的目标切合实际。总体目标是一个长期的、宏观的、概念的、比较抽象的描述，它可以分解成一系列具体的、可衡量的、可实现的、带有明确标记的阶段性目标。

5．盈利模式与网站构架

盈利模式是企业在市场竞争中逐步形成的赖以盈利的特有的商务结构及其对应的业务结构。盈利模式是企业赚钱的方式。网站构架是在分析用户需求后，准确定位网站目标群体，确定营销目标与战略基础，确定网站整体构架，设计网站栏目及其内容，以最大限度地进行高效的资源分配与管理的设计。

6．营销策略及推广方式

为了实现营销战略目标，策划者需要结合项目特点与目标市场特征，制定营销策略，设计开展营销活动来实现这些目标。选择推广方式时，策划者要特别注意推广方式的特点及推广方式对项目本身的适用性。

7. 项目组织构架

明确项目组织构架，指明项目总负责人、财务负责人及其他各分项目的负责人等。

8. 财务预算

财务预算需要提供的不仅仅是一个费用预算表，而是要描述和分析预算表中的各项数据、总成本与各项分成本（包括人员设备和网络等费用），要明确地计算出所需的经费总额。投入与产出是相对应的，因此必须分析产出效益，包括经济效益与社会效益。

9. 风险控制与可行性分析

任何项目都是机遇与风险共存的，项目成功与否的关键在于能否在抓住机遇的同时控制风险，使项目在经济上、环境上及技术上都具有可行性。

10. 附件

附件对于策划方案具有重要的支撑作用。由于篇幅太长而不适合放在正文中的文件，可以放入附件中。

（二）网络营销策划方案的撰写技巧

如果想撰写一份出色的网络营销策划方案，仅掌握其书写结构是不够的。细节决定成败，只有在撰写网络营销策划方案的过程中注意细节问题，才能使策划方案更具可操作性。这些细节是撰写网络营销策划方案的技巧，主要体现在以下三个方面。

写作网络营销策划方案

1. 结构完整，层次清晰

网络营销策划方案的结构可以概括为环境分析、战略制定和执行落实三大部分。一份结构清晰、富有层次的策划方案，可以帮助我们在整体上对网络营销策划方案有清楚的把握，可以使我们思路清晰，从而有效地开展工作。

2. 主线明确，战略统领

网络营销策划方案要围绕一条主线展开分析。例如，企业欲推广其电子商务平台，在发展初期以提高网站的访问量为主要目标，那么，整个网络营销策划的内容就要以此为核心。因此，电子商务平台内容的目标是便于用户使用，平台的推广目标是尽可能使用户知晓并养成使用该电子商务平台的习惯，同时辅以搜索引擎优化及增强平台黏性等方法，使该电子商务平台以最快的速度被用户了解并使用。

为了更好地运用这一技巧，策划者可以在策划方案中使用一些重点符号、特殊的版式、不同的字体或字号，强调突出策划内容的主线，便于执行者准确地把握策划主线。

3．图表丰富，分析深入

在网络营销策划方案中使用图表进行分析，不仅可以使策划方案看上去简明、生动，还能让用户关注图表的数据内容，增强策划方案的深度、可读性和真实性。

撰写网络营销策划方案需要从宏观到微观详尽细致地调研分析，还需要综合运用多种网络营销工具。

任务三　实施网络营销策划方案

任务导入

任务分析单 9-3

任务情境	一个家电品牌公司想通过网络营销的方式推广其新上市的产品，作为公司的网络营销专员，你撰写的网络营销策划方案获得公司的认可，然后需要落地实施这个方案
任务分解	（1）学习并了解网络营销方案实施的要点 （2）以小组为单位讨论如何保障营销方案的落地实施 （3）以小组为单位讨论并制定人员分工方案和行动方案
完成方式	分组合作完成任务，并把实施方案在课堂上汇报

网络营销方案是为了在网络上达到推广网站或产品的目的而制订的切实可行的计划。计划要付诸实施，因此，网络营销方案的实施是指企业为确保营销目标的实现，将网络营销战略和计划转化为具体的营销活动的过程。营销策划方案解决企业"应该做什么"和"为什么这样做"的问题，而网络营销方案实施则要解决企业"什么人在什么地方、什么时候、怎么做"的问题。营销策划方案是做出决策，网络营销方案实施是执行决策。一个网络营销策划方案必须得到有效的实施才能体现其价值。在实施过程中，企业可按照实际情况对方案的内容进行部分调整。

（一）网络营销方案的实施步骤

1．制定行动方案

为了有效地实施网络营销策划方案，必须制定详细的行动方案。这个方案应该明确网络营销策略实施的关键性决策和任务，并将执行这些决策和任务的责任落实到个人或小组。另外，方案还应包含具体的时间表，确定行动的确切时间。

2. 建立正式组织

企业的正式组织在网络营销执行过程中起决定性的作用，组织将战略实施的任务分配给具体的部门和人员，规定明确的职权界限和信息沟通渠道，协调企业内部的各项决策和行动。实施不同战略的企业，需要建立不同的组织。也就是说，组织结构必须与企业战略相一致，必须与企业本身的特点和环境相适应。组织具有两大职能：一是提供明确的分工，将全部工作分解成管理的几个部分，再将它们分配给有关部门和人员；二是发挥协调作用，通过正式的组织联系和沟通网络，协调各部门和人员的行动。

3. 设计决策和报酬制度

为了实施网络营销策划方案，还必须设计相应的决策和报酬制度。这些制度直接关系到方案实施的成败。就企业对管理人员工作的评估和报酬制度而言，如果以短期的经营利润为标准，则管理人员的行为必定趋于短期化，他们就会缺乏为实现长期战略目标而努力的积极性。

4. 进行人力资源开发

网络营销策划方案最终是由企业内部的工作人员执行的，所以人力资源的开发至关重要，这涉及人员的考核、选拔、安置、培训和激励等问题。在考核选拔管理者时，企业要注意将适当的工作分配给适当的人，做到人尽其才；为了激励员工的积极性，必须建立完善的工资、福利和奖惩制度。此外，企业还需决定行政管理人员、业务人员和一线工人之间的比例。需要注意的是，不同的网络营销战略要求具有不同性格和能力的管理者。"拓展型"战略要求具有创业和冒险精神的、有魄力的管理者去完成；"维持型"战略要求管理者具备组织和管理方面的才能；而"紧缩型"战略则需要寻找精打细算的管理者来执行。

5. 建设企业文化

企业文化是指企业内部全体人员共同持有和遵循的价值标准、基本信念和行为准则。企业文化对企业经营思想和领导风格，对职工的工作态度和作风，均起到决定性的作用。这些标准和信念通过模范人物得以体现，通过正式和非正式组织加以树立、强化和传播。由于企业文化体现了集体责任感和集体荣誉感，甚至关系到员工的人生观和他们所追求的最高目标，它能够起到把全体员工团结在一起的"黏合剂"作用。因此，塑造和强化企业文化是执行企业战略不容忽视的一环。

（二）方案实施常见问题分析

1. 计划脱离实际

企业的网络营销战略和网络营销策划方案通常是由专业策划人员制定的，而执行则要依靠网络营销管理人员，这两类人员之间往往缺少必要的沟通和协调，容易出现下列问题。

（1）企业的专业策划人员只考虑总体战略而忽视执行中的细节，结果使网络营销策划方案过于笼统和流于形式。

（2）专业策划人员往往不了解执行过程中的具体问题，所制定的方案脱离实际。

（3）专业策划人员和网络营销管理人员之间没有充分的交流与沟通，致使网络营销管理人员在执行过程中经常遇到困难，因为他们并不完全理解需要执行的战略。

2. 长期目标和短期目标相矛盾

网络营销策划方案中的战略策划通常着眼于企业的长期目标，涉及今后三至五年的经营活动。但具体执行这些战略的网络营销管理人员的业绩通常是根据他们的短期工作绩效，如网络销售量、市场占有率或利润率等指标进行评估和奖励的。因此，网络营销管理人员常选择短期行为。相关调查表明，这种情况非常普遍。

3. 因循守旧的惰性

企业当前的经营活动往往是为了实现既定的战略目标，新的网络营销策划方案如果不符合企业的传统和习惯，就会遭到抵制。新旧网络营销策划方案的差异越大，执行新网络营销策划方案遇到的阻力可能就越大。要想执行与旧网络营销策划方案截然不同的新网络营销策划方案，常常需要打破企业传统的组织机构。

4. 缺乏具体明确的执行方案

有些网络营销策划方案之所以失败，是因为专业策划人员没有制定明确且可以具体执行的方案。实践证明，许多企业面临的困境，就是因为缺乏一个能够使企业内部各有关部门协调一致的具体实施方案。

项目小结

本项目包括认知网络营销策划、撰写网络营销策划方案和实施网络营销策划方案三个任务。认知网络营销策划包括网络营销策划的概念、要素和步骤；撰写网络营销策划方案包括网络营销策划方案的结构及撰写技巧；实施网络营销策划方案包括网络营销方案的实施步骤及方案实施常见问题分析。

（一）不定项选择题

1. 下面不属于网络营销策划要素的是（　　　　）。

   A. 网络营销策略　　　　　　　　　B. 网络营销创意

   C. 系统匹配策略　　　　　　　　　D. 网络营销策划书

2. 从传播的角度来说，用户可以分为（　　　　）。

   A. 能够带来收入的用户　　　　　　B. 能够带来流量的用户

   C. 能够带来内容的用户　　　　　　D. 能够带来口碑的用户

   E. 能够带来品牌和权威性的用户

3. 网络营销策划可以分为（　　　　）。

   A. 盈利模式策划　　　　　　　　　B. 项目策划

   C. 平台策划　　　　　　　　　　　D. 推广策划

   E. 运营系统策划

4. 下面不属于网络营销策划书结构的是（　　　　）。

   A. 项目概要　　　B. 环境分析　　　　C. 盈利模式　　　　D. 执行方案

（二）简答题

1. 网络营销推广策划的步骤是什么？

2. 网络营销策划书的结构是什么？

3. 网络营销策划方案的实施步骤有哪些？

4. 列举网络营销策划方案实施中的常见问题（至少两个）。

10 项目十
网络营销效果评估与优化

项目简介

网络营销效果的评估，不仅仅是方案执行之后的总结，更应该贯穿始终。由于网络用户群体具有多样性与易变性的特点，在网络推广方案的执行过程中，企业要不时对不同的广告类型、网站等进行调试，分析不同的调试效果，以确定更为合适的广告投放及推广方式的组合。网络营销效果的评估与优化，是对某一阶段网络营销活动的总结，也是制定下一阶段网络营销策略的前提和基础。网络营销评估包括网络营销活动过程控制和事后评估两种形式，过程控制是网络营销目标得以实现的保证，事后评估反映网络营销活动的综合效果。

学习目标

知识目标：

1．熟知网站营销评估指标。

2．了解网站营销评估指标的意义。

3．理解网络营销效果优化的内容。

技能目标：

1．能够根据常见的网络营销效果评价指标正确评价网络推广的效果。

2．具备在营销效果分析的基础上优化推广策略的能力。

素质目标：

1．培养分析思辨、判断决策的能力。

2．锻炼表达沟通交流的能力和合作解决问题的能力。

3．树立创新意识。

引导案例

《国家宝藏》意外走红，水井坊赞助效果拔群

2017 年，一个"年轻"的节目《国家宝藏》意外走红，该节目通过博物馆藏品为观众讲述中国五千年的历史文化。《国家宝藏》作为文化类综艺节目的一股清流，打破了原本文化类综艺节目热度不高的局面。节目通过知名演员担当"国宝守护人"并以小剧场的形式演绎国宝前世今生的故事，获得观众的一致好评，并引发观众对中国历史文化的热议。

2017年12月中国网络综艺节目价值指数排行榜

序号	节目名称	节目价值指数	12月播出期数
1	演员的诞生	465	4（在播）
2	国家宝藏	407	4（在播）
3	王者出击	336	3（在播）
4	爸爸去哪儿第五季	308	1（完结）
5	吐槽大会第二季	305	4（在播）
6	明星大侦探第三季	258	5（在播）
7	快乐大本营	254	5（在播）
8	亲爱的客栈	239	4（完结）
9	青春旅社	237	4（在播）
10	三个院子	135	2（在播）

来源：艾瑞自主研发SVC品牌赞助效果评估模型12月（12月1日-12月31日）监测数据。

从 SVC 品牌赞助效果排行榜来看，在 2017 年 12 月排名前 20 的榜单中，所有品牌的 SVC 指数都大幅超过均值，其中有 9 个品牌属于互联网应用。水井坊第一坊作为《国家宝藏》的独家赞助获得收益最大，大幅提升了观众的喜爱度和推荐度。

艾瑞综艺节目品牌赞助效果研究模型，简称艾瑞 SVC 模型，包含三个评估维度：节目价值，即受众触达效果好不好；节目品牌相关性，即品牌落地被感知状态怎么样；品牌资产提升，即受众对品牌的整体理解和选择偏好是否发生变化。

案例思考：

1. 结合案例分析，商家选择在综艺节目中植入广告的目的是什么？
2. 结合案例讨论，SVC 模型是如何评估植入广告的效果的？

2017年12月中国网络综艺品牌赞助效果排行榜

序号	品牌名称	节目名称	SVC指数
1	水井坊第一坊	国家宝藏	233
2	火山小视频	演员的诞生	191
3	R11s	演员的诞生	185
4	快手	演员的诞生	182
5	内涵段子App	演员的诞生	167
6	荣耀 V10	王者出击	156
7	OPPO R11	明星大侦探第三季	148
8	clear清扬	王者出击	146
9	Milka妙卡巧克力	爸爸去哪儿第五季	142
10	vivo X20	吐槽大会第二季	141

我们如何评估综艺节目赞助效果——艾瑞SVC模型

艾瑞SVC评估模型，全方位把握节目赞助效果

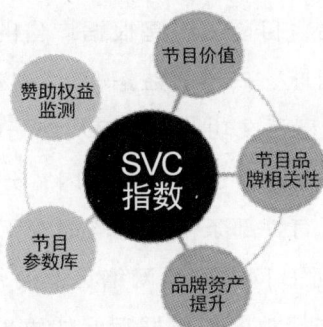

SVC指数
- 节目价值
- 节目品牌相关性
- 品牌资产提升
- 节目参数库
- 赞助权益监测

1. 节目价值：
节目对受众的触达

2. 节目品牌相关性：
品牌在节目中对受众的触达

3. 品牌资产提升：
品牌对受众触达后带来的说服与提升效果

219

任务一　认知网络营销评估指标

任务导入

任务分析单 10-1

任务情境	一家网店经过一次促销活动后，需要进行复盘评估，作为公司的网络营销专员，你需要制定一些评估指标，客观反映网络营销效果
任务分解	（1）学习并了解网络营销效果评估的要点和相关指标 （2）以小组为单位讨论评估指标以及获取数据的途径 （3）以小组为单位讨论并制定评估方案
完成方式	分组合作完成任务，并把评估方案在课堂上汇报

（一）认识网络营销效果评估

网络营销效果评估就是对各种网络营销活动进行及时跟踪控制，以保证各种网络营销方法可以达到预期的效果，同时对网络营销方案的正确性和网络营销人员的工作成效进行检验。网络营销效果评估非常重要，企业需要重视起来。

网络营销效果的量化评估数据并不容易获得，即使对于一些可以获得的指标，例如，网络营销对销售额的贡献率是多少，对品牌形象的提升产生多大效果，也很难量化。虽然人们可以监测到某个搜索引擎每天的访问者数量，或者某个网络广告的点击数量，但是这些访问者或者点击最终产生多大效益，仍然很难评估。因此，应该综合评估网络营销的总体效果，即评估各种效果的总和，如企业品牌提升、客户关系和客户服务、对销售的促进等方面，而不仅仅局限于销售额等个别指标，网络营销的根本目的在于企业整体效益的最大化。

以网络广告为例，对网络广告效果的评估，目前主要是根据广告的经济效果指标来进行的，具体包括广告费用指标、广告效果指标、广告效益指标、市场占有率指标和广告效果系数指标等。因此要评估一个广告投放是否成功，不能仅从单一指标就得出结论，而是要做一个全面的考察。例如某网络运营商在广告投放调试期内，分别在 A 网站和 B 网站投放 1000 元做同类型的广告，假如在所有外部条件相同的情况下，A 网站给网络运营商带来 5000 元的利润和 2000 个点击，而 B 网站则给网络运营商带来 4000 元的利润和 5000 个点击。该如何判断哪个网站的广告投放效果更好呢？如果仅从带来的利润来看，A 网站要优于 B 网站；但我们也不能忽视，B 网站带来更多的潜在客户，这将是一笔巨大的财富。

在评估过程中，要评估网络广告效果的好坏，必须有一个可衡量的、标准化的方法。与传统广告拥有索福瑞、AC 尼尔森等权威机构相比，网络广告还没有一家公开的第三方机构可以提供量化的测评标准和方法，大多数情况下，都是网络运营商通过网站后台访问统计分析和具体的销售情况进行评估的。

网站访问统计分析是网络营销的重要组成部分，也是网络营销效果评估的基础，它为网络营销优化和网络营销策略研究提供了参考依据。归纳起来，网站访问统计分析的作用主要表现在以下几个方面：及时掌握网站推广总的效果，减少盲目性；评估各种网络营销手段的效果，为制定和修正网络营销策略提供依据；通过网站访问数据分析进行网络营销诊断，包括对各项网站推广活动的效果分析、网站优化状况诊断等；了解用户访问网站的行为，为更好地满足用户需求提供支持。

（二）网站访问统计常用指标类型

1. 网站流量统计指标

网站流量（Traffic）是指网站的访问量，是用来描述访问一个网站的用户数量以及用户所浏览的网页数量等的指标。常用的网站流量统计指标包括网站的独立访问者数量、总访问者数量（含重复访问者）、页面浏览数、每个访问者的页面浏览数、用户在网站的平均停留时间等。

独立访问者数量（Unique Visitors）是指在一定时期内访问网站的人数，每一个固定的访问者代表一个用户。访问者越多，说明网站推广越有成效。页面浏览数（Page Views）指在一定时期内所有访问者浏览的页面数量，页面浏览数说明网站受到关注的程度，是评估一个网站受欢迎程度的主要指标之一。

每个访问者的页面浏览数（Page Views per User）是指在一定时间内全部页面浏览数与所有访问者数相除的平均数。该指标表明访问者对网站内容或者产品信息感兴趣的程度，如果大多数访问者的页面浏览数仅为 1，表明用户对网站内容或者产品没有多大兴趣。

除此之外，还有一些与流量指标相关的评估指标，虽然不能用来直接衡量流量的多少，但是与流量的获取密切相关，如网站被各主流搜索引擎收录的数量及在其中的排名、被其他网站链接的数量等。一般来说，网站被搜索引擎收录的网页数量越多，对增加访问量就越有效果；在搜索引擎中排名靠前也很重要，因为排名在搜索结果的前三页之后，或者在几百名之后，这样的推广基本起不到作用；另外，获得高质量的网站链接、被其他网站链接的数量越多，对搜索结果排名越有利，而且访问者还可以直接从链接的网页进入你的网站。

虽然网站链接的数量与网站访问量之间没有严格的正比关系，但从搜索引擎优化的角度来看，高质量的网站链接对网站推广还是具有较大价值的。

2. 用户行为指标

用户行为指标主要反映用户是如何来到网站的、在网站上停留了多长时间、访问了哪些页面等，主要的统计指标包括用户在网站的停留时间、网站跳出率、用户来源网站（也称为"引导网站"）、用户所使用的搜索引擎及其关键词、在不同时段的用户访问量情况等。

3. 用户浏览网站的方式

用户浏览网站的方式主要是指用户的来源及其使用的相关设备，主要的统计指标包括用户所在地理区域分布状况、用户上网设备类型、用户浏览器的名称和版本、访问者计算机的分辨率显示模式、用户所使用的操作系统名称和版本等。

任务二　分析网络营销评估指标

任务导入

任务分析单 10-2

任务情境	一家网店经过一次促销活动后，需要进行复盘评估，作为公司的网络营销专员，你需要通过分析得到客观的营销效果数据
任务分解	（1）学习并了解网络营销效果评估的各项内容 （2）以小组为单位讨论并分工完成各项评估数据的分析 （3）以小组为单位讨论并撰写评估分析报告
完成方式	分组合作完成任务，并把评估分析报告在课堂上汇报

（一）页面浏览数分析

在网站流量统计分析报告中，给出网站的页面浏览数，一般是指一个统计时期内的网页浏览总数，以及每天的平均网页浏览数。这两个数字表明了网站的访问量情况，可以用作网站推广运营效果的评估指标之一。

解读网络营销效果评估指标

页面浏览数对网络营销效果评估主要有以下四个方面的应用。

（1）分析页面浏览数历史数据与网站发展阶段的相关性。对 3 个月以来每天的网站页面浏览数进行分析，企业可从中分析出网站流量的发展趋势，并将这些数据与网站所处阶段特点结合起来分析。对于新发布的网站，如果网站页面浏览数呈现上升趋势，那么这与网站发展阶段的特征是基本吻合的；否则就要反思为什么此期间网站访问量没有明显上升。如果网站处于稳定阶段，页面浏览数应该相对稳定或有一定波动，但如果数据表明页面浏览数在持续下滑，则表明网站出现某种问题，如网站内容和服务方面存在问题，或者出现新竞争者造成用户转移，或者在保持老用户方面做得不好致使用户流失等。

（2）分析页面浏览数变化周期。当网站运营一段时间之后，网站处于相对稳定阶段，此期间网站访问量会呈现一定的周期性变化规律，如星期一到星期四的访问量明显高于星期五到星期日的访问量；而在同一天中，上午 10:00 和下午 3:00 可能是网站的访问高峰。掌握了这些规律后，就可以充分利用用户的访问特点，在访问高峰到来之前推出最新的内容，尽可能提高网站信息传递的效果。

（3）分析单个访问者的页面浏览数变化趋势，判断网站访问量的实际增长。用户页面浏览数的变化，反映了用户从网站获取的信息量。一般来说，平均页面浏览数越高，说明用户获取的信息量就越大（一个例外情况是，网站提供的信息对用户有价值，但用户因获得信息不方便而造成平均页面浏览数过大，如需要多次点击、查找信息不方便、每个页面的信息量过小等）。在分析每个访问者的页面浏览数变化趋势时，如果发现这一数据基本保持稳定，那么与网站页面浏览数进行对比分析时，单个访问者的页面浏览数的变化趋势就反映了网站总体访问量的变化。如果单个访问者的平均页面浏览数有较大变化，则需要对网站的独立访问者数量、页面浏览数等指标进行比较分析，才能发现网站访问量变化的真正趋势。如果每个访问者平均页面浏览数增加，即使独立访问者数量没有增长，同样会使页面浏览数增加；反之，如果独立访问者数保持稳定，但平均页面浏览数下降了，就会造成页面浏览数减少。

（4）通过各个栏目（频道）页面浏览数的比例，分析网站的重要信息是否被用户关注。在 Alexa 全球网站排名系统中，可以看到一些网站各个栏目首页访问量占网站总访问量的比例，这一信息对于选择将网络广告投放在哪个频道具有一定的参考价值。这种数据主要来自第三方的统计，并且对于大多数访问量较低的网站来说，信息的准确性较差。但这种分析思路可以推广到任何一个网站，通过对各个栏目页面浏览数比例的分析，可以看出企业用户对哪些信息比较关注，这些数据对于各个重要网页的推广具有重要意义。例如，根据自己的期望，决定采用搜索引擎关键词广告推广时应该链接到哪些页面、注册快捷网址时直接到达哪些页面等。

（二）独立访问者数量分析

独立访问者数量有时也称为独立用户数量，是网站流量统计分析中另一个重要的数据，并且与页面浏览数有密切关系。独立访问者越多，说明网站推广越有成效，这意味着网络营销的效果越好，因此它是最有说服力的评估指标之一。对于页面浏览数量而言，网站独立访问者数量更能体现出网站推广的效果。

一些机构的网站流量排名，通常都是以独立访问者数量指标为依据的。由于不同调查机构对统计指标的定义和采用的调查方法不同，各个机构对同一网站监测得出的具体数字可能不一致。

目前，独立访问者数量通常是按照访问者的独立 IP 来进行统计的，实际上和真正的独立用户也有一定差别，例如多个用户共用一台服务器上网，使用同一个 IP，通过这个 IP 访问一个网站的实际用户数量（自然人）可以有多个，但在网站流量统计中都算作一个用户；对于采用拨号上网方式的动态用户，在同一天内的不同时段可能使用多个 IP 访问同一个网站，这样就会被记录为多个"独立访问者"。因此，企业可采用更精确的方式来记录独立访问者数量，如用户网卡的物理地址等，或者多种方式综合应用。由于这些统计方式可能会对访问者其他信息的统计产生影响，如用户所在地区、用户使用的 ISP 名称等，因此在网站流量统计中，这些"精确统计"方式并不常用。尽管独立 IP 数量与真正的用户数量之间可能存在一定差别，但在实际统计中，仍然倾向于采用 IP 数量统计。

（三）用户来源分析

网站用户来源统计信息为网络营销人员从不同角度分析网站运营的效果提供了方便。例如，它可以分析常用的网站推广手段带来的访问量。

用户来到一个网站的方式通常有两种：一种是在浏览器地址栏中直接输入网址或者点击收藏夹中的网站链接；另一种是通过别的网站引导而来，即来源于其他网站。用户来源网站，也称为引导网站或推荐网站。许多网站统计分析系统都提供了用户来源统计的功能，这对于网站推广分析具有重要意义。

分析用户来源统计数据，可以了解用户来自哪个网站的推荐、哪个网页的链接。如果是通过搜索引擎检索的，可以看出用户来自哪个搜索引擎、使用什么关键词进行检索，以及你的网站（网页）索引出现在搜索结果的第几页第几条等。

一般来说，通过网站流量统计数据可以获得用户来源网站的基本信息包括来源网站（网页）的 URL 及其占总访问量的百分比、来自各个搜索引擎的访问量百分比、用户检索所使用的各个关键词及其所占百分比、对网站访问量贡献最大的引导网站、对网站访问量贡献最大的搜索引擎、网站在搜索引擎检索中表现最好的核心关键词等。

以搜索引擎为例，通过来源网站的分析，企业可以清晰地看出各个搜索引擎对网站访问量的贡献如何，各个主流搜索引擎的重要程度如何，是不是值得购买其付费搜索服务等。这些结论有利于选择对网站推广有价值的搜索引擎作为重点推广工具，从而减少无效的投入。

当然，这些基本统计信息所能反映的问题并不全面，有些隐性问题可能并没有反映出来。例如，根据分析，某个关键词对于一个网站应该很重要，但是通过对主要搜索引擎带来访问量的分析发现，只有其中一个搜索引擎带来访问量（通过自然搜索而不是付费方式），这种情况并不能因此而否定其他搜索引擎的价值，还需要进一步分析才能知道这是自己网站本身的问题，还是搜索引擎的问题。

（四）搜索引擎和关键词分析

通过网站流量统计数据，企业可以对用户使用的搜索引擎及关键词进行统计分析，具体指标包括各个搜索引擎重要程度的统计、关键词使用情况的统计、最重要的搜索引擎分析、最重要的关键词分析、分散关键词的分析、搜索引擎带来的访问量占网站总访问量的百分比。根据这些统计数据，企业可以初步断定该网站用户使用搜索引擎的一般特征，并可据此改善、优化搜索引擎营销策略。

总之，网站流量统计分析非常重要，尤其是其中的搜索引擎关键词分析，对于制定和改进网站的搜索引擎推广策略至关重要。无论是自己进行网站流量分析，还是请专业机构来操作，都很有必要了解网站流量统计分析期望获得的结果。由于网站流量分析所包含的内容比较多，本书仅对其中的部分内容做初步探讨，余下内容，感兴趣的读者可进一步学习和研究。

任务三　优化网络营销效果

任务导入

任务分析单 10-3

任务情境	一家网店做了一次促销活动，对营销效果进行复盘评估后，需要对原有的网络营销策略进行调整和优化，请你以公司网络营销专员的身份提出优化建议
任务分解	（1）学习并了解网络营销数据分析和优化的要点 （2）以小组为单位讨论并分工完成各项评估数据的分析及优化 （3）以小组为单位讨论并提出 2～3 个建设性的优化建议
完成方式	分组合作完成任务，并把优化建议在课堂上汇报

网络营销效果优化主要是指在对网络流量统计数据、点击率、转化率等数据进行分析并正确评估的基础上，对原有的网络营销策略进行调整、优化的行为。

（一）访客流量的分析及优化

（1）根据网站每天的访客流量高峰及低谷，优化客服人员安排、商品上下架时间、广告投放时段等。

例如，商家通过访客流量分析发现流量的高峰期在 13：00—16：00 及 20：00—23：00，流量的低谷期在凌晨 3：00—5：00，针对网站每天的访客流量高峰及低谷的变化规律，对该网站进行如下的调整与优化。

① 客服人员安排，4：00 左右可以休息，14：00、22：00 要适当增加客服人员。

② 重要商品上下架时间要错开高流量的 14：00 和 22：00 时间段，上架时间提前 1 小时左右。

③ 在推广预算有限的情况，公司如果参加百度竞价或淘宝直通车，应尽量多安排在 14：00 和 22：00 流量高峰期。

（2）根据网站的月访客数及转化率变化情况，优化上架商品种类、商品关键词设置等内容。例如，某店铺的访客数快速增加，而转化率呈快速下降的趋势，说明店铺的上架商品选择、商品关键词设置等出现问题，客服人员应该及时进行调整与优化，具体操作可从以下几方面着手。

① 商品方面，选择应季、时尚、款式好、性价比高的商品，并且每类商品只推广 1～2 款，其他商品适当做关联销售。

② 商品的关键词设置应精确，尽量与推广商品的目标客户搜索习惯及需求相一致。

③ 商品图片一定要清晰、美观、大气，商品描述一定要图文并茂，以提高商品的转化率。

④ 客户对所购商品的评价尽量避免中差评。假如客户给了中差评，客服人员应尽量与客户沟通交流，让客户修改中差评。即使最后客户给了中差评，客服人员也应该给出一个合乎情理的解释与回复，防止不良信息发酵并持续扩散。

（二）访客来源的分析及优化

通过分析某网站的访客来源图发现：最重要的客户区域为山东、湖南、浙江、福建；次重要的客户区域为河南、四川、吉林、辽宁、江西、安徽、广东等。针对这种状况，应对公司的网络营销策略进行相应的调整。

（1）对于访客比较集中的山东、湖南、浙江、福建等区域，可以单独针对此区域的客户实施一些优惠促销活动，如包邮等，以提高转化率；也可以实施区域定向的百度竞价（或淘宝直通车）推广计划。

（2）注意维护好与这些区域老客户的关系，定期发送一些促销打折信息给这些老客户。

（3）对于访客稀少的区域，要认真研究为什么会缺少流量。如果是地域原本人烟稀少，或者是快递送不到的区域，可以暂时不做过多考虑。如果是网站的内部设置有问题，就要进行调整，例如查看运费设计是否合理等。另外，在网站（网店）测试阶段，还可以做包邮尝试，通过开展促销活动增加访问流量；如果确实无流量，可以暂时放弃该区域。

（三）访客关键词的分析及优化

通过某淘宝店铺的访客关键词分析图发现，某关键词相对其他关键词的展现量较高，点击量少，点击率低，针对此种情况，店家就应该采取相应的优化策略来改变这种情况。

（1）优化主题图片：主图要清晰、突出特点；图片文案突出卖点；图片要有创意，要适当制造购买紧迫感。

（2）优化关键词标题：使标题更具吸引力，如特价包邮、打折促销等。

（3）优选推广产品：推广商品应选择性价比较高的商品，从而使推广商品的价格更有吸引力。

（4）优化关键词：关键词的设计要最大限度与商品目标客户的搜索习惯及需求相一致。

（四）访客行为的分析及优化

如果通过某淘宝店铺的访客行为分析图发现，店铺的直接访问入店跳失率和店铺收藏跳失率均比较高，并且店铺收藏跳失率高于直接访问入店跳失率，说明收藏店铺的老客户对店铺已不感兴趣，店铺对他们缺乏吸引力，商家就应该采取相应的网络营销策略来进行补救，具体可考虑以下优化措施。

（1）注意维护好与老客户的关系，定期给他们发送一些打折促销或新商品信息。

（2）注意店铺商品的更新换代，多方面满足老客户的需求。

（3）店铺的装修风格应保持稳定，避免老客户对新风格的反感。

总之，网络营销效果评估与优化是一项复杂而又非常重要的系统工程。随着电子商务的飞速发展，网络营销必然会受到越来越多专业人士的青睐，评估与优化的手段也会不断创新与发展。可以预见，在不久的将来，会有越来越多的有识之士耕耘在中国互联网的这片沃土上，在辛勤探索与不断创新中成就其网络时代的追求与梦想。

本项目包括认知网络营销评估指标、分析网络营销评估指标和优化网络营销效果三个任务。认知网络营销评估指标包括认识网络营销效果评估和网站访问统计常用指标类型；分析网络营销评估指标包括页面浏览数分析、独立访客数量分析、用户来源分析、搜索引擎和关键词分析；优化网络营销效果包括访客流量的分析及优化、访客来源的分析及优化、访客关键词的分析及优化、访客行为的分析及优化。

课后练习

（一）不定项选择题

1. 下面不属于网络营销效果评估体系的是（　　　）。

　　A．网站建设专业性的评估　　　　B．网站推广和网络品牌的评估

　　C．网站访问量指标的评估　　　　D．网络广告效果的评估

2. 网站访问量评估的主要指标包括（　　　）。

A. 独立用户数　　　　　　　　　　B. 总用户数

C. 页面浏览数　　　　　　　　　　D. 每个用户的页面流量

3. 用户行为指标包括（　　　）。

A. 用户网站停留时间　　　　　　　B. 网站跳出率

C. 用户来源网站　　　　　　　　　D. 用户所用的关键词

E. 不同时段用户访问量等

（二）简答题

1. 网站流量分析的指标有哪些？

2. 企业要提高网络用户对网站的回访率，可以采取哪些措施？

3. 针对网店的访客关键词出现展现量高、点击率低的情况，应该采取什么优化策略？